测度产业可持续性：
亚太城市的证据与趋势

陈玲　薛澜　蒋利◎著

上海人民出版社

总　序

　　作为产业发展与环境治理研究论丛的主编,我首先要说明编撰这套丛书的来龙去脉。这套丛书是清华大学产业发展与环境治理研究中心(Center for Industrial Development and Environmental Governance, CIDEG)的标志性出版物。这个中心成立于 2005 年 9 月,得到了日本丰田汽车公司的资金支持。

　　2005 年在清华大学公共管理学院设立这样一个公共政策研究中心主要是基于以下思考:由于全球化和技术进步,世界变得越来越复杂,很多问题,比如能源、环境、健康等,不光局限在相应的科学领域,还需要其他学科的研究者,比如经济学、政治学、法学以及工程技术等领域的学者,一起参与进来开展跨学科的研究。参加者不应仅仅来自学术圈和学校,也应有政府和企业家。我们需要不同学科学者相互对话的平台,需要研究者与政策制定部门专家对话的平台。而 CIDEG 正好可以发挥这种平台作用。CIDEG 的目标是致力于在中国转型过程中以“制度变革与协调发展”“资源与能源约束下的可持续发展”和“产业组织、监管及政策”为重点开展研究活动,为的是提高中国公共政策与治理研究水平,促进学术界、产业界、非政府组织及政府部门之间的沟通、学习和协调。

中国的改革开放已经有 40 多年的历程，所取得的成就令世人瞩目，也为全世界的经济增长贡献了力量。但是，前些年中国经济发展也面临着诸多挑战：如资源约束和环境制约，腐败对经济发展造成的危害，改革滞后的金融服务体系，自主创新能力与科技全球化的矛盾，以及为构建一个和谐社会所必须面对的来自教育、环境、社会保障和医疗卫生等方面的冲突。这些挑战和冲突正是 CIDEG 开展的重点研究方向。近年来，不同国家出现的逆全球化思潮，中美关系恶化带来的一系列后果，以及 2020 年突如其来的新冠肺炎疫情都让人感受到了前瞻性政策研究的重要意义。

过去这些年，CIDEG 专门设立了重大研究项目，邀请相关领域的知名专家和学者担任项目负责人，并提供相对充裕的资金和条件，鼓励研究者对这些问题进行深入细致、独立客观的原创性研究。CIDEG 期望这些研究是本着自由和严谨的学术精神，对当前重大的政策问题和理论问题给出有价值和独特视角的回答。

CIDEG 理事会和学术委员会设立联席会议，对重大研究项目的选题和立项进行严格筛选，并认真评议研究成果的理论价值和实践意义。本丛书编委会亦由 CIDEG 理事和学术委员组成。我们会陆续选择适当的重大项目成果编入论丛。为此，我们感谢提供选题的 CIDEG 理事和学术委员，以及入选书籍的作者、评委和编辑们。

目前，产业发展与环境治理研究论丛已经出版的专著包括《中国车用能源战略研究》《城镇化过程中的环境政策实践：日本的经验教训》《中国土地制度改革：难点、突破与政策组合》《中国县级财政研究：1994—2006》《寻租与中国产业发展》《中国环境监管体制研究》《中国生产者服务业发展与制造业升级》《中国企业海外投资的风险管理和政策研究》《环境圆桌对话：探索和实践》《体育产业的经济学分析》等。这些专著国际化的视野、独特的视角、深入扎实的研究、跨学科的研究方法、规范的实证分析等等，得到了广大专业读者的好评，对传播产业发展、环境治理和制度变迁等方面的重要研究成果起到了很好的作用。我们相信随着产业发展与环境治理研究论丛中更多著作的出版，CIDEG 能够为广大专业读者提供更多、更好的启发，也能够为中国公共政策的科学化和民主化做出贡献。

产业发展与环境治理研究中心学术委员会联席主席

清华大学文科资深教授，苏世民书院院长

清华大学公共管理学院学术委员会主任

2021 年 1 月

著者序

产业作为区域、国家和城市发展的核心驱动力,在消除贫穷、促进就业、经济增长、科技创新等方面发挥着重要作用。2022年,全球产业处于历史性的转折点上。新冠疫情的冲击、气候变化的威胁、供应链和区域创新合作网络的震荡等一系列事件,影响着亚太产业平稳发展,重塑着亚太乃至全球的产业格局。产业可持续性成为不同国家和地区生存和发展的共同关切。

为了能够在全球视野下发现以科技创新为驱动的绿色转型和包容性增长的产业实践,向世界展现中国推进可持续发展的积极态度与务实行动,提炼和分享经济效益、社会福祉与生态文明建设并进共赢的可持续发展中国模式,亚太经合组织(APEC)中国工商理事会联合战略支持及学术机构发起"可持续中国产业发展行动"。为此,清华大学产业发展与环境治理研究中心(Center for Industrial Development and Environmental Governance,CIDEG)和APEC中国工商理事会联合开发了"亚太城市产业可持续性指数"(Asia-Pacific Industrial Sustainability Index,AP-ISI),观察和跟踪亚太主要城市产业可持续发展表现,发布《亚太城市产业可持续性指数2022》(以下简称《AP-ISI

2022》)报告，以期为各国的决策者和实践者提供参照，推动全球发展迈向平衡协调包容新阶段。

《AP-ISI 2022》是全球首个评估城市层面的产业可持续性的指数，在国内外都引起了重大的反响。2022 年 11 月 18 日，《AP-ISI 2022》英文版首先在美国《科学》（Science）杂志官网上线。《科学》杂志还就该指数专门采访了本书作者之一、项目指导委员会主席、清华大学苏世民书院院长薛澜教授，并于 12 月 3 日刊登专访文章。2022 年 12 月 28 日，清华大学产业发展与环境治理研究中心和 APEC 中国工商理事会在北京联合举办《AP-ISI 2022》中文版发布会。发布会在国内引发广泛关注，《人民日报》、中新社、澎湃新闻、《北京日报》、北京电视台、《中国日报》、中央广播电视总台国际在线、《南方都市报》、界面新闻等 20 多家媒体就指数的评估结果和评估体系进行了深入报道。

《测度产业可持续性：亚太城市的证据与趋势》一书是在《AP-ISI 2022》报告内容基础上的深化和扩展，详细介绍了产业可持续性的评估方法和理论依据，进一步呈现了亚太产业可持续发展的图景，揭示了亚太地区产业可持续发展的新动向。

全书一共十一章，包括三个部分：理论篇（第 1—3 章）、指标篇（第 4—8 章）和展望篇（第 9—11 章）。

理论篇系统地回顾了产业可持续发展的理论脉络和产业可持续性的评估方法，基于已有研究，创造性地提出 DPSIR（Drivers-Pressures-States-Impacts-Responses）产业可持续性评估框架。

第 1 章探索了历史背景和当前发展趋势下亚太产业转型的重要意义。该章介绍了亚太地区作为全球经济增长的引擎，在过去几十年中经历的快速城市化和工业化，以及亚太地区经济体多样的产业结构和多元的产业发展道路。然而，亚太产业链也受到了新冠疫情等短期波动的冲击，产业韧性作用日益凸显；在数字化转型和绿色转型大背景下，外生冲击也进一步推动了亚太乃至全球的产业发展模式的转变和产业空间布局的调整。亚太越来越成为全球产业发展的中心，在全球产业链中的地位不断加强；同时亚太产业发展的绿色转型也迫在眉睫。

第 2 章回溯了产业和可持续性议题产生的背景和演变,并给出产业可持续性的内涵界定,作为全书讨论的基石。首先,产业是以工业、制造业的发展为中心,包括其所辐射出的各类动态生产要素和生产生活过程。可持续性是衡量经济、社会、自然等多个维度在一定地理范围内保持某种程度调节能力的复杂特性,也是衡量社会—经济—生态在系统中和周围环境之间反馈、保持代际和代内公平的复杂特性。探寻更可持续的产业发展路径是当前发展阶段的重要议题。

产业可持续发展需要科学系统的产业可持续性评估框架。第 3 章评述了既有评价可持续发展的框架,介绍了 AP-ISI 评价所选取的 DPSIR 模型。首先,本章梳理了国际组织、工商界、学界对可持续性指标、城市可持续性指标和产业可持续指标的构建,以及指标体系间的发展脉络。其次,围绕当前产业可持续性理论存在的短板和现实中产业在城市发展遇到的堵点问题,构建了评价城市产业可持续发展的 DPSIR 框架,为亚太城市产业可持续性指数构建提供了理论基础。

指标篇旨在呈现研究团队在建构 AP-ISI 相关指标时的研究和思考。特别地,研究团队在如何评估城市产业发展的驱动力(第 4 章)、承载力(第 5 章)、状态(第 6 章)、影响(第 7 章)和响应(第 8 章)等方面,系统考察了指标设计的理论依据和测度方法,以期待为城市产业可持续性测度提供新的指南。

产业发展驱动力指驱动产业发展的要素投入。产业的发展需要一些重要的生产要素供给,第 4 章根据产业经济学的经典理论,指出产业发展的驱动要素在不同历史时期不断发展变化。该章还从主要经济体、新兴经济体、岛屿经济体视角出发,分析了驱动力指标及其二级和三级指标的测量结果,并在此基础上选取了纽约和北京的产业发展驱动力案例,以从现实层面帮助识别产业发展驱动力的提升机会,把握产业发展所需的重要生产要素供给。

第 5 章从区域产业的发展与资源和环境紧密相关视角切入,阐述产业活动不能超过自然资源和生态环境的承载力的理论和事实依据。从总体上来看,岛屿经济体在承载力指标方面的优势明显,新兴经济体紧随其后。产业发展承载力的案例分析分别选取了新加坡的土地集约利用、越南中部高地咖啡生产以及隆基绿能全场景能源方案，以期为亚太经济体提供在产业发展承载力的语境下，实现产业可持续发展的思路。

第6章则揭示产业发展的状态是指产业发展的现状和未来趋势。可持续的产业发展一方面需要可持续增长的产业规模；另一方面需要技术创新和创新驱动下的产业升级。政府和企业应当基于地区资源禀赋，推动具有比较优势产业发展，同时积极推动科技创新和产业升级，促进产业可持续增长。新冠疫情对亚太产业的冲击展示了产业韧性的重要性，稳定的产业规模和多样化的产业结构有利于提升应对外部冲击能力，分散冲击风险和促进冲击后产业恢复。

测度产业发展对人类社会的影响，是考察产业可持续性的重要一步。第7章根据现有的研究，指出产业的发展将对人类社会的经济绩效、生态环境、社会福祉等方面产生影响。因此，可持续的产业应在经济绩效方面有着较为稳健的增长趋势、在生态环境方面应注重发展与环境的协调、在社会福祉方面应能够让产业发展的成果反哺民生并兼顾分配公平。AP-ISI 指数发现，产业基础牢固、结构多样化的主要经济体，其产业对经济和社会方面的影响较优，而新兴经济体和岛屿经济体则相对较好地平衡了发展与环境之间的关系。

作为指标篇最后一章，第8章集中探讨了政府对产业发展产生的问题做出的响应。政府通过完善制度建设和基础设施建设，推动公民参与和企业发展模式转型，探究地方城市产业可持续发展之道。该章基于响应政策中营商环境、对外交流和城市治理三个二级指标，及其相对应的六个三级指标，分析所选经济体综合排名现状、四年间排名趋势及排名变化原因。结果显示，主要经济体整体响应能力优势显著，而新兴经济体需要保持积极对外交流的势头，努力改善营商环境，完善基础设施建设，为区域发展创造更多活力。

展望篇首先系统地展示和分析了亚太地区城市产业可持续性评估的结果，然后分析了亚太地区在全球产业链中的地位和作用，最后展示了当前全球的可持续发展的进度和加强区域产业合作，共同推进产业可持续发展的必要性。

第9章针对亚太地区城市产业发展程度不同、发展道路多元化，提出了一个基于产业链状况的经济体的分类——主要经济体、新兴经济体和岛屿经济体，有效地评估了亚太地区的城市产业可持续性，并展示了亚太地区三类经济体城市的产业可持续性、优势与劣势以及发展趋势。结果表明，随着经济发展程度的不断提升，经济体面临着环境承载力不断下降的挑战。环境承载力的下降部分是不可逆的，部分是需要政府、企业和公民积极应对的。亚太地区城市应当积极推动产业转型，探索产业发展和环境保护的平衡之道，应对产业发展带来的挑战。

第 10 章主要介绍了亚太地区在全球产业中的角色和在全球产业价值链中的位置，并通过具体案例进行分析。该章的第一部分主要聚焦亚太产业的全球定位和角色，通过服装行业和半导体行业两个具有代表性的产业具体分析了亚太地区在全球产业价值链中的位置与面临的问题。该章的第二部分从全球产业分工和亚太地区贸易比较优势入手，通过比较优势理论和产业依赖理论分析了亚太地区产业发展的机遇和挑战。最后，该章聚焦于亚太地区资源优势，通过案例介绍了印度尼西亚通过资源优势促进产业可持续发展的经验。

第 11 章回顾了亚太地区现有的区域合作，并从能源系统、工业系统、市场与政策模式探索产业可持续转型路径。当今世界经济的动态是由区域一体化的逻辑决定的，亚洲和太平洋地区通过区域合作的发展、发展共同的区域利益见证了非凡的经济进步。随着气候变化议题的深入，低碳产品的生产和使用逐渐成为亚太区域合作的主要促进因素和新绿色增长引擎。该章结合亚太产业行动总结了这一背景下能源系统和工业系统过渡的主要措施和优先事项，并给出产业可持续发展的政策规划和路径供相关决策者参考。

本书是集体努力的成果结晶。作为一项开创性的工作，建立分析框架和收集评估数据的难度超出我们的预想。首先，产业发展的可持续性不仅涉及产业经济自身的状况，还与地方自然资源和生态环境容量、当地政府政策和地域人口文化都有着密切联系，构建具有内在一致性且国际社会认可的指标体系是技术上也是价值上的难题。其次，样本城市来自亚太地区不同发展水平和语言文化的经济体，如何建立统一的城市界定标准、如何收集到可靠的城市发展数据，是横亘在我们面前的一座大山。所幸的是，我们有一支卓越的研究团队，CIDEG 杨越博士在构建评估框架的过程中从零开始，会同研究助理阅读了大量文献，逐个分析候选指标的理论内涵和可行性；澳大利亚国立大学的周土钰女士以一己之力协调了来自世界各地的数据团队，顺利完成了数据收集和指标测算工作；武汉大学的黄颖教授雪中送炭，在极短时间内提供了项目所需的专利情报数据；清华大学公共管理学院的邓祥龙、苏金超、马旖浓同学，都柏林大学的贾平凡同学，浙江大学的左容同学，伦敦政治经济学院的郭婉祺同学，香港科技大学的高闻笛同学，清华大学环境学院的张弛同学，芝加哥大学的陈溪同学，中国农业大学的郑泽博同学，对外经济贸易大学的牛晗玥同学，他们不辞辛劳，承担了数据清洗、指数测算和报告撰写的大部分工作。由于 2022 年新冠疫情和地理上的阻隔，研究团队从未碰面，却奇迹般成为一个最团结、最紧密、最高效的战斗队伍。研究团队中的一部分成员，包括周土钰、邓祥龙、贾平凡、左容、苏金超、马旖浓、陈溪、牛晗玥、高闻笛等人，参与了本书初稿的起草工作。

在 AP-ISI 指数研究和本书的撰写过程中，我们非常荣幸得到了国内外众多杰出机构和知名专家学者的鼎力支持。我们非常感激清华大学、中国国际商会、国家发展和改革委员会国际合作中心、美国《科学》杂志为本项目提供的支持。本项目指导委员会的北京大学查道炯教授、清华大学朱旭峰教授、上海交通大学黄少卿教授、澳大利亚国立大学 Peter Drysdale 教授、哥伦比亚大学郭栋教授，在研究设计、中间评估、成果报告等环节全程都给予了我们无私指导。没有他们的指点，我们不知道会走多少弯路、碰多少次壁。我们还得到了联合国经济及社会理事会公共机构与数字政府司司长朱巨望、联合国开发计划署发展经济学家 Violante di Canossa、联合国可持续性发展目标本地化项目主任王东、联合国工业发展组织投资和技术促进办公室（中国·北京）主任武雅斌等的诚挚批评和中肯建议，对此我们内心充满感激之情。我们相信这份成果仍然是初步的、不成熟的，其中任何问题和缺陷，仍是我们的责任，也恳请读者朋友们指正。最后，我们还要感谢清华大学 CIDEG 的潘莎莉女士和李方芳女士，以及 APEC 中国工商理事会的张伟女士和张怡玮女士，感谢上海人民出版社的编辑团队，没有你们周密的行政支持与精湛的专业投入,本书不可能面世。

此为序。

陈玲　薛澜　蒋利

2023 年 2 月 20 日

目 录

理论篇

第1章　亚太的经济增长、冲击和挑战　　　　　　　　　　3

一、亚太：全球产业发展引擎　　　　　　　　　　3

二、冲击、韧性和重构　　　　　　　　　　5

三、零碳目标与产业转型　　　　　　　　　　8

　　1.零碳目标的挑战　　　　　　　　　　8

　　2.零碳目标驱动下的产业转型　　　　　　　　　　10

四、寻找应对之道　　　　　　　　　　12

第2章　重新审视产业可持续性　　　　　　　　　　13

一、产业和产业发展的内涵　　　　　　　　　　13

　　1.产业的界定　　　　　　　　　　13

　　2.产业发展的外部影响　　　　　　　　　　14

　　3.产业发展的内部影响　　　　　　　　　　18

　　4.产业发展的探索路径　　　　　　　　　　21

二、产业发展的可持续性　　　　　　　　　　22

　　1.追踪可持续性的内涵沿革　　　　　　　　　　22

　　2.有关产业可持续性的探讨　　　　　　　　　　26

　　3.立足城市的产业可持续性　　　　　　　　　　27

第3章　城市产业可持续性评估　　　　　　　　　　30

一、可持续发展评价的主流框架评述　　　　　　　　　　30

　　1.产业可持续性评估的理论基础　　　　　　　　　　30

　　2.可持续性评估的指标框架　　　　　　　　　　35

3. 城市可持续性评估的指标框架   38

4. 产业可持续性评估的指标框架   40

二、城市产业可持续性评价框架:DPSIR   42

指标篇

第4章 产业发展的驱动力   53

一、产业发展驱动力的理论评述   53

1. 新古典经济增长理论   54

2. 内生经济增长理论   55

3. 开放经济视角下的贸易增长理论   56

4. 数据是数字经济的核心生产要素   56

二、产业发展驱动力的测量   58

1. 产业发展驱动力的测量指标   58

2. 产业发展驱动力的测量结果   62

三、产业发展驱动力的案例   71

1. 纽约:生物医药技术创新体系   71

2. 北京:国际科技创新中心   72

第5章 产业发展承载力   74

一、产业发展承载力的理论评述   74

1. 承载力和可持续发展   74

2. 产业发展的承载力   75

二、产业发展承载力的测量   76

1. 产业发展承载力的测量指标   76

2. 产业发展承载力的测量结果   83

三、产业发展承载力的案例   90

1. 新加坡:土地的集约利用   90

2. 越南:咖啡生产的未来   92

3. 隆基绿能:经济增长和生态修复的双赢   94

第6章 产业发展的状态   96

一、产业发展状态的理论评述   96

1. 产业发展状态的概述   96

2. 产业规模   97

3. 产业结构   98

4. 比较优势与对外贸易   101

5. 产业依赖与全球分工   103

二、产业发展状态的测量结果　　　　　　　　　　　　106
　　1. 产业规模　　　　　　　　　　　　　　　　　109
　　2. 产业结构　　　　　　　　　　　　　　　　　110
三、产业发展状态的案例　　　　　　　　　　　　　113
　　1. 纽约：金融中心的科创转型　　　　　　　　　113
　　2. 东京：企业示范群效应　　　　　　　　　　　114

第7章　产业发展的影响　　　　　　　　　　　　　　　116
一、产业发展影响的理论评述　　　　　　　　　　　116
　　1. 经济绩效　　　　　　　　　　　　　　　　　117
　　2. 生态环境　　　　　　　　　　　　　　　　　118
　　3. 社会福祉　　　　　　　　　　　　　　　　　119
二、产业发展影响的测量　　　　　　　　　　　　　121
　　1. 产业发展影响的测量指标　　　　　　　　　　121
　　2. 产业发展影响的测量结果　　　　　　　　　　124
三、产业发展影响的案例　　　　　　　　　　　　　132
　　1. 首尔：城市B面的垃圾管理系统　　　　　　　132
　　2. 东京：城市建筑与环境共生　　　　　　　　　133

第8章　产业发展的响应　　　　　　　　　　　　　　　135
一、产业发展响应的理论评述　　　　　　　　　　　135
　　1. 国家发展战略：经济自由还是政府干预？　　　135
　　2. 对外交流：合作共赢　　　　　　　　　　　　139
　　3. 对内治理：监管市场　　　　　　　　　　　　142
二、产业发展响应的测量　　　　　　　　　　　　　143
　　1. 营商环境　　　　　　　　　　　　　　　　　145
　　2. 对外交流　　　　　　　　　　　　　　　　　149
　　3. 城市治理　　　　　　　　　　　　　　　　　153
三、产业发展响应的案例　　　　　　　　　　　　　158
　　1. 雅加达：适应气候变化，提升城市抗风险能力　158
　　2. 苏州：公民参与，建立智慧交通城市　　　　　160

展望篇

第9章　评估结果：亚太城市产业可持续性　　　　　　165
一、亚太产业发展现状　　　　　　　　　　　　　　165
　　1. 亚太多样化产业背景　　　　　　　　　　　　165
　　2. 亚太地区三类经济体概况　　　　　　　　　　166

二、亚太产业可持续性解读 168

  1. 综合表现 168

  2. 主要经济体城市 171

  3. 新兴经济体城市 174

  4. 岛屿经济体城市 177

第 10 章　聚焦：亚太产业链与贸易比较优势 180

一、亚太产业的全球定位和角色 180

  1. 亚太地区在全球产业价值链中的角色和定位 181

  2. 亚太地区的突出领域案例 182

二、全球产业分工和亚太地区贸易比较优势 190

  1. 亚太地区比较优势与贸易 191

  2. 产业依赖理论下的全球分工 194

  3. 亚太地区资源和贸易优势 196

  4. 印度尼西亚的资源优势促进产业可持续发展 198

第 11 章　展望：亚太区域合作与产业低碳转型 199

一、抓住机遇，催化区域合作 199

  1. 亚太区域合作的历史 200

  2. 亚太多边贸易与经济一体化 201

  3. 新贸易壁垒与应对措施 202

二、分阶段过渡：亚太地区的可持续性道路 204

  1. 能源系统的过渡 204

  2. 市场与政策模式转变 206

  3. 可持续转型的阻碍 207

三、产业政策：支持亚洲和太平洋地区的低碳转型 208

  1. 产业发展目标与愿景 209

  2. 产业政策工具 212

  3. 产业转型与就业 214

参考文献 217

附录

附录一　AP-ISI 2022 指标体系 267

附录二　AP-ISI 2022 评估结果 269

附录三　指标赋权评价方法 272

附录四　指标标准化处理 273

附录五　缺失值处理 275

表目录

表 3-1 各国际组织对可持续性指标框架的构建   36

表 3-2 国际机构与地方团体对城市可持续性指标框架的构建   39

表 3-3 产业可持续性评估框架的构建   41

表 3-4 亚太城市产业可持续性指标体系   47

表 4-1 产业发展驱动力的指标结构   59

表 5-1 产业发展承载力的指标结构   76

表 6-1 产业发展状态的指标结构   106

表 7-1 产业发展影响的指标结构   121

表 8-1 产业发展响应的指标结构   144

表 11-1 能源系统和工业系统过渡的主要措施和优先事项   206

表 11-2 产业可持续发展的政策规划和路径   210

表 11-3 亚太地区低碳转型的产业政策工具   213

表 0-1 AP-ISI 2022 指标体系   267

表 0-2 AP-ISI 2022 评估结果   269

表 0-3 现有赋权法   272

表 0-4 指标标准化常见方法   273

表 0-5 对缺失值的处理方法   276

图目录

图 1-1 亚太地区和全球 GDP 增速(1980—2027) 4

图 1-2 全球产业短期和长期波动及其对全球产业链影响 6

图 1-3 亚太地区发展中和新兴工业经济体在世界制造业增加占比(2000—2020) 8

图 1-4 亚太和全球其他地区碳排放情况(2018) 9

图 1-5 亚太部分经济体和 OECD 能源消费结构(2021) 10

图 2-1 可持续性的三支柱 24

图 3-1 "驱动力—承载力—状态—影响—响应"(DPSIR)框架的因果关系图 46

图 4-1 产业发展驱动力理论发展基本脉络 54

图 4-2 亚太城市产业驱动力排名(2017—2020) 63

图 4-3 亚太城市基础生产要素排名(2017—2020) 64

图 4-4 亚太城市劳动力供给得分(2017—2020) 65

图 4-5 亚太城市资本存量占 GDP 比重(2017—2020) 67

图 4-6 亚太城市高级生产要素排名(2017—2020) 68

图 4-7 亚太城市技术创新得分(2017—2020) 69

图 4-8 亚太城市信息化程度得分(2017—2020) 70

图 5-1 亚太城市承载力指标得分(2017—2020) 84

图 5-2 亚太城市资源约束指标得分(2017—2020) 85

图 5-3 亚太城市可再生能源占比(2017—2020) 85

图 5-4 亚太城市建成区面积占比指标得分(2017—2020) 86

图 5-5 亚太城市环境容量指标得分(2017—2020) 87

图 5-6 亚太城市森林覆盖率指标得分(2017—2020) 88

图 5-7 亚太城市土壤有机碳含量指标得分(2017—2020) 89

图 5-8 亚太城市空气质量指数指标得分(2017—2020) 89

图 5-9 亚太城市空气质量指数指标得分年度变化趋势(2017—2020) 90

图 6-1　产业发展状态示意图　　　　　　　　　　　　　　　　　　　　96

图 6-2　亚太城市产业状态得分(2020)　　　　　　　　　　　　　　　107

图 6-3　亚太城市产业状态排名(2017—2020)　　　　　　　　　　　108

图 6-4　亚太城市产业规模得分(2020)　　　　　　　　　　　　　　109

图 6-5　亚太城市产业可持续性指数产业规模排名(2017—2020)　　110

图 6-6　亚太城市的人均工业产值和新经济营收总额(2020)　　　　111

图 6-7　亚太城市产业结构得分(2020)　　　　　　　　　　　　　　111

图 6-8　亚太城市产业结构排名(2017—2020)　　　　　　　　　　112

图 6-9　亚太城市中高技术制造业占制造业增加值比重和服务业占比(2020)　　113

图 7-1　产业发展影响示意图　　　　　　　　　　　　　　　　　　　116

图 7-2　亚太城市产业影响排名(2017—2020)　　　　　　　　　　125

图 7-3　部分亚太城市经济增长排名(2017—2020)　　　　　　　　126

图 7-4　亚太城市人均 GDP(2017—2020)　　　　　　　　　　　　127

图 7-5　亚太城市 GDP 增速(2017—2020)　　　　　　　　　　　　128

图 7-6　部分亚太城市生态环境排名(2017—2020)　　　　　　　　128

图 7-7　亚太城市终端 CO_2 排放量(2017—2020)　　　　　　　　129

图 7-8　亚太城市水域污染指数(2017—2020)　　　　　　　　　　129

图 7-9　部分亚太城市社会福祉排名(2017—2020)　　　　　　　　130

图 7-10　部分亚太城市新增就业率(2017—2020)　　　　　　　　131

图 7-11　亚太城市基尼系数(2017—2020)　　　　　　　　　　　　132

图 8-1　亚太城市产业响应排名(2017—2020)　　　　　　　　　　144

图 8-2　亚太城市营商环境排名(2017—2020)　　　　　　　　　　146

图 8-3　亚太城市腐败指数得分(2017—2020)　　　　　　　　　　148

图 8-4　亚太城市独角兽企业数量(2017—2020)　　　　　　　　　149

图 8-5　亚太城市对外交流排名(2017—2020)　　　　　　　　　　151

图 8-6　亚太城市签订自贸协定经济体数量(2017—2020)　　　　　152

图 8-7　亚太城市 FDI 占 GDP 比(2017—2020)　　　　　　　　　154

图 8-8　亚太城市城市治理排名(2017—2020)　　　　　　　　　　155

图 8-9　亚太城市城市交通拥堵系数(2017—2020)　　　　　　　　156

图 8-10　亚太城市碳定价机制得分(2020)　　　　　　　　　　　　157

图 9-1　三类经济体及其主要特征　　　　　　　　　　　　　　　　166

图 9-2　亚太地区城市产业可持续性得分(2020)　　　　　　　　　　170

图 9-3　亚太地区城市产业可持续性排名箱线图(2017—2020)　　　170

图 9-4　主要经济体城市产业可持续性得分(2020)　　　　　　　　171

图 9-5　部分主要经济体城市一级指标得分(2020)　　　　　　　　172

图 9-6　主要经济体产业可持续性排名变化(2017—2020)　173

图 9-7　新兴经济体城市产业可持续性得分(2020)　174

图 9-8　部分新兴经济体城市一级指标得分(2020)　175

图 9-9　新兴经济体产业可持续性排名变化(2017—2020)　176

图 9-10　岛屿经济体城市产业可持续性得分(2020)　177

图 9-11　部分岛屿经济体城市一级指标得分(2020)　178

图 9-12　岛屿经济体产业可持续性排名变化(2017—2020)　179

图 10-1　全球主要服装出口国家或地区占比(2021)　183

图 10-2　全球主要服装进口国家或地区占比(2021)　183

图 10-3　纺织服装业价值链　185

图 10-4　纺织服装业的出口复杂度比较(2015—2020)　185

图 10-5　半导体行业生态/产业链　187

图 10-6　半导体行业不同模式收入情况(2015)　187

图 10-7　全球年营业额超 100 亿美元半导体公司模式及地区分布(2020—2021)　188

图 10-8　全球晶圆代工市场份额(2020—2022)　189

图 10-9　APEC 经济体累计自由贸易协定数(1990—2022)　192

图 10-10　全球部分矿产和化石能源主要产出国产量占比(2019)　197

理论篇

第 1 章

亚太的经济增长、冲击和挑战

当前,气候变化导致极端天气增加,俄乌冲突导致全球粮食短缺、化石能源短缺和全球产业链震荡,新冠疫情导致广泛的经济衰退和失业率上升,全球产业发展面临着前所未有的挑战。

产业作为区域、国家和城市发展的核心驱动力,在消除贫穷、促进就业、经济增长、科技创新等方面发挥着重要作用。产业的可持续发展有助于提升该地区、国家、城市可持续发展的水平和质量。2020 年,亚太经济合作组织(Asia-Pacific Economic Cooperation,APEC)领导人通过《2040 年 APEC 布特拉加亚愿景》,为未来 20 年亚太发展方向提供指引。2022 年 11 月,中国国家主席习近平在亚太经合组织工商领导人峰会上发表主旨演讲,强调亚太地区要加强合作,互相支持和帮助,推动亚太地区走在世界经济复苏前列。习近平主席指出,要加强经济技术合作,加速数字化和绿色化协同发展,推进能源资源、产业结构、消费结构转型升级。[1]

一、亚太:全球产业发展引擎

亚太地区在过去 60 年经历了快速的工业化和城市化,地区国民生产总值(Gross Domestic Product,GDP)增速长期持续高于全球平均水平(见图 1-1),持续

---

[1]《习近平在亚太经合组织第二十九次领导人非正式会议上的讲话》,http://www.gov.cn/xinwen/2022-11/18/content_5727716.htm。

拉动全球经济增长。[1]在受到新冠疫情强烈冲击的2020年,亚太地区GDP下降0.9%,同期全球GDP下降3.3%,亚太地区抗冲击能力更强;2021年亚太地区的经济恢复速度也明显高于全球其他地区,展现出经济发展的韧性。亚太地区也经历了快速的城市化。据统计,1970—2017年期间,亚洲发展中经济体的人口扩张和增长率都超过了世界其他地区,城市人口每年增长3.4%,远高于全球其他发展中经济体的2.6%和发达经济体的1%。[2]这一增长速度在未来几年还将继续,预计到2050年,该地区将新增10亿以上的城市居民。[3]

亚太地区同时包括发达国家和发展中国家,具有多样的经济和产业结构。全

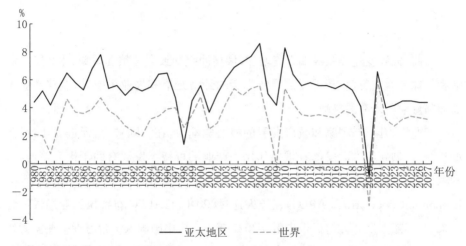

资料来源:国际货币基金组织(International Monetary Fund, IMF),2022。2022年及之后的数据为预测数据。

图1-1　亚太地区和全球GDP增速(1980—2027)

〔1〕 亚太地区,全称为亚洲及太平洋地区(Asia-Pacific,APAC),是亚洲和太平洋地区周边国家包括岛屿的总称。关于亚太地区的范围并没有统一的界定。狭义的亚太地区仅仅包括东亚、东南亚等太平洋西岸的亚洲地区、大洋洲以及太平洋上的各岛屿。根据不同定义,亚太地区有时也可能包含南亚地区、太平洋北侧的北亚地区以及太平洋东岸的美洲地区。为反映亚太地区的多样化的产业发展实践,本书采用广义的亚太地区的定义。在本书中,如果没有特殊说明,亚太地区包括东亚、东南亚等太平洋西岸的亚洲地区、南亚、位于北亚的俄罗斯、大洋洲、太平洋上的各岛屿,以及太平洋东岸的美洲经济体。此外,在引用各国际组织的数据和报告时(联合国、国际货币基金组织和世界银行等),则遵从该国际组织对于亚太地区的界定。

〔2〕 MIT Technology Review Insights, *Asia Pacific's urban transformation*, https://www.technologyreview.com/2021/11/10/1039592/21st-century-cities-asia-pacifics-urban-transformation/.

〔3〕 World Population Review, *World City Populations 2023*, https://worldpopulationreview.com/world-cities.

球 GDP 总量最大的三个国家,美国、中国和日本均位于亚太地区。其中,美国处在全球产业链的顶端,日本、韩国等东亚国家在 20 世纪 70 年代前后实现了经济腾飞,中国在改革开放后也通过承接产业转移实现了经济的快速发展。中国、日本、韩国逐渐在全球产业链中发挥着重要作用。近年来,随着全球产业链的调整,东南亚市场新兴经济体也经历着快速增长。尽管疫情等外生冲击和气候变化等全球性问题使得这种增长的前景受到挑战,但产业转移的趋势仍是确定的。

　　亚太地区在产业全球转移和区域产业结构转型中也扮演着重要的角色。东亚国家近年来也在向外寻求产业转移,东南亚和南亚则是主要的产业转移承接国。亚太地区的国家全球产业链上的广泛分布,使得该地区的产业可持续发展对于全球产业链的稳定高效运转有着不可替代的作用。

　　此外,亚太地区的区域合作也为全球的经济可持续发展提供了借鉴。以APEC[1]为例,该组织提供不同发展程度的国家和地区经济合作的平台,强调共识和自主的共同发展。APEC 拉近了亚太地区经济体的距离,减少了贸易壁垒,消除了法规差异,促进了贸易,促进了亚太的繁荣。APEC 地区平均关税从 1989 年的 17%下降到 2018 年的 5.3%;在同一时期,亚太地区的贸易总额增长了 7 倍多,超过了世界其他地区,其中三分之二的贸易发生在 APEC 成员经济体之间。[2]作为产业发展和产业政策制定的主体,该地区城市产业可持续发展对居民福祉有着重要意义。

二、 冲击、韧性和重构

　　2019 年以来,新冠疫情阻碍劳动力和资本在全球范围的流动,影响了生产运作和生活进行,严重地冲击了亚太地区的产业链发展。新冠疫情影响了亚太地区在实现《2030 年可持续发展议程》各项目标方面取得的进展,包括亚太地区在疫情前取得的减贫方面的巨大成就。

　　2020 年,全球 GDP 下降了 3.3%,是"二战"以来的最严重的经济衰退。亚太

---

〔1〕 亚太经济合作组织(Asia-Pacific Economic Cooperation, APEC)是涵盖亚太地区 21 个经济体的经济合作论坛,成员经济体包括中国、澳大利亚、文莱、加拿大、智利、中国香港、印度尼西亚、日本、韩国、墨西哥、马来西亚、新西兰、巴布亚新几内亚、秘鲁、菲律宾、俄罗斯、新加坡、中国台北、泰国、美国和越南。

〔2〕 Asia-Pacific Economic Cooperation, *About APEC*: *Achievements and Benefits*, https://www.apec. org/about-us/about-apec/achievements-and-benefits.

地区2020年全年增速-0.9%,2021年恢复到6.6%的增长。[1]新冠疫情对各个经济体的经济活动的影响是不均衡的。联合国工业发展组织(United Nations Industrial Development Organization,UNIDO)的数据显示,2021年,和疫情前水平相比,工业化经济体受到的平均产出损失较小,为3.9%,发展中和新兴工业经济体为7.7%。同时,在发展中和新兴工业经济体内部,经济体受影响幅度差异明显。小岛屿发展中国家预计损失幅度最高,为13.8%,中国预计损失幅度最低,仅为1.4%。[2]2022年,随着新冠病毒变种奥密克戎在全球的蔓延,中国也承受了产业发展的剧烈冲击。2022年第二季度,由于新冠疫情的影响,中国的GDP增长率仅为0.4%,远低于2021年8.1%的增速。[3]2023年,随着中国的防疫政策的调整,中国经济有望复苏,届时将带动亚太乃至全球经济增长。

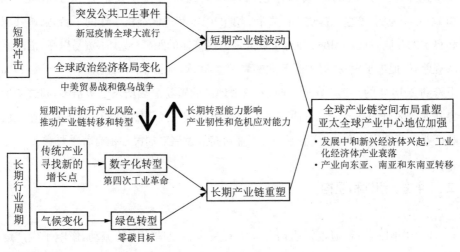

资料来源:自制。

图1-2 全球产业短期和长期波动及其对全球产业链影响

新冠疫情对于各个经济体的影响差异,表明各个经济体的产业韧性存在差异。

〔1〕 International Monetary Fund, *World Economic Outlook*, https://www.imf.org/en/Publications/WEO/Issues/2023/01/31/world-economic-outlook-update-january-2023.

〔2〕 United Nations Industrial Development Organization, *Industrial Development Report 2022*, https://www.unido.org/sites/default/files/files/2021-11/IDR%202022%20-%20EBOOK.pdf.

〔3〕 国家统计局:《2022年国民经济顶住压力再上新台阶》,http://www.stats.gov.cn/tjsj/zxfb/202301/t20230117_1892090.html.

一个经济体的工业能力及其制造业部门的规模构成了应对危机的经济韧性的两个重要因素——工业能力显著降低了新冠疫情对于经济体的产出损失，制造业占比和疫情造成的产出损失成负相关。[1]制造业是提供应对公共卫生危机事件必需品的关键，是应急商品的重要制造商和供应商，也是经济复苏和增长的重要引擎。

在政治经济格局变化和数字化与绿色转型压力日益凸显的大背景下，新冠疫情冲击了地区产业链格局，加剧了经济不平衡发展态势，也加快了亚太地区产业供给链的重构进程（见图 1-2）。

疫情冲击了亚太乃至全球的产业链，推动了亚太地区企业生产方式和经济体经济发展战略的调整。一方面，企业调整供应链布局，供应商多元化成为龙头企业的分散风险和提升效益的选择。各大经济体，尤其是和国际产业链高度整合的经济体，为了提升应对国际政治经济和突发性事件的冲击的能力，也纷纷推动国际产业布局的多元化和国内产业结构的多元化。由于其较低的人力和资源成本，东南亚和南亚地区正在成为产业多元化布局的受益者。以美国苹果公司为例，摩根大通的数据显示，尽管中国现在仍然是苹果公司的主要生产商，但是出于分散生产风险的考虑，苹果公司正在向印度和越南转移生产线，预计到 2025 年在中国以外地区生产的苹果产品将会达到 25% 以上。[2]另一方面，发达工业经济体持续面临产业空心化的问题，也在出台措施推动产业回流和国产化，不过这些措施对于企业的产业布局的影响尚不明确。[3]

新冠疫情阻碍了劳动力和资本的跨区域流动，推动了制造业的自动化和线上办公等产业数字化转型。数字化技术正在改变全球的工业格局，推动全球工业生产向发展中经济体和新兴经济体转移。此外，相比于非洲和拉丁美洲，亚洲发展经济体和新兴经济体制造业企业采取了更加积极的数字化转型。亚洲地区 26% 的企业受疫情影响采用了自动化技术，在非洲和拉丁美洲这一比例仅为 15%。[4]

---

[1] United Nations Industrial Development Organization，*Industrial Development Report 2022*，https：//www.unido.org/sites/default/files/files/2021-11/IDR%202022%20-%20EBOOK.pdf.

[2] Economist，*The end of Apple's affair with China*，https：//www.economist.com/business/2022/10/24/the-end-of-apples-affair-with-china.

[3][4] United Nations Industrial Development Organization，*Industrial Development Report 2022*，https：//www.unido.org/sites/default/files/files/2021-11/IDR%202022%20-%20EBOOK.pdf.

疫情对于全球的绿色转型的影响则是复杂的。2020年，由于疫情带来的全球经济衰退，全球生产活动的迅速萎缩，温室气体排放量迅速下降；但是随着2021年全球工业生产的恢复，温室气体的排放迅速反弹。[1]此外，疫情对于产业的冲击，也为企业和经济体挑战产业发展模式提供了战略契机。在疫情等突发事件导致的产业链风险叠加和数字化转型与绿色转型等全球产业发展大趋势的共同作用下，全球工业生产中心正在向东亚和东南亚转移，亚太地区正在成为全球的生产中心。亚太地区发展中和新兴经济体在世界制造业增加值中占比不断增加，这一比例已经从2000年的16%增加到2020年的45%；与此相对应的，是工业化国家的工业生产占比仍在持续下降（见图1-3）。

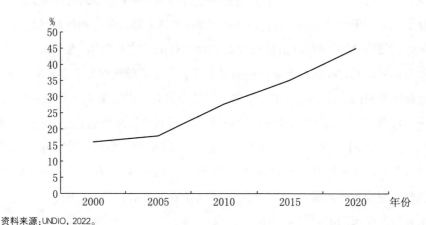

资料来源：UNDIO, 2022。

图1-3 亚太地区发展中和新兴工业经济体在世界制造业增加占比（2000—2020）

三、 零碳目标与产业转型

1. 零碳目标的挑战

气候变化正在威胁着亚太地区的产业发展。亚太是当前世界上增长最快的地区，其对能源需求的激增使得亚太地区面临着实现零碳目标的挑战。与此同时，亚太区域内各个经济体也是受气候变化影响最严重的国家之一，极端天气加剧了洪水、干旱和热浪等问题。不仅如此，俄乌冲突等地缘政治因素影响化石燃

---

[1] International Energy Agency, *Global Energy Review*, https://www.iea.org/reports/global-energy-review-2021/co2-emissions.

料的有效供给，也将为亚太的生产和生活能源安全带来隐患。太平洋地区支柱产业尤其是旅游业也受到气候变化和新冠疫情的重创。[1]在 2021 年全球 100 个最易受环境因素影响的城市排名中，99 个城市在亚洲。[2]亚太的繁荣和人民的福祉，将取决于亚太能否足够快速地实现能源供应的绿色化。

　　但是，亚太地区，尤其是新兴经济体产业发展仍然需要依赖传统化石能源。亚太地区是全球控制温室气体排放的关键区域，世界五大排放国有四个在亚太，亚太的碳排放总量绝对值超过全球排放量的一半，单位 GDP 排放强度 0.8 亿吨二氧化碳/百万美元 GDP，高于全球其他地区的平均水平（见图 1-4）。[3]国际能源署（International Energy Agency，IEA）预计，亚太地区在未来 20 年将占全球能源使用增长的三分之二。[4]预计到 2050 年，东南亚国家联盟（东盟）十个成员国的

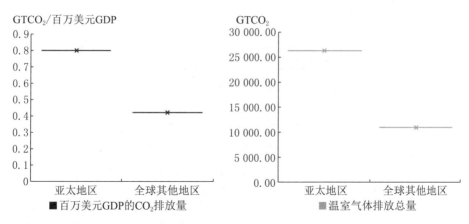

资料来源：联合国亚太及太平洋经济社会委员会（United Nations Economic and Social Commission for Asia and the Pacific, ESCAP），2021。

图 1-4　亚太和全球其他地区碳排放情况（2018）

[1] Susanne Becken and Johanna Loehr, *Asia-Pacific tourism futures emerging from COVID-19 recovery responses and implications for sustainability*, Journal of Tourism Futures, 2022.

[2] MIT Technology Review Insights, *Asia Pacific's urban transformation*, https://www.technologyreview.com/2021/11/10/1039592/21st-century-cities-asia-pacifics-urban-transformation/.

[3] United Nations Economic and Social Commission for Asia and the Pacific, *ASIA-PACIFIC TRADE AND INVESTMENT REPORT 2021: Accelerating Climate-smart Trade and Investment for Sustainable Development*, https://www.unescap.org/kp/APTIR2021.

[4] International Energy Agency, *World Energy outlook 2020*, https://www.iea.org/reports/world-energy-outlook-2020.

能源需求将增加欧盟目前总量的三分之一左右。到2040年,仅印度就可能需要相当于今天欧盟的额外产能。理想情况下,亚太地区大部分的额外需求可以由可再生能源满足。

化石燃料仍然主导着亚太的能源结构。补贴和政治支持进一步巩固了化石能源的主导地位。[1]在印度、印度尼西亚、马来西亚和菲律宾,煤炭仍然是主导的能源(见图1-5)。[2]印度是仅次于中国和美国的世界第三大排放国,已将零碳目标日期定为2070年,比西方大型经济体晚了20年。

由于经济发展程度的差异,以及《巴黎协定》确定的发达和发展中国家共同但有区别的责任,亚太地区的经济体的零碳承诺及其实际进展也呈现分化,部分经济体尚未做出承诺。零碳目标是一项区域和全球治理的议题,需要各类经济体积极合作和共同推动。

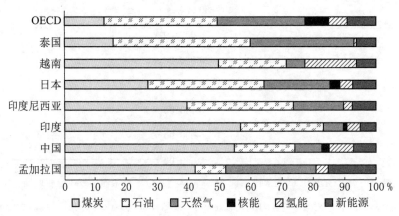

资料来源:BP,2022。

图1-5 亚太部分经济体和OECD能源消费结构(2021)

2. 零碳目标驱动下的产业转型

为应对气候变化等全球性挑战,亚太地区也积累了众多推动产业可持续发展

[1] Economist, *How to get asia to net zero*, https://www.economist.com/asia/2022/10/13/how-to-get-asia-to-net-zero.

[2] BP, *bp Statistical Review of World Energy 2022*, https://www.bp.com/content/dam/bp/business-sites/en/global/corporate/pdfs/energy-economics/statistical-review/bp-stats-review-2022-full-report.pdf.

的实践与经验。大部分亚太经济体都作出净零排放的目标年份承诺。亚太地区的经济体产业发展高度多元化，产生了一系列的推动产业可持续发展的经验和实验。在过去的几十年间，亚太地区经济在推动能源结构转型，完善环境治理机制和加强生态修复，以及强化区域合作共同应对可持续发展挑战上，都做出了很多努力。

首先，亚太经济体一直致力于持续优化能源结构，减少对传统化石能源依赖，积极推进新能源发展。尽管需要现有的燃煤电厂来确保未来几年该地区电网的稳定性，但新电厂的建设必须放缓。为全球 95% 的燃煤电厂提供资金的中国、日本和韩国已承诺停止向国外提供资金，亚太经济体也积极推动新能源发展。太阳能和风能是亚太能源转型的焦点。大多数亚洲可再生能源项目的规模较小。然而，它们的累积影响可能是巨大的。经济学人智库预测，到 2031 年，可再生能源在亚洲电力结构中的份额将从 15% 翻一番，达到 31%。印度的份额将达到 21%，拥有 200 GW 的非水可再生能源产能。预计中国将增加 700 GW 的此类产能。[1]中国国家发展改革委和国家能源局表示，将在戈壁沙漠中建造 450 GW 的风电项目。[2]

其次，亚太经济体正积极采取措施，修复产业发展带来的资源消耗和环境破坏问题。例如，中国政府通过制定一系列环境保护制度，综合利用市场和法律机制，有效地改善了早期工业发展对于中国环境的破坏。改革开放以来，中国经济高速增长的同时，由于对煤炭等化石燃料的消耗激增以及环境监管的相对缺位，环境质量逐渐恶化。到 2010 年，中国仍是世界上最大的能源和煤炭消耗国，以及最大的 CO_2 和 SO_2 的排放国。空气污染、水污染、土壤污染等严重威胁人们的健康。为应对环境污染带来的挑战，中国政府采取了一系列严格的环保措施来控制环境污染（包括将环境质量列为官员考核的重要指标[3]、统一规划环境数据监测网络并增加信息公开、将 $PM_{2.5}$ 指标纳入减排考核体系，以及建立全国碳排放权交易市场等）。2014 年的政府工作报告中指出："我们要像对贫困宣战一样，

[1] Economist Intelligence, *Asia's energy transition: a tough balancing act*, https://www.eiu.com/n/asias-energy-transition-a-tough-balancing-act/.

[2] 国家发展改革委、国家能源局：《以沙漠、戈壁、荒漠地区为重点的大型风电光伏基地规划布局方案》，http://www.nmgxny.com/policy/policy_20220523993.html。

[3] 《中华人民共和国环境保护法》（十二届全国人大常委会第八次会议 2014 年 4 月 24 日通过修订）。

坚决向污染宣战。"[1]过去几年，中国的环境保护取得重大进展。自2014年到2020年，全国平均 $PM_{2.5}$ 水平下降超过了40%左右，SO_2 和 CO_2 浓度分别下降了65%和33%。

气候变化是一个全球性的挑战，亚太地区积极强化区域合作，共同应对气候变化对产业发展的挑战。能源的跨区域配置是推动区域能源结构转型的重要举措。一家澳大利亚公司承诺使用12 600公里（7 800英里）的水下电缆，将澳大利亚北领地的太阳能电力输送到新加坡。如果按承诺完成，到2029年，它将提供新加坡六分之一的电力。[2]此外，亚太地区积极开展新型融资，为新兴经济体推动产业绿色转型提供资金支持。新的融资形式应该有助于淘汰旧的融资形式。印度、印度尼西亚和越南正在积极争取外部资金来实现绿色转型。亚洲开发银行希望将援助与私人资本结合起来，为煤炭企业的债务再融资，引导煤炭企业提前关闭工厂。

四、 寻找应对之道

亚太地区长期并将持续拉动全球经济的增长，全球产业中心也越来越向亚太地区转移。但是，新冠疫情、国际政治经济局势的波动和气候变化等因素也持续威胁着亚太地区的发展前景。需要对亚太地区产业可持续性进行系统和科学的评估，展示亚太地区不同城市在促进产业可持续发展方面的表现和经验，为利益相关者提供一个相对客观的视角，重新审视当前复杂的产业体系，预先识别制约因素，促进推出更为有效、可持续的亚太城市发展规划，助力于建设一个开放、联通和平衡的亚太地区。

---

[1] 《政府工作报告》，http://www.gov.cn/guowuyuan/2014-03/14/content_2638989.htm。

[2] David Stringer, *Giant Australia-to-Singapore Solar Project Targets 2024 Build*, https://www.bloomberg.com/news/articles/2022-06-24/australia-to-singapore-solar-power-project-targets-2024-build? leadSource = uverify + wall.

第2章

重新审视产业可持续性

产业是以工业、制造业的发展为中心,包括其所辐射出的各类动态生产要素和生产生活过程。产业的发展见证了人类文明的进步,产业中的各元素也与人类生活息息相关。如何探寻更可持续的产业发展路径是当前发展阶段的重要议题。

一、 产业和产业发展的内涵

1. 产业的界定

产业是各国谋求发展的必要条件,产业发展程度甚至决定了一个国家或地区在世界范围内的影响力。[1]"产业"是全球关注的重要话题。早期对产业的讨论由欧洲大陆的工业革命引发,随着技术进步和工业部门演变发展,对工业的讨论经历了多次更新和迭代。19世纪的第一次工业革命使得蒸汽技术成为生产发展的重要动力;20世纪电力的出现给予了生产活动全新的改变;20世纪70年代人类社会开始进入计算机时代,技术变革将生产生活的联系变得更为紧密。[2]近年来所提出的"工业4.0"表现为生产活动的自动化和数字化,[3]被视作第四次工业革命。工业不再拘泥于传统的生产过程,还覆盖了非常广泛的领域:数据管理、消

〔1〕 Naushad Khan, Shah Fahad et al. *Critical Review of Industrial Development in the World*. SSRN. 2020.

〔2〕 Frank Cordes and Nigel Stacey, *Is UK Industry Ready for the Fourth Industrial Revolution*. The Boston Consulting Group:Boston, MA, USA. 2017.

〔3〕 Lutz Sommer. *Industrial revolution-industry 4.0:Are German manufacturing SMEs the first victims of this revolution?* Journal of Industrial Engineering and Management. 2015(5):1512—1532.

费关系、提升竞争力,等等。[1]

不同学科和研究角度对产业的界定不同。总体来看对产业的界定主要包括以下两个角度。

从狭义上看,产业聚焦工业或制造业。[2]几次工业革命在人类社会发展中扮演着重要角色,不仅直接带动经济发展,还显著推进了全球的产业发展及工业化进度。[3]因此,工业或制造业在很长一段时间内都是"产业"的代名词,在产业发展中占据特殊位置。

从广义上看,产业指国民经济相关的各行各业,不仅限于工业或制造业,还包括农业、养殖、运输、旅游和任何创造价值的其他活动,[4]也涉及当代生产动态的所有要素,[5]是参与生产商品和服务的所有经济活动的总和。工业、制造业的发展依靠大量人力、物力的推动,涉及生产、流通、服务、文化、教育等的活动也逐渐被纳入产业范畴中。产业活动是以制造成品和提供各类服务为目的所采取的一系列活动。

在全球范围内,高度发达的产业主要集中在北美、西欧、俄罗斯、日本等发达地区。就某一国家而言,产业主要集于大城市中心,是大城市的典型活动。产业的集中也映射了行政、金融和政治利益的集中。

2. 产业发展的外部影响

工业革命带来的产业发展,推动着人类社会的进步。产业对人类生产生活产生的推动,来源于产业发展过程的辐射作用。同时,产业与其所处的客观发展环境相辅相成。产业发展对开展产业活动的环境带来一系列影响,这些影响反过来

---

[1] Michela Piccarozzi, Barbara Aquilani et al. *Industry 4.0 in management studies: A systematic literature review*. Sustainability. 2018(10):3821.

[2] M Kapunda. *Industrial and development economics: An african perspective*. African Books Collective. 2017.

[3] Li Yong. *Why industrial development matters now more than ever before*. Industrial Analytics Platform. 2021.

[4] Akio Hosono, "Industrial Development and Transformation: Insights from Outstanding Cases," in *SDGs, Transformation, and Quality Growth: Insights from International Cooperation* (Springer, 2022).

[5] Andrea Ferrannini, Elisa Barbieri et al. *Industrial policy for sustainable human development in the post-Covid-19 era*. World Development. 2021:105—215.

改变产业发展的可持续性。有效地理解和度量产业发展的内外部影响,是开展产业活动的重要基础。

产业发展的外部影响主要包括对经济增长、社会福祉、技术进步等方面的影响。外部影响具有两面性:一方面,产业发展能带来显著的经济收益,同时推动社会生活各个环节的发展与变化,并且基于产业发展所带来的各类技术进步,资源利用效率也在逐渐提升;另一方面,产业发展也给经济、社会、环境带来许多负面影响,尤其体现在经济矛盾、不平等以及环境问题方面。

产业发展的正面外部影响体现在经济增长等方面。从第一次工业革命起,生产力飞速发展,同时推动了商品贸易与交通运输的进步。产业发展在促进生产力提升的同时,在城市化、社会进步、资源利用效率提升等方面也贡献了不可忽视的重要力量。

(1) 产业发展是经济增长的关键

产业发展最直观的影响体现在经济增长上。产业发展对经济发展至关重要。[1]亚洲开发银行发布的《包容性增长指标框架》[2]中提出,完善现有产业结构和实现产业多元化升级是确保经济持续增长的第一支柱。关于产业的讨论可以从以下两个维度进行,一类是"专业化经济",即马歇尔外部性所指的同一行业内部的企业集聚经济,[3]这对企业来说是外部性,但对行业来讲仍是内部经济。[4]另一类是"多样化经济",即雅各布斯外部性,[5]不同类型行业间的知识溢出有助于经济增长,差异性和多样化有助于创新发明,竞争环境也有利于激励公司不断创新以保持竞争力,因而竞争比垄断更有利于知识和技术的外部性。[6]

〔1〕　Ha-Joon Chang and Alice H Amsden. *The political economy of industrial policy*. Springer. 1994.

〔2〕　Asian Development Bank. *Framework of Inclusive Growth Indicators 2012:Key Indicators for Asia and the Pacific Special Supplement*. Asian Development Bank. 2012.

〔3〕　Vernon Henderson. *Externalities and industrial development*. Journal of Urban Economics. 1997(3): 449—470.

〔4〕　Charles W. Guillebaud. *The evolution of Marshall's principles of economics*. The Economic Journal, 1942 (208):330—349.

〔5〕　Frank Neffke, Martin Henning et al. *The dynamics of agglomeration externalities along the life cycle of industries*. Regional studies. 2011(1):49—65.

〔6〕　Michael Jacobs. *Sustainable development as a contested concept*. Fairness and futurity:Essays on environmental sustainability and social justice. 1999:21—46.

产业中的制造业在经济社会的发展中贡献显著，尤其体现在国内生产总值（GDP）。[1]新冠疫情以来，全球产业受到严重冲击，随之而来的经济衰退也给各地带来沉重的发展负担。经济复苏成为当务之急，恢复产业对于重建社会[2]意义重大。

（2）产业发展提升社会福祉

除了直接的经济效益外，产业发展还对一系列社会过程产生有益影响。产业发展推动了社会结构的变化，从而带来城市化、性别关系和社会福利的优化。[3]产业发展显著增加就业机会。研究表明，产业活动集中度的提高会影响此后 5 年的就业水平，尤其是高科技产业所带来的影响时间更长。[4]此外，产业发展与更新推动劳动力产生提升自身技能，拉动社会教育发展。[5]

产业发展也被认为是解决社会问题和消除贫困的关键手段。2013 年联合国呼吁通过产业发展和转型帮助改善民生、消除贫困。[6]产业发展给社会带来的最直观影响就是降低贫困率。1981 年世界上有三分之一的贫困人口，而伴随着中国、印度等人口大国的产业发展助推经济增长，2001 年全球贫困人口比例

[1] Foresight. *The future of manufacturing：a new era of opportunity and challenge for the UK*. Summary Report，The Government Office for Science，London. 2013.

[2] Peng Zhang and Kerry London. *Towards an internationalized sustainable industrial competitiveness model*. Competitiveness Review：An International Business Journal. 2013；Eugene Yu-Ying Lin，Ping-Yu Chen et al. *Measuring green productivity of country：A generlized metafrontier Malmquist productivity index approach*. Energy. 2013；340—353；Inna Fedulova，Olga Yurievna Voronkova et al. *Labor productivity and its role in the sustainable development of economy：on the example of a region*. Entrepreneurship and Sustainability Issues. 2019(2)：1059；Meiting Fan，Shuai Shao et al. *Combining global Malmquist-Luenberger index and generalized method of moments to investigate industrial total factor CO_2 emission performance：A case of Shanghai (China)*. Energy Policy. 2015；189—201；Angeliki N. Menegaki and Aviral Kumar Tiwari. *The index of sustainable economic welfare in the energy-growth nexus for American countries*. Ecological indicators. 2017；494—509；Fomina, A. V., Berduygina, O. N., & Shatsky, A. A.(2018). Industrial cooperation and its influence on sustainable economic growth. *Entrepreneurship and Sustainability Issues*，5(3)，467—479.

[3][5] Li Yong. *Why industrial development matters now more than ever before*. Industrial Analytics Platform. 2021.

[4] Vernon Henderson. *Externalities and industrial development*. Journal of Urban Economics. 1997(3)：449—470.

[6] Zhu Zhongming，Lu Linong et al. *A new global partnership：Eradicate poverty and transform economies through sustainable development*. 2013.

下降至 18%。[1]

　　产业发展能够提升解决环境问题的技术能力,减少资源消耗和提升利用效率。第九个联合国可持续发展目标(Sustainable Development Goals 9,SDG 9)也将工业化纳入 2030 年的可持续发展议程,产业发展带来环境问题,但同时也为解决环境问题提供技术工具。总之,制造业对于解决社会问题具有重要作用。[2]此外,新冠疫情展示了产业韧性和恢复对于社会发展的重要意义。[3]

　　(3) 产业发展带来的负面影响

　　然而,产业发展的负面影响也不可小觑。产业发展带来许多经济、社会和环境等方面的新问题。产业变动会带来快速的社会变化,并对经济、环境等方面产生不可忽视的影响。[4]全球产业发展不均衡,导致国际产业分工和贸易等摩擦和矛盾。产业发展的成果在一个社会内部的分布同样不均衡,产生贫富差距拉动和社会矛盾增加等问题。此外,环境问题归根结底是产业发展的重要衍生问题。如何合理规划以尽量减小产业化的负面影响,是探讨产业可持续的重要话题。

　　从全球背景来看,不同地区的产业发展水平仍有很大不平衡。早期完成工业化的经济体目前已积累了充足的技术和资本,因此具备深入研究产业市场和开发高效生产机制的能力,从而相比尚未完成工业化进程的经济体更具扩大自身产业的优势。[5]因此产业发展仍会衍生出一些有待解决的经济矛盾。尤其是新冠疫情以来,全球产业发展受到严重冲击。世界旅游组织(United Nations World Tourism Organization,UNWTO)的报告称,自 1950 年以来,新冠疫情给国际旅游业带来了重大冲击,终结了 2009 年金融危机后旅游业为期十年的持

---

[1]　Shaohua Chen and Martin Ravallion. *How have the world's poorest fared since the early 1980s?* The World Bank Research Observer. 2004(2):141—169.

[2]　T. Moore and M. Folkerson. *Industrial Evolution: Making British manufacturing sustainable*. Manufacturing Commission:London, UK, 2015.

[3]　Li Yong. *Why industrial development matters now more than ever before*. Industrial Analytics Platform. 2021.

[4]　Yusuke Kitamura, Selim Karkour et al. *Evaluation of the economic, environmental, and social impacts of the COVID-19 pandemic on the Japanese tourism industry*. Sustainability. 2020(24):10302.

[5]　NJ Smelser and PB Baltes. *International encyclopedia of the social & behavioral sciences*. Elsevier,2001.

续增长。[1]

产业发展与社会平等之间的关系则相对复杂。根据各国经验显示，在发展的早期阶段，产业带来的快速经济增长与不平等程度的加剧之间不存在必然联系。韩国等经济体已经将工业化和经济增长与减少不平等相结合。然而，在泰国，快速增长却伴随着收入不平等的加剧。[2]总的来说，产业发展与不平等之间的相互影响程度取决于国家和产业发展进程的特征，包括发展途径、经济增长类型[3]、利益相关方、阶段目标等。[4]

以制造业为主的工业化进程大大加剧了全球环境的恶化，包括气候变化、自然资源的急剧减少、空气和水污染以及濒危物种灭绝等。制造业往往被认为是许多环境问题的原因。[5]Lewin 等人[6]用"共同进化"来描述产业与环境之间的复杂关系，链接了应对环境变化的事前适应主义和事后选择主义，并指出技术的进步、产品和劳动力市场的全球化以及全球资本池的崛起都加剧了环境的动荡。Murmann[7]通过对比分析了 5 个国家 60 年来的产业发展数据指出，随着产业创新速度的提高，环境将变化得更快、更复杂，因此也将给人类适应环境带来更大的挑战。

3. 产业发展的内部影响

产业在发展过程中，产业内部彼此产生潜移默化的影响。因此聚焦产业内部

[1] World Tourism Organization，*Impact Assessment of the COVID-19 Outbreak on International Tourism*，https://www.unwto.org/impact-assessment-of-the-covid-19outbreak-on-international-tourism.

[2] Isra Sarntisart. *Growth*，*Structural Change and Inequality the Experience of Thailand*. 2000.

[3] MP Todaro and SC Smith，"Economic Development in the Third World. 8″ ed，" Longman，With Plains，1994.

[4] Matleena Kniivilä. *Industrial development and economic growth：Implications for poverty reduction and income inequality*. Industrial development for the 21st century：Sustainable development perspectives. 2007(3)：295—333.

[5] Martin W. Holdgate. *Our Common Future：The Report of the World Commission on Environment and Development*. Environmental Conservation，1987(3)：282—282.

[6] Arie Y. Lewin and Henk W. Volberda. *Prolegomena on coevolution：A framework for research on strategy and new organizational forms*. Organization science. 1999(5)：519—534.

[7] Johann Peter Murmann. *The coevolution of industries and important features of their environments*. Organization Science. 2013(1)：58—78.

的研究也是探讨产业发展的重要视角。例如企业为了更高效地接受各类信息,往往聚集在一起,因此产业和产品也更具多样性、专业性。产业发展也将从当地行业内的专业化中获得好处。[1]产业互动、产业内贸易、产业共生等都描述了产业内部的动态联系和相互影响的规律。

各类产业中的所有行业都使用来自其他部门的物质投入和经济要素投入,然后通过生产过程将它们转化为成品,这一过程被称为"产业互动"。产业互动在产业发展过程中普遍存在。产业的动态外部性构成了内生增长的基础。[2]产业内,除了一个行业外部的多样性之外,内部的多样性同样重要。对产业中任何一个子行业来说,与其他子行业开展多样性互动将有利于信息交流,因此行业的多样性也反映了各类专业功能的实现程度。[3]但值得注意的是,这种"多元化"带来的好处是宏观层面的,从企业个体层面来说,并非经营业务越多元自身增长越快。Lichtenberg[4]以工厂为研究范围测试了产业类型多元化对生产力的影响,结果表明在工厂数量不变的情况下,经营的行业数量越多,生产率就越低。对某一类型产业中的企业来说,适当剥离跨行业的业务而专营自身强项是更具效益的选择。[5]

探讨产业间的交流互动时,贸易是一个不可忽视的话题。全球范围内大量的贸易都围绕类似的产品发生,也就是"产业内贸易"(Intra-industry trade)[6]。新贸易理论对此提供了两类分析模型:"大数字"(large numbers)模型和"小数字"(large numbers)模型[7]。"大数字"模型指出,在垄断竞争的模式下,不同产品在同一类产业内的贸易受市场对产品品类的偏好以及规模经济的相互作用的影响。[8]"小数

〔1〕〔2〕〔3〕　Vernon Henderson. *Externalities and industrial development*. Journal of Urban Economics. 1997(3):449—470.

〔4〕　Frank R. Lichtenberg. *Industrial de-diversification and its consequences for productivity*. Journal of Economic Behavior & Organization. 1992(3):427—438.

〔5〕　Lane Daley, Vikas Mehrotra et al., *Corporate focus and value creation evidence from spinoffs*. Journal of financial economics. 1997(2):257—281.

〔6〕　Daniel M. Bernhofen. *Intra-industry trade and strategic interaction:Theory and evidence*. Journal of International Economics. 1999(1):225—244.

〔7〕　Paul R. Krugman. *Increasing returns, monopolistic competition, and international trade*. Journal of international Economics. 1979(4):469—479.

〔8〕　Paul Krugman. *Scale economies, product differentiation, and the pattern of trade*. The American Economic Review. 1980(5):950—959.

字"模型则强调产业交流的是利润驱动的结果。[1]

产业生态学用产业共生（Industrial symbiosis，IS）来描述地缘位置接近的企业间交换材料和共享管理的情况，[2]例如交换副产品、分享公用事业的管理、分享辅助服务等。[3]这个词最早用于描述丹麦卡伦堡的独立企业之间的高度资源循环。卡伦堡持续成功的主要原因在于，商业交流中的伙伴关系存在较强的合理性，公司之间的关系很密切，而且这种产业内的交流保证了各自企业的环境效益。[4]后来，产业共生可以描述地区间企业（或产业）的合作关系，包括互相交换分享能源、水、投入和产出材料等资源以及管理经验，[5]共同追求更广泛的产业可持续发展战略。[6]不过相关研究认为参与产业共生活动的各方主体多是受经济和环境利益的驱动，[7]并且多数研究都集中探讨产业间的技术共享，而基于社会层面的讨论不多。[8]

属于同一产业生态系统的企业利用产业共生获得竞争优势，并实现自身的经济和环境效益。[9]在一个成功的产业生态系统中，一群具有不同投入和产出的企业进行材料交换。[10]随着产业的不断发展与全球化进程的推进，产业生态系统已在世界各地兴起。如澳大利亚的奎纳纳工业区[11]、荷兰的鹿

〔1〕 Kelvin Lancaster. *Intra-industry trade under perfect monopolistic competition*. Journal of international Economics. 1980(2)：151—175.

〔2〕 Weslynne Ashton. *Understanding the organization of industrial ecosystems：A social network approach*. Journal of Industrial Ecology. 2008(1)：34—51.

〔3〕〔5〕〔7〕〔9〕 Marian R. Chertow. *Industrial symbiosis：literature and taxonomy*. Annual review of energy and the environment. 2000(1)：313—337.

〔4〕 John R. Ehrenfeld and Marian R. Chertow. *Industrial symbiosis：the legacy of Kalundborg*. A handbook of industrial ecology，2002：334.

〔6〕 Leo W. Baas and Frank A. Boons. *An industrial ecology project in practice：exploring the boundaries of decision-making levels in regional industrial systems*. Journal of cleaner production. 2004(8—10)：1073—1085.

〔8〕 Noel Jacobsen，"Industrial symbiosis in the making：Bridging social and technical explanations—The case of Kalundborg, Denmark," paper presented at the 11th Annual International Sustainable Development Research Conference，2005.

〔10〕 Robert A. Frosch and Nicholas E. Gallopoulos. *Strategies for manufacturing*. Scientific American. 1989(3)：144—153.

〔11〕 Dick Van Beers，Albena Bossilkov et al. *Industrial symbiosis in the Australian minerals industry：the cases of Kwinana and Gladstone*. Journal of Industrial Ecology. 2007(1)：55—72.

特丹港〔1〕。一般产业生态系统首先容易在有大规模重工业流程的地区发展壮大，但也有小规模的实践案例，如斐济的蒙特福特少年城〔2〕。当然还存在许多新生的产业生态系统为被专业学者所熟知。〔3〕不过产业共生实践的普及程度远不如其他类型的商业关系，目前已有的产业共生活动的组织架构和网络链接形式也各有不同，尚未形成统一的发展经验。〔4〕

4. 产业发展的探索路径

产业发展的过程形成特定发展路径，且具有路径依赖性。〔5〕在实际生产中，产业发展离不开创新，新兴产业的兴起和位置往往与现有相关工业路径、知识和技能可用性存在一定依存关系。〔6〕新的产业路径也取决于现有的产业路径的开创性工作。因此很多学者也用"开辟路径"来指代某一地区新产业的崛起过程。〔7〕产业发展的路径往往来自生产生活的各个方面，包括但不限于基于自身的开拓创新、挖掘产业的异质性和多样性、相似因素的移植、增加产业的多样化，以及对现有产业的升级。〔8〕产业发展路径重视经济基础、技术、企业发展轨迹等，也就是说，一个具备发展动力、扩展潜力的产业路径需要各个局部环节均遵循整体发展趋势、满足增长需求。〔9〕产业发展路径是在多方利益相关者的共同推动下所

〔1〕　Leo W. Baas and Frank A. Boons. *An industrial ecology project in practice*: *exploring the boundaries of decision-making levels in regional industrial systems*. Journal of cleaner production. 2004(8—10):1073—1085.

〔2〕　Zero Emissions Research and Initiatives, *Pigs*: *Montfort Boys Town*, *Fiji*, http://www.zeri.org/ZERI/Pigs.html.

〔3〕　Marian R. Chertow. "*Uncovering*" *industrial symbiosis*. Journal of industrial Ecology. 2007(1):11—30.

〔4〕　Weslynne Ashton. *Understanding the organization of industrial ecosystems*: *A social network approach*. Journal of Industrial Ecology. 2008(1):34—51.

〔5〕　Danny MacKinnon, Stuart Dawley et al. *Rethinking path creation*: *A geographical political economy approach*. Economic geography. 2019(2):113—135.

〔6〕〔8〕　Robert Hassink, Arne Isaksen et al. *Towards a comprehensive understanding of new regional industrial path development*. Regional Studies. 2019.

〔7〕　Christian Binz, Bernhard Truffer et al. *Path creation as a process of resource alignment and anchoring*: *Industry formation for on-site water recycling in Beijing*. Economic geography. 2016(2):172—200.

〔9〕　Eike W. Schamp. *Evolutionary economic geography*. International Encyclopedia of Geography: People, the Earth, Environment and Technology: People, the Earth, Environment and Technology. 2016:1—11.

实现的，这一过程需超越产业新兴阶段，并综合制度、社会条件及动态等多种影响。[1]

总的来说，科学合理的产业发展路径是权衡了自身社会、经济、环境的发展背景中的各项因素后所总结出的，对企业个体和产业整体来讲，还需要分别完成新的工艺技术和产品开发和建立科学合理的增长体系，最终得出的发展路径必将是具备创新性、前瞻性、指引性、可持续性的。

二、 产业发展的可持续性

自 20 世纪 80 年代"可持续发展"一词被提出，全球范围内各行业围绕可持续性所展开的讨论始终保持着一定热度。随着社会与产业发展的更替，学者们对可持续性的界定也在不断调整。从可持续性定义的历史发展看，可持续性是衡量经济、社会、自然等多个维度在一定地理范围内保持某种程度调节能力的复杂特性，也是衡量社会—经济—生态在系统中和周围环境之间反馈，保持代际和代内公平的复杂特性。

1. 追踪可持续性的内涵沿革

可持续发展（Sustainable development）一词首次正式出现于联合国环境规划署（United Nations，Environment Programme，UNEP）、世界自然保护联盟（International Union for Conservation of Nature，IUCN）和世界自然基金会（World Wide Fund for Nature，WWF）联合发起的《世界保护战略报告》（World Conservation Strategy）[2]中，该报告主要强调两方面问题：生态保护和全球范围内的行动责任。随后 1987 年世界环境与发展委员会（WCED）出版了《布伦特兰报告》（Brundtland Report），该报告讨论了促进经济发展的各项挑战，指出可持续发展是"既满足当代人的需求，又不损害后代人满足自身需求的能力"[3]，从此可持续性

---

[1] Markus Steen and Gard Hopsdal Hansen. *Barriers to path creation*：*The case of offshore wind power in Norway*. Economic Geography. 2018(2)：188—210.

[2][3] International Union for Conservation of Nature and World Wildlife Fund，*World conservation strategy*：*Living resource conservation for sustainable development*.

在世界范围内得到广泛讨论。因此对许多人来说，《布伦特兰报告》的解释已经等同于可持续性。20世纪80年代，全球范围内最初关于可持续发展[1]和可持续性的讨论聚焦资源枯竭、环境污染和生态保护。毕竟与人类生活相关的各项实践均依赖于地球生态系统，所以当人们逐渐意识到身边习以为常的水、空气等的质量在日益恶化时，对可持续性的关注度也在提升。这时，可持续发展被视为大幅减少污染，同时提高资源利用效率的过程，对可持续性的定义也往往更关注环境影响。

随着全球气候变暖的问题凸显，对可持续性的讨论也开始从环境质量扩展到气候变化上来，并延伸到更广泛的领域。例如，可持续发展被认为是平衡人类生活中各类存在相互关联的环节的过程。[2]如果脱离生产生活实践的各项流程与环境、气候之间的联系，就无法真正触及对可持续性的研究。Brooks[3]则认为可持续性是一个模糊的概念，"它不仅涉及科学地量化未来发展前景，还涉及从财务和非财务的角度对自然资源展开评估"。英国的可持续发展战略则通过概述四个目标对"可持续性"做出定义——承诺每个个体所需求的社会进步、有效保护环境、合理使用自然资源、保持高度和稳定的经济增长和就业水平。[4]

近年来，伴随着工业革命带来的经济和社会的飞速发展，人们逐渐意识到仅从限制约束人类活动上入手往往难以实现预期的保护自然环境的目标，已有的举措并不能完全覆盖工业社会所带来的环境影响范围。有研究将经济、社会、环境视作可持续性的三个支柱。[5]这种描述明确指出仅通过保护环境难以满足人们对"可持续性"的需求，经济、社会、环境均为不可忽略的维度。但该研究关于经济、社会、环境三者之间的详细关联却没有给出具体说明，一些特殊的社会活动，如税收，也难以直接归类为三者中的某一个。

[1]　United Nations，*Our common future*：*Report of the World Commission on Environment and Development*，https://sustainabledevelopment.un.org/content/documents/5987our-common-future.pdf.

[2]　Paul B. Thompson and Patricia E. Norris. *Sustainability*：*What Everyone Needs to Know*. Oxford University Press. 2021.

[3]　Nick Brooks. *Climate change*，*growth and sustainability*：*the ideological context*，Citeseer，2003.

[4]　Environment Agency of UK Government. *A Better Quality of Life*：*a Strategy for Sustainable Development for the UK*. environmentdata.org/archive/ealit：2019/OBJ/20002682.pdf.

[5]　Ben Purvis，Yong Mao et al. *Three pillars of sustainability*：*in search of conceptual origins*. Sustainability science. 2019：681—695.

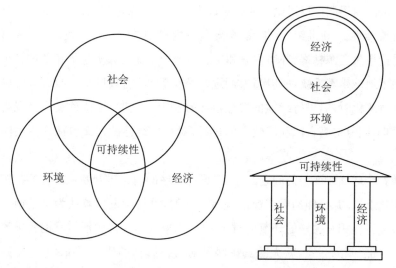

资料来源：自制。

图 2-1 可持续性的三支柱

  与之类似，Elkington[1]提出了一个"三重底线"模型，即社会、经济和环境底线。该模型认为社会依赖于经济，而经济则依赖于全球生态系统，并强调一个组织只有在这三条底线上取得平衡，才能实现可持续发展。随后，可持续性开始被赋予商业意义。"威尔士亲王商业和环境项目"开始通过资本和收入的经济概念来看待可持续性，并进一步提出了五种资本模型，即可持续性的五种主要的资本包括自然资本、人力资本、社会资本、制造资本和金融资本。[2]

  于是，可持续性开始更多关注社会与自然的关系，讨论长期以来经济、环境和社会维持某一过程的能力，[3]不具备伦理、政治或道德意义[4]。可持续性也逐

〔1〕 John Elkington and Ian H. Rowlands. *Cannibals with forks：The triple bottom line of 21ˢᵗ century business*. Alternatives Journal. 1999(4)：42.

〔2〕 Jonathon Porritt. *The World in Context：Beyond the Business：Case for Sustainable Development*. University of Cambridge. 2003.

〔3〕 Carlos Alberto Ruggerio. *Sustainability and sustainable development：A review of principles and definitions*. Science of the Total Environment. 2021：147481.

〔4〕 Gilberto C. Gallopín. *Sostenibilidad y desarrollo sostenible：un enfoque sistémico*. Cepal. 2003；Carlos Alberto Ruggerio. *Sustainability and sustainable development：A review of principles and definitions*. Science of the Total Environment. 2021：147481.

渐成为评估经济和生态需求的重要指标。[1]人们往往通过客观衡量可持续性水平，制定可持续发展的战略。[2]可持续性决策也需要权衡经济、社会、环境三个领域的目标需求。[3]基于传统经济增长理论对增长过程中事实和规律的解释与分析，近年来对经济增长与环境之间的关系（尤其是自然资源对增长过程和可持续性的影响有关的问题）[4]和可持续性技术发展的研究也就此展开。

　　目前来看，"可持续性"是一种连接许多表象背后的复杂关系，反映了对一个过程能否或是否应该继续的判断，不过这不代表一个过程能持续到永远才可以被视作具有可持续性。[5]Walker 等人[6]认为可持续性的属性包括恢复力、适应性和可转换性。Crojethovich Martín 和 Perazzo Rescia[7]则指出可持续性的三个基本假设：（1）可持续性是复杂系统的突发属性；（2）可持续性通过网络和链条传递，在每个步骤中增加或减少，并且能够积累；（3）可持续性是结构的一种属性，可以有不同层次的组织或等级结构。这三个基本假设将可持续性视作一种以新陈代谢方式传递的突发属性。Ben-Eli[8]将系统的可持续性定义为"人口与其环境的承载力之间互动的动态平衡，使人口的发展能够充分展现潜力，而不会对其所依赖的环境承载力产生不可逆转的不利影响"。目前用于衡量一个过程可持续性的思路主要是判断其在特定条件下能够维持的时间或进行的程度。采取科学的评估方法在于强化系统的完整性，并检查这些过程或

[1]　Michael Narodoslawsky and Christian Krotscheck. *The sustainable process index（SPI）: evaluating processes according to environmental compatibility*. Journal of Hazardous Materials. 1995(2—3): 383—397.

[2]　Alexandre André Feil, Dusan Schreiber et al. *Sustainability indicators for industrial organizations: Systematic review of literature*. Sustainability. 2019(3): 854.

[3][5]　Paul B. Thompson and Patricia E. Norris. *Sustainability: What Everyone Needs to Know*. Oxford University Press. 2021.

[4]　Anastasios Xepapadeas. *Economic growth and the environment*. Handbook of environmental economics. 2005: 1219—1271.

[6]　Brian Walker, Crawford S. Holling et al. *Resilience, adaptability and transformability in social-ecological systems*. Ecology and society. 2004(2).

[7]　Alejandro D. Crojethovich Martín and Alejandro J. Rescia Perazzo. *Organización y sostenibilidad en un sistema urbano socio-ecológico y complejo*, Crojethovich Martín, AD; Rescia Perazzo, AJ（2006）. "Organización y sostenibilidad en un sistema urbano socio-ecológico y complejo," Revista Internacional de Tecnología, Sostenibilidad y Humanismo, diciembre 2006, núm. 1, p.103—121.2007.

[8]　Michael U. Ben-Eli. *Sustainability: definition and five core principles, a systems perspective*. Sustainability Science. 2018(5): 1337—1343.

系统被破坏的可能性。[1]不过由于许多描述某一事物是否可持续性的概念多被描述为一个社会目标,所以有人认为可持续性的概念是一个政治概念。[2]但其实可持续性本身不与政治观点存在联系。[3]

2. 有关产业可持续性的探讨

随着可持续发展与可持续性的理念逐渐引起更多关注,相关讨论也不仅限于各国政府、学术界与非政府组织之间,产业界同样开始关注可持续发展问题,产业的可持续性也在许多组织的管理议程中得到了提升。[4]全球市场的激烈竞争、环境问题的日趋严峻促使决策者们越来越重视在产业活动中发挥可持续发展理念。[5]1995 年,世界可持续发展商业理事会(World Business Council For Sustainable Development,WBCSD)的成立标志着产业界首次对可持续发展问题展开集体性努力。该理事会汇集了来自 30 多个国家的约 160 家国际公司,使用生态效率作为衡量产业环境可持续性表现的工具。[6]而多数相关讨论主要从环境改善、资源利用等角度出发,忽略了其他维度的影响。对亚洲国家来说,在工业化发展和贸易全球化推进过程中,经济、环境和社会问题都扮演着至关重要的角色,[7]只有综合权衡多方因素,才有利于实现可持续性转型。尽管可持续发展的理念不断得到巩固,但是可持续性的综合概念尚未在实践中得到充

[1] Ann S. Masten and Jelena Obradovic. *Disaster preparation and recovery*: *Lessons from research on resilience in human development*. Ecology and society. 2008(1).

[2] Michael Jacobs. *Sustainable development as a contested concept*. Fairness and futurity: Essays on environmental sustainability and social justice. 1999:21—46.

[3] Paul B. Thompson and Patricia E. Norris. *Sustainability*: *What Everyone Needs to Know*, Oxford University Press. 2021.

[4] Subashini Paramanathan, Clare Farrukh et al. *Implementing industrial sustainability*: *the research issues in technology management*. R&D Management. 2004(5):527—537.

[5] Li Zhou, Hella Tokos et al. *Sustainability performance evaluation in industry by composite sustainability index*. Clean Technologies and Environmental Policy. 2012:789—803.

[6] World Business Council for Sustainable Development, *Measuring Ecoefficiency*: *a Guide to Reporting Company Performance*, https://docs.wbcsd.org/2006/08/EfficiencyLearningModule.pdf.

[7] Mehrab Nodehi, Abbas Assari Arani et al. *Sustainability spillover effects and partnership between East Asia & Pacific versus North America*: *interactions of social, environment and economy*. Letters in Spatial and Resource Sciences. 2021:1—29.

分体现。[1]要想将可持续性付诸实践,决策者和产业界需要了解产业发展环境(包括自然环境、社会环境),从而思考如何应对环境、经济和社会挑战。因此如何对产业可持续性的客观衡量仍是颇具讨论意义的重要话题。

Tonelli 等[2]将产业可持续性定义为产业转型发展的最终状态,但有效的转型路径仍在探索中。剑桥大学制造研究所认为产业可持续性[3]是"商品和服务在其设计和制造等全过程中,既能满足当代人的需求,又不会减少长期的经济、社会和环境机遇"。大多数关于产业可持续发展的探讨都具有较强的主观性,所提供的建议对企业管理和生产消费水平具有一定要求,增加产业压力的同时又难以达到预期效果。[4]因此,使用产业可持续发展指标是评估和预测产业发展能力的有效工具。选取合适的指标能够及时提供经济、社会和环境方面的预警信息,为决策制定提供有效帮助。[5]

本书认为产业可持续性是一种产业的结构属性,描述了产业所处的社会—经济—生态(SES)系统与周围环境之间的反馈,同时具备代际和代内公平的复杂特性,是产业发展与其所处的经济、社会、生态环境等协调共生的能力。

3. 立足城市的产业可持续性

随着全球城市化进程的推进,城市范围不断扩大。基于产业发展所带来的社会、经济、环境价值,产业一直被视作城市地区发展的有力支撑。因此聚焦城市范围内的产业研究大多兼顾对城市化和产业化进行讨论,并且希望从产业的角度为城市地区实现可持续发展提供指引。

〔1〕 Andrea Ferrannini, Elisa Barbieri et al. *Industrial policy for sustainable human development in the post-Covid-19 era*. World Development. 2021:105—215.

〔2〕 Flavio Tonelli, Steve Evans et al. *Industrial sustainability: challenges, perspectives, actions*. International Journal of Business Innovation and Research. 2013(2):143—163.

〔3〕 PM Jansson, MJ Gregory et al. *Industrial sustainability—a review of UK and International research and capabilities*. University of Cambridge, Cambridge. 2000.

〔4〕 Gülçin Büyüközkan and Yağmur Karabulut. *Sustainability performance evaluation: Literature review and future directions*. Journal of environmental management. 2018: 253—267.

〔5〕 Rajesh Kumar Singh, H. Ramalinga Murty et al. *An overview of sustainability assessment methodologies*. Ecological indicators. 2009(2):189—212.

Khan[1]等研究指出，政府在发展产业时往往以城市为背景，而农村则仅扮演原料提供方的角色。地区间的发展差异导致人口不断涌入城市，城市范围扩大的同时，内部运作和管理的压力也在不断提升。对所有产业来说，城市化的影响都格外重要。城市化对传统行业的影响将维持 4—5 年，对高科技行业的影响将会持续更久。[2]

Rees 和 Wackernagel[3]指出城市的发展加速了全球生态环境的恶化，也就是说，城市化是不可持续的。只有将可持续发展与城市有机结合，才能有效落实可持续性。[4]Anders[5]认为城市是采取可持续发展行动的最佳场所。合理的城市发展规划应做到既避免了工业化增长过快带来风险，又能够紧跟全球化发展脚步。[6]当前开展城市智能化管理[7]和改善城市能源危机[8]是人们关注的热点话题。实际上，新兴城市的发展需要基于创新视角，在减少环境影响的同时，创造并增强社会凝聚力，最大限度地实现环境、社会和经济的综合价值。[9]因此，生产力和可持续性是未来城市发展的关键挑战。[10]而产业可持续发展的主要障碍不是缺乏

〔1〕 Naushad Khan. *Critical review of cottage and small scale industries in Pakistan*. Critical Review. 2018(3).

〔2〕 Vernon Henderson. *Externalities and industrial development*. Journal of Urban Economics. 1997(3)：449—470.

〔3〕 William Rees and Mathis Wackernagel. *Urban ecological footprints：why cities cannot be sustainable—and why they are a key to sustainability*. Urban ecology：an international perspective on the interaction between humans and nature. 2008：537—555.

〔4〕 Peter Newman and Jeffrey Kenworthy. *Sustainability and cities：overcoming automobile dependence*. Island press. 1999.

〔5〕 Rosalie Anders. *The sustainable cities movement*. Institute for Resources and Security Studies, Cambridge. 1991.

〔6〕〔9〕 Saffa Riffat, Richard Powell et al. *Future cities and environmental sustainability*. Future cities and Environment，2016(1)：1—23.

〔7〕 United Nations Intergovernmental Panel on Climate Change，*Renewable Energy Sources and Climate Change Mitigation*，https://www.ipcc.ch/report/renewable-energy-sources-and-climate-change-mitigation/.

〔8〕 European Technology Platform on Renewable Heating and Cooling，*Common vision for the renewable heating and cooling sector in Europe*，https://op.europa.eu/en/publication-detail/-/publication/151b6f88-5bf1-4bad-8c56-cc496552cd54/language-en.

〔10〕 Australian Government Department of Infrastructure and Transport，*Our Cities，Our Future：A national Urban Policy for a Productive，Liveable and Sustainable future*，https://www.infrastructure.gov.au/infrastructure/pab/files/Our_Cities_National_Urban_Policy_Paper_2011.pdf.

战略〔1〕、模式〔2〕和工具〔3〕,而是如何实施这些战略,以及如何将战略规划引入现有的实践,在提高产业自身竞争力的同时确保目标的实现。

　　城市产业可持续性是以城市为研究单元,通过建立完善的指标体系评估产业可持续发展情况,从而对未来城市发展趋势作出客观科学的判断,制定合理的城市规划方案,积极打造更好、更可持续的城市。对处于飞速发展和推进工业化进程的亚太地区经济体来说,愈加严峻的经济、政治,甚至社会竞争给各地的贸易便利化和全球化发展增加了不小的难度,针对东亚和太平洋地区可持续性发展互动的研究发现合作和流动的治理方式,可以使区域和全球的可持续发展整体受益。〔4〕

〔1〕　Robert A. Frosch and Nicholas E. Gallopoulos. *Strategies for manufacturing*. Scientific American. 1989 (3):144—153.

〔2〕　Ambuj D. Sagar and Robert A. Frosch. *A perspective on industrial ecology and its application to a metals-industry ecosystem*. Journal of Cleaner Production. 1997(1—2):39—45.

〔3〕　René Van Berkel, Esther Willems et al. *Development of an industrial ecology toolbox for the introduction of industrial ecology in enterprises—I*. Journal of cleaner production. 1997(1—2):11—25.

〔4〕　Mehrab Nodehi, Abbas Assari Arani et al. *Sustainability spillover effects and partnership between East Asia & Pacific versus North America: interactions of social, environment and economy*. Letters in Spatial and Resource Sciences. 2021:1—29.

第 3 章

城市产业可持续性评估

本章将评述既有评价可持续发展的框架,介绍亚太城市产业可持续性指数(Asia-Pacific Industrial Sustainability Index, AP-ISI)评价所选取的 DPSIR (Drivers-Pressures-States-Impacts-Responses)模型。本章第一部分梳理了国际组织、工商界、学界对可持续性指标、城市可持续性指标和产业可持续指标的构建以及指标体系的发展脉络;第二部分围绕当前产业可持续性理论存在的短板和现实中产业在城市发展遇到的堵点问题,构建了评价城市产业可持续发展的 DPSIR 框架,为亚太城市产业可持续性指数构建提供了理论基础。

一、 可持续发展评价的主流框架评述

为促进生态效益、经济效益和社会效益相统一,促进经济发展与人口、资源、环境相协调,可持续发展评价的意义越来越凸显。在可持续发展评价的框架下,学术界、工商业界等围绕可持续性、城市可持续性、产业可持续性三个主要方面构建评估指标,力求科学、合理地对可持续发展现状进行评估,找出症结,寻求解决方案。虽然当前已经存在诸多与可持续发展评价相关的成果,但是数据难以获得、指标覆盖范围窄等仍然是开展可持续发展评估面临的主要困难。

1. 产业可持续性评估的理论基础
可持续发展指的是既满足当代人的需要,又不损害后代人满足其需要的能

力。[1]产业可持续发展理论的思想迭代大致可分为三个阶段：(1)污染控制阶段
(20 世纪 70—80 年代)。该阶段重点是减少污染和尽量减少工业活动对环境的负
面影响。这主要是由监管框架推动的，如美国的《清洁空气法》和英国的《环境保
护法》，其中规定了排放标准，并对不遵守规定的行为进行处罚。(2)清洁生产阶
段(20 世纪 80—90 年代)。该阶段将重点从末端的污染控制转移到源头的污染预
防上。这是通过实施清洁生产的做法来实现的，这些做法旨在优化工业流程，减
少废物和排放，并尽量减少危险材料的使用。清洁生产方法是由监管压力和行业
主导的举措共同推动的，如建立生态标签计划和自愿环境管理系统，如 ISO
14001[2]。(3)产业生态阶段(20 世纪 90 年代至今)。该阶段强调以系统为基础
的工业可持续性方法。它试图通过将生产过程作为更广泛环境中的相互联系的
系统来优化资源的使用，并将浪费降到最低。产业生态学方法借鉴了自然生态系
统的概念，如循环性、共生性和复原力，以更可持续的方式设计和管理工业系统。
这一阶段也以新的商业模式的兴起为标志，如循环经济，其目的是创造闭环系统、
消除废物、促进材料的再利用。

　　在可持续发展的过程中，涌现出了例如生命周期评价、环境影响评价、循环经
济、生态足迹等产业可持续性评价的理论基础。

　　(1) 生命周期评价

　　生命周期评价(life cycle assessment，LCA)是对一个产品系统的生命周期中
输入、输出及其潜在的环境影响的汇编和评价，主要包括目标和范围的确定、清单分
析、影响评价、结果解释 4 个阶段。其中，LCA 是生命周期评价的核心部分，是根
据清单分析阶段获取的数据进行量化评价，以便确定产品系统对外部环境的潜在
影响程度，主要包括分类、特征化、标准化、加权等步骤。1997 年，国际标准化组织
发布 ISO 14040 系列标准，对 LCA 的定义、框架、步骤等进行了明确的界定。

---

[1]　United Nations, *Our Common Future*：*Report of the World Commission on Environment and Develop-ment*, https://sustainabledevelopment.un.org/content/documents/5987our-common-future.pdf.

[2]　ISO 14001 是 ISO 14000 环境管理系列标准之一。ISO 14001 系列标准是国际标准化组织设立的标准，与环境管理系统有关。ISO 14001 定义了环境管理体系的全球公认要求，并且是标准化的一部分。这包括环境管理各个领域的许多其他标准，包括生命周期评估、环境关键数据和环境绩效评估。它可以应用于制造和服务公司。该认证有效期为 4 年，之后必须进行重新认证。年度监督审核在认证之间进行。

在此后的二三十年里，随着资源的愈发紧缺和人们环保意识的提高，生命周期评价理论与实践有了较快发展。随着对环境整体影响关切的加深，LCA 的应用逐渐扩展到更多学科。Boris Dresen 等利用地理信息系统（Geographic information system，GIS）和生命周期评价数据库相结合的方法来进行空间温室气体的计算。[1] 在实践应用层面，各国努力寻求 LCA 评价的本地化特征。Ecoinvent 数据库是由瑞士 Ecoinvent 中心开发的商业数据库，数据主要源于统计资料和技术文献，是国际 LCA 领域使用最广泛的数据库之一。2021 年 9 月发布了最新版本 Ecoinvent 3.8，包含欧洲及世界多国超过 18 000 个活动的数据集。其中包括农业和畜牧业、化工和塑料、能源、林业和木材、金属、纺织、运输、旅游住宿、废物处理和回收以及供水等工业部门。GaBi 数据库是由德国的 Thinkstep 公司开发的 LCA 数据库，自称是目前全球范围内覆盖行业最多的 LCA 数据库，原始数据主要来源于其合作的公司、协会和公共机构。2022 年发布的最新数据库包括了世界各国和各行业的 17 000 个数据集，涵盖了建筑与施工、化学品和材料、消费品、教育、电子与信息通信技术、能源与公用事业、食品与饮料、医疗保健和生命科学、工业产品、金属和采矿、塑料、零售、服务业、纺织品、废物处置等多个行业。[2]

在中国，生命周期评价的本地化数据库建设也有了较快进展。其中，由四川大学创建、由亿科环境持续开发的中国生命周期基础数据库（Chinese Reference Life Cycle Database，CLCD），是目前国内唯一达到自身生命周期完整的基础数据库，CLCD 数据库成为国内唯一入选 WRI/WBCSD GHG Protocol 的第三方数据库，也是首批受邀加入欧盟数据库网络（ILCD）的数据库。如今的 CLCD 数据库包括国内 600 多个大宗的能源、原材料、运输的清单数据集等。CLCD 数据库建立了统一的中国基础工业系统生命周期模型，避免了数据收集工作和模型上的不一致，从而保证了数据库的质量。尤其是提出了量化的数据质量评估指标，为数据收集、案例研究、产品认证等提供了数据质量判断依据和控制方法。

（2）环境影响评价

环境影响评价（Environmental Impact Assessment，EIA）简称"环评"，是一项

---

[1] Dresen，B.，& Jandewerth，M. *Integration of spatial analyses into LCA——calculating GHG emissions with geoinformation systems*. The International Journal of Life Cycle Assessment. 2012，17（9）：1094—1103.

[2] GaBi. GaBi LCA Database Documentation.www.gabi-software.de/international/support/gabi/.

对工程项目等所可能造成的环境影响的评估制度,旨在减少项目开发导致的污染、维护人类健康与生态平衡。它要求可能对环境有影响的建设开发者,必须事先通过调查、预测和评价,对项目的选址、对周围环境产生的影响以及应采取的防范措施等提出建设项目环境影响报告书,经过审查批准后,才能进行开发和建设。美国《国家环境政策法案》(National Environmental Policy Act,NEPA)最先将影响评估过程正式纳入立法形式。[1]该法案制定了一项环境政策,以指导那些行动有能力以重大方式影响人类、社区和自然环境的联邦机构的活动,并且是对科学界和大众对当代环境变化日益关注的回应。[2]在国际舞台上,环境影响评估的制度化在发展过程中稳步推进,已有多个国家将某种形式的影响评估过程纳入与规划或其他环境决策领域相关的正式程序或立法中,甚至在许多诸如《越境环境影响评估公约》《国际重要湿地公约》《联合国气候变化框架公约》《联合国海洋法公约》等国际公约、议定书和协议中得到承认。在环境影响评估的基础之上,发展出了多种形式,包括社会影响评估(Social Impact Assessment,SIA)、健康影响评估(Health Impact Assessment,HIA)和战略环境评估(Strategic Environmental Assessment,SEA)。其中,SIA 被认为弥补了 EIA 的不足。因为尤其是在美国,EIA 被认为具有很强的生物物理学重点,往往忽视社会影响。[3]SEA 作为一种将影响评估扩展到政策、计划和更高级别决策的方式得到了大力推广。近年来出现了一种相关方法,即可持续性评估(Sustainability Assessment,SA),其重点更具体地放在政策、计划或项目评估中的可持续性标准上。

(3) 循环经济

循环经济(Cicular Economy,CE)是美国经济学家波尔丁在 20 世纪 60 年代提出生态经济时谈到的。波尔丁受当时发射的宇宙飞船的启发来分析地球经济的发展,他认为飞船是一个孤立无援、与世隔绝的独立系统,靠不断消耗自身资源存在,最终它将因资源耗尽而毁灭。惟一使之延长寿命的方法就是要实现飞船内

〔1〕 O'Riordan,T.,& Sewell,W. D. *Project appraisal and policy review*. JOHN WILEY & SONS,INC.,ONE WILEY DRIVE,SOMERSET,USA. 1981.

〔2〕 Canter,Larry W. *Environmental impact assessment*. 1977.

〔3〕 Taylor,C. N.,C. H. Bryan,and C. G. Goodrich. *Social impact assessment:theory,process and techniques*. Middleton,WI:Social Ecology Press. 2004.

的资源循环，尽可能少地排出废物。同理，地球经济系统如同一艘宇宙飞船。尽管地球资源系统大得多，地球寿命也长得多，但是也只有实现对资源循环利用的循环经济，地球才能得以长存。循环经济侧重于整个社会物质循环应用，强调的是循环和生态效率，资源被多次重复利用，并注重生产、流通、消费全过程的资源节约。艾伦·麦克阿瑟基金会（Ellen MacArthur Foundation）将循环经济定义为"一种通过意图和设计实现恢复或再生的产业经济"[1]。同样，Geng 和 Doberstein 关注这一概念在中国的实施，将循环经济描述为"在整个经济系统中能实现闭环物质流"[2]。近年来，循环经济已经成为中国[3]、非洲[4]、欧盟[5]和美国[6]的产业和环境政策的关键原则。但是，也有学者对循环经济理论提出批评，认为该理论忽略了诸如热力学的既定知识。无论什么资源被用完，都必须最终进入环境系统的某个地方，它们不会被破坏，只会被转化和消散。[7]因此，从任何实际意义上讲，一个不再存在废物、封闭材料循环、无限期回收产品的循环经济未来是不可能的。

（4）生态足迹

生态足迹（Ecological Footprints，EF）的概念是由加拿大 William Rees 教授首先提出的，即生态足迹是指能够持续地提供资源或吸纳废弃物的、具有生物生产

---

〔1〕 Ellen MacArthur Foundation(EMF). *Towards the Circular Economy*. 2013，vol.1.

〔2〕 Geng, Y., & Doberstein, B., *Developing the circular economy in China：Challenges and opportunities for achieving leapfrog development*. The International Journal of Sustainable Development & World Ecology. 2008，15(3)：231—239.

〔3〕 Winans, K., Kendall, A., & Deng, H. *The history and current applications of the circular economy concept*. Renewable and Sustainable Energy Reviews. 2017，(68)：825—833；Zhu, J., Fan, C., Shi, H., & Shi, L. *Efforts for a circular economy in China：A comprehensive review of policies*. Journal of industrial ecology. 2019，23(1)：110—118.

〔4〕 World Economic Forum (WEF). *Transforming African economies to sustainable and circular models*. https://www.weforum.org/our-impact/the-african-circular-economy-alliance-impact-story.

〔5〕 Völker, T., Kovacic, Z., & Strand, R. *Indicator development as a site of collective imagination？The case of European Commission policies on the circular economy*. Culture and Organization. 2020，26(2)：103—120.

〔6〕 ReMade Institute. *Sustainability，recycling and the concept of a circular economy are all topics vitally important in today's changing world*. https://remadeinstitute.org/circular-economy.

〔7〕 Giampietro, M., & Funtowicz, S. O. *From elite folk science to the policy legend of the circular economy*. Environmental Science & Policy. 2020，109：64—72；Pearce, D. W., & Turner, R. K. *Economics of natural resources and the environment*，Johns Hopkins University Press. 1989.

力的土地面积。生物生产力土地包括化石能源用地、耕地、森林、草地、建筑用地和水域等 6 种类型。[1]生态足迹的计算基于以下两个基本事实:第一,人类可以确定自身消费的绝大多数资源及其所产生的废弃物的数量;第二,这些资源和废弃物能转换成相应的生物生产面积。当前,指标整合已成为国际足迹研究的热点和前沿领域,涌现出一批重要研究成果。例如,Ridoutt 等[2]将肉牛生产系统所产生的碳足迹、水足迹和土地利用足迹分别除以全球人均值,得到标准化的足迹指数用以横向比较。Shepon 等[3]将全球人均碳足迹、水足迹和生态足迹分别除以相应的可更新资源配额,统一转换为无量纲的生态时间。De Benedetto 等[4]则通过对一个化肥农药厂的碳足迹、水足迹、能源足迹等先标准化再等权加和,得到综合的可持续过程指数。Čuček 等[5]基于利润最大化原则,采用相似方法将生物能源供应链所产生的碳足迹、水足迹、土地足迹和能源足迹转换为一个总足迹指标。总之,以上研究为探索足迹家族的整合路径提供了有益的经验。

2. 可持续性评估的指标框架

自 1987 年世界环境与发展委员会(World Commission on Environment and Development,WCED)在其报告《我们共同的未来》中正式提出可持续发展的概念以来,可持续发展已经成为人类理想的发展模式和一种普遍的政策目标。当前一些国际组织和企业围绕可持续性开展了评估人类福祉、产业能源管理、评估绿色工程和企业可持续发展等相关工作。

[1] Wackernagel, M., Lewan, L., & Hansson, C. B. *Evaluating the use of natural capital with the ecological footprint: applications in Sweden and subregions*. Ambio. 1999:604—612.

[2] Ridoutt, B. G., Page, G., Opie, K., Huang, J., & Bellotti, W. *Carbon, water and land use footprints of beef cattle production systems in southern Australia*. Journal of Cleaner Production. 2014(73):24—30.

[3] Shepon, A., Israeli, T., Eshel, G., & Milo, R. *EcoTime—An intuitive quantitative sustainability indicator utilizing a time metric*. Ecological indicators. 2013(24):240—245.

[4] De Benedetto, L., & Klemeš, J. *The Environmental Performance Strategy Map: an integrated LCA approach to support the strategic decision-making process*. Journal of Cleaner Production. 2009, 17(10):900—906.

[5] Čuček, L., Klemeš, J. J., & Kravanja, Z. *Objective dimensionality reduction method within multi-objective optimisation considering total footprints*. Journal of cleaner production. 2014(71):75—86.

实施可持续发展的主要问题在于如何使这种新的战略具有可操作性。为判断某种发展战略是否是可持续的,以联合国为首的国际组织及有关研究人员致力于探寻能定量衡量一个国家或地区发展的可持续性指标。

联合国可持续发展委员会(United Nations Commission on Sustainable Development, UNCSD)从 1992 年里约热内卢环境与发展会议通过的行动计划《21 世纪议程》第 40 章开始呼吁各国以及国际、政府和非政府组织制定可持续发展指标,为各级决策提供坚实基础。总体来说,联合国在可持续性方面的指标经历了从驱动力—状态—响应框架(Driving force-state-response frameworks, DSR)到基于问题/主题的框架(Issue- or Theme-based frameworks),最后到可持续发展目标(Sustainable Development Goals, SDGs)为主线的迭代逻辑。

表 3-1 各国际组织对可持续性指标框架的构建

作　者	指标体系	特　征	局　限
联合国可持续发展委员会(UNCSD)	"驱动力—状态—响应"(DSR)	与可持续的环境目标之间的联系较为密切	指标数目众多且有重复;指标间缺乏相关性与明确含义;指标粗细分解不均
	基于问题/主题的框架(Issue- or theme-based framework)	反映了国家和国际可持续发展的共同优先性;体现了与国家政策制定、实施和评价密切相关的可持续发展主题之间的较好平衡	—
	可持续发展目标(SDGs)	注重目标实施进展和执行手段的结合;指标覆盖范围广,既包括传统的调查指标,也包括衡量各国政策、法律、治理体系的非调查指标;不仅包括已有成熟定义、方法和数据基础的指标,同时也设置了可以很好反映具体目标实施进展的指标	目前尚缺乏方法论和数据基础的指标;数据缺口成为了各国开展具体的目标监测过程中主要面临的挑战
经济合作与发展组织(OECD)	可持续影响评估(Sustainability Impact Assessment, SIA)	在使用 SIA 时,并没有一个真正一致的必须遵循的方法	最终的评估结果受主观意愿影响较强
世界保护同盟(IUCN)与国际开发研究中心(IDRC)	"可持续性晴雨表"(Barometer of Sustainability)	是一个评估可持续发展的结构化分析程序;"福利卵"的概念清楚地表明了人类与其环境的相互依赖性;是一个以用户为中心的评估方法	指标的权重化处理没有科学上共享的标准;计算过程比较复杂而且只有当有数字化的目标值或标准时才可以计算;百分比尺度任意性较大,计算中的不确定性明显

资料来源:自制。

（1）驱动力—状态—响应框架

UNCSD 1996 年发布的 134 个可持续性指标的初始集合是在驱动力—状态—响应框架（Driving force-state-response frameworks，DSR）中组织的。驱动力指标描述了对可持续发展产生积极或消极影响的过程或活动。状态指标描述了当前状况，而响应指标反映了旨在实现可持续发展的社会行动。第一批可持续发展委员会指标还根据可持续发展的社会、经济、环境和体制层面进行了分组，并与《21 世纪议程》的相关章节相匹配。但 2001 年 CSD 指标的修订终止了 DSR 框架，主要原因是不适合处理各种问题之间复杂的相互联系；驱动力、状态或响应的分类往往模糊不清；因果关系存在不确定性；没有充分强调指标与政策问题之间的关系。因此，可持续发展委员会的第二个指标体系被嵌入了一个更灵活的主题/分主题框架中。

（2）基于问题/主题的框架

基于问题/主题的框架（Issue- or theme-based frameworks）是最广泛使用的框架类型，特别是在官方国家指标集中。在这些框架中，指标分为与可持续发展有关的资源、环境、经济社会发展等问题。该框架中的问题或主题通常根据政策相关性确定。世界上大多数国家和地区制定的可持续发展指标都以主题框架为基础。区域战略和指标方案也是如此，例如波罗的海 21 世纪行动纲领、地中海可持续发展战略和欧洲联盟可持续发展指标中使用的指标。主题框架突出的一个主要原因是它们能够将指标与政策进程和目标联系起来。这为决策者提供了明确和直接的信息，有助于与公众沟通并提高公众意识。指标主题框架也很适合监测实现国家可持续发展战略规定的目标和目标的进展情况。总体来看，它足够灵活，可以随着时间的推移适应新的优先事项和政策目标。

（3）可持续发展目标

2015 年 9 月，联合国 193 个成员国的领导人齐聚纽约可持续发展峰会，审议通过了《变革我们的世界：2030 年可持续发展议程》，可持续发展目标（Sustainable Development Goals，SDGs）是其中的核心内容。该指标体系采用目标、具体目标和指标三层结构，包括 17 项目标和 169 项具体目标，涉及经济、社会、环境等三个方面。可持续发展目标及具体目标设置涵盖了以人为中心、全球环境安全、经济持续繁荣、社会公正和谐、提升伙伴关系五大领域的重大问题，可概括为"5P"理念，即人类、地球、繁荣、和平、伙伴（People，Planet，Prosperity，Peace，Partnership）。其中 SDG9

涉及产业、创新与基础设施。具体而言，包容性、可持续的工业化，加上创新和基础设施，能够释放经济活力、提高经济竞争力，从而创造就业岗位和收入，在引进和推广新技术、促进国际贸易，以及提高资源利用效率方面发挥关键作用。然而，要充分挖掘这一潜能，各国仍有很长的路要走。尤其在最不发达国家，要实现2030 年目标，就必须加快制造业的发展，并扩大对科学研究和创新的投资。

(4) 可持续影响评估

经济合作与发展组织（Organisation for Economic Cooperation and Development，OECD）发布的可持续影响评估（Sustainability Impact Assessment，SIA）是一种探索一系列拟议政策、方案、战略和行动计划的综合经济、环境和社会影响的方法。可持续影响评估有两个主要功能：一方面，它是制定综合政策的方法，充分考虑到可持续发展的三个层面；另一方面，在制定政策、战略、计划和方案之前评估其可能产生的经济、社会和环境影响的过程。事实上，SIA 并不是一个技术性手段，决策评估必须同根本的管理方式、政治及文化体制和评估目的相适应。

(5) "可持续性晴雨表"

世界保护同盟（The International Union for Conservation of Nature，IUCN）与国际发展研究中心（International Development Research Centre，IDRC）联合于1994 年开始支持对可持续发展评估方法的研究，并于 1995 年提出了"可持续性晴雨表"（Barometer of Sustainability）评估指标及方法，用于评估人类与环境的状况以及向可持续发展迈进的进程。该评估指标和方法建立的理论依据是，可持续发展是人类福利和生态系统福利的结合，并将其表述为"福利卵"（Egg of Wellbeing），即生态系统环绕并支撑着人类，正如蛋白环绕并支撑着蛋黄；而且，正如只有蛋白和蛋黄都好时鸡蛋才是好的一样，只有当人类和生态系统都好时，社会才能是好的和可持续的。"福利卵"的概念清楚地表明了人类与其环境的相互依赖性。

此外，UNCSD 和 OECD 等国际机构提供了早期可持续目标评估的框架和范本，但在数据来源、指标数量、评估方法、评估结果等方面存在局限性（见表 3-1）。

3. 城市可持续性评估的指标框架

目前，城市地区被视为影响全球可持续发展的关键节点。在城市可持续性定量评估的实践探索中，可持续性指标的方法得到相对广泛的应用。

（1）城市指标项目

联合国人类居住区规划署（United Nations Habitat）发起的城市指标项目（Urban Indicators）旨在全球范围内测量不同城市的可持续性状态水平，监测城市执行联合国人居议程的实际进度。该项目的基础性成果是在 1996 年和 2001 年分别建立的全球城市指标数据库Ⅰ和全球城市指标数据库Ⅱ。在城市指标数据库的基础上，联合国人居署构建了一个复合性的城市发展指标（City Development Index），为不同城市的发展水平进行量化评分。

（2）全球城市指标项目

世界银行城市局牵头的全球城市指标项目（Global City Indicators）由地方城市主导、以地方城市政策行动为导向，旨在帮助地方城市建立起一种标准的、统一的综合方法。由地方城市结合自身的特色和需求，来评估和监测城市绩效和生活质量。该项目具有明确的政策行动导向，它的目标包括：（1）使地方领导、城市管理者和公众具备城市绩效监测的能力；（2）便于地方城市之间的比较；（3）加强决策部门的政府问责制等。

（3）可持续社区指标

地方团体针对城市可持续指标的方法实践，主要在城市或社区层面上。可持续西雅图（Sustainable Seattle）作为一个立足于城市社区的非政府组织，在 20 世纪 90 年代初期创造了世界范围内第一个具有明确的可持续性导向的地方性城市社区指标项目（Indicators of Sustainable Community）。其目标是改善城市的经济、环境和社会价值，通过实施进程监测、组建多样性的联盟、采取关键行动等方式来提升城市可持续性的整体水平。可见，地方团体致力于为地方领导、管理者、公民提供管理绩效和基本状况等方面的地方性信息，服务于地方的规划编制或政策议程。

国际机构甚至地方团体已经参与到了城市可持续性指标框架的构建工作，并且注重强调指标框架与城市自身特征的适配度，但是城市可持续性指标框架的辐射力度仍然较弱，并且各城市选取的评价标准尚未统一（见表 3-2）。

表 3-2　国际机构与地方团体对城市可持续性指标框架的构建

作　者	指标体系	特　征	局　限
联合国人类居住区规划署（UN Habitat）	复合性的城市发展指标（City Development Index）	该项目的指标编制和数据收集采取"自上而下"的工作方式，由联合国人居署指导完成	缺乏地方城市的参与，对地方城市政策的影响较微弱

（续表）

作　者	指标体系	特　征	局　限
世界银行	全球城市指标项目 （Global City Indicators Program，GCIP）	由地方城市结合自身的特色和需求评估和监测城市绩效和生活质量；以地方政府为主导，选取具体的指标和完成数据收集等工作	各城市选取的评价标准不同，导致结果的衡量标准不一
可持续西雅图 （Sustainable Seattle）	城市社区 可持续性指标体系 （Indicators of Sustainable Community）	关注城市或社区层面，服务于地方的规划编制或政策议程	该指标辐射的地区范围较小，最终的评价结果难以与西雅图之外的地区做比较

资料来源：自制。

除以上的指标框架之外，学术界目前对于城市可持续性的评估大多遵照"环境—经济—社会"的可持续性框架，但在优先级、权重及次级指标上存在差异。例如，Lin 等[1]采用包容性可持续转型指数（Index of Inclusive Sustainable Transformation）对 198 个国家在环境保护和社会包容性方面的表现程度进行研究。Lucia 等[2]将人类发展指数（Human Development Index）和收入指数（Income Index）结合。Yumei 等[3]基于绿色经济增长指数（Green Economic Growth Index）综合评估绿色经济效率。

4. 产业可持续性评估的指标框架

在产业可持续性指数方面，商业机构、国际组织编制的指数大多关注产业内企业，旨在帮助企业更好地管理自身的可持续绩效。评估指标由关注特定产业或产业自身内部的可持续性逐渐转向关注产业与周围环境关系的可持续性。

表 3-3 展示了部分产业可持续性评估的框架。OECD[4]开发的可持续制造

〔1〕 Lin, J. Y., Monga, C., & Standaert, S. *The inclusive sustainable transformation index*. Social Indicators Research. 2019，143(1)：47—80.

〔2〕 Lucia, U., Fino, D., & Grisolia, G. *A thermoeconomic indicator for the sustainable development with social considerations*. Environment, Development and Sustainability. 2022：1—15.

〔3〕 Yumei, H., Iqbal, W., Irfan, M., & Fatima, A. *The dynamics of public spending on sustainable green economy：role of technological innovation and industrial structure effects*. Environmental Science and Pollution Research. 2022，29(16)：22970—22988.

〔4〕 OECD. *Sustainable Manufacturing Indicators*. https://www.oecd.org/innovation/green/toolkit/oecd-sustainablemanufacturingindicators.htm.

业指标,关注制造业企业的内部生产过程,从投入、运营和产出三个维度设定 18 个重要且常见的指标,来帮助制造业企业进行环境评估,评估指标主要关注绿色原材料和绿色能源的使用,相对忽视了制造业在社会福利方面的作用和影响;Barrera-Roldán 等[1]同样关注企业内部运作,以企业财务和决策信息为核心,评估企业在运营中对于可持续发展的投入和努力,但缺乏对于企业的可持续性的相对客观标准(例如新能源在能源使用中的占比)的评估。Latifet 等[2]构建的中小型制造业的可持续性指数,同时关注了企业生产的环境效应和社会效应,但是其模型设定限制了该指标应用于大规模制造业的可能。Pandy 和 Prakash[3]构建的产业可持续性指数则同时关注经济、社会和环境三大维度,评估一个行业的碳排放及其多方面影响,但是其对于产业活动影响的分析仅仅基于碳排放,从而相对忽视了产业活动通过其他路径可能对经济、社会和环境造成的影响。总之,当前对于产业可持续性的评估主要以企业为单位,即使是以行业为单位的研究,也往往局限于某一个特定指标及其影响。评估一个地区的整个产业活动对于经济、环境、社会影响的框架相对少见。

表 3-3　产业可持续性评估框架的构建

作　者	指标体系	特　征	局　限
经济合作与发展组织（OECD）	可持续制造业指标	从投入、运营和产出三个维度提出了 18 项定量指标,以帮助制造业衡量生产过程中的环境影响	忽略产业发展的社会效应
Barrera-Roldán 等	工业可持续性发展指数	通过多属性决策理论（Multi-attribute decision theory）建立指数框架,该指数的决策树依据的三个总体属性分别为财务评估、内部层面和外部层面	通过财务和决策信息评估企业管理过程对于可持续发展的努力,相对忽视产业发展对于环境的客观影响
Latifet 等	中小型制造业的可持续性指数	利用交互式模型,围绕能源使用效率、废物管理、工人健康与安全三个因素进行建模	主要适用于中小型制造业
Pandy 和 Prakash	产业可持续性指数（Industrial Sustainability Index，ISI）	包含经济、环境和社会三大维度,反应一个行业每单位碳排放带来的社会和经济效益	仅仅关注碳排放及其对应的经济与社会效应

资料来源:自制。

[1]　Barrera-Roldán, A., Saldívar, A., Ortiz, S., Rosales, P., Nava, M., Aguilar, S., Angeles, A. *Industrial sustainability index*. WIT Transactions on Ecology and the Environment. 2003(63).

[2]　Latif, H. H., Gopalakrishnan, B., Nimbarte, A., & Currie, K. *Sustainability index development for manufacturing industry*. Sustainable Energy Technologies and Assessments. 2017(24):82—95.

[3]　Pandey, A. K., & Prakash, R. *Industrial sustainability index and its possible improvement for paper industry*. Open Journal of Energy Efficiency. 2018,7(4):118—128.

二、 城市产业可持续性评价框架：DPSIR

在全社会追求可持续发展目标的背景下，政府如何更精准地衡量城市状态、评估预期目标的进展情况是一个很大的挑战。[1]自 1996 年伊斯坦布尔举行的第二届联合国人类住区会议(UN Conference on Human Settlements)后，"可持续城市"的概念开始受到各国重视。"可持续城市"强调将城市的各种生态功能联系在一起，[2]其中产业发展也是城市发展的重要一环。在"可持续城市"的概念中，可持续性的重点在于理解和重视社会中未来潜在的多样性。[3]因此，了解城市产业可持续性的前提是搭建一个多维度参数来指向或提供有关信息，从而多角度客观地描述城市产业发展状态。

当我们放眼亚太地区，各类经济体迅速发展经济的同时也面临着严峻的环境问题，尤其是新冠疫情加剧了已有的经济和社会问题，产业政策与可持续性发展之间的关系达到拐点。[4]因此，决策者们有必要重新审视当前复杂的全球化生产体系，预先识别制约因素并推出有效的管理措施。对于亚太地区城市产业可持续性的评估则能够为各利益相关者提供一个相对客观的视角，了解亚太地区城市产业情况，从而有利于制定更为合理、可持续的城市发展规划。

但是，由于缺乏记录社会经济活动和在给定观测期内自主评估环境改善程度的技术条件，诸多低收入水平国家可用的底层数据指标非常有限，难以参与可持续发展水平和治理成绩的评估。这一现状不仅打击了其参与绩效目标导向的国际治理机制的积极性，削弱了可持续发展国际监督的合法性，[5]而且在以发达国

---

〔1〕 Keirstead, J., & Leach, M. *Bridging the gaps between theory and practice：a service niche approach to urban sustainability indicators*. Sustainable development. 2008，16(5)：329—340.

〔2〕 Newman, P., & Kenworthy, J. *Sustainability and cities：overcoming automobile dependence*. Island press. 1999.

〔3〕 Williams, K., Joynt, J. L., & Hopkins, D. *Adapting to climate change in the compact city：the suburban challenge*. Built Environment. 2010，36(1)：105—115.

〔4〕 Ferrannini, A., Barbieri, E., Biggeri, M., & Di Tommaso, M. R. *Industrial policy for sustainable human development in the post-Covid19 era*. World Development. 2021，137：105215.

〔5〕 Kanie, N., & Biermann, F.(Eds.). *Governing through goals：Sustainable development goals as governance innovation*. MIT Press. 2017.

家经验研究和社会现实为基础的、日益严格的 2030 发展目标水准线下，进一步增加了发展中国家在国际贸易和外商直接投资吸引过程中面临的合规性困难，扩大了发达与落后地区间的发展指标表现，降低了对多边援助项目和相关伙伴的鼓励水平，也降低了低收入国家的国际竞争力和资源禀赋。[1]面对这些困难和风险，部分学者建议放弃跨国的、基于具体底层观测值的可持续发展城市评估。[2]一方面是因为可持续指标具体化、精细化测度可能引起不必要的国家间利益纠纷，而不是建设引导和凝聚城市发展质量国际共识的作用；[3]另一方面，尤其是高资源禀赋、高消耗水平的欧美早期工业化城市和低禀赋、高生态压力的亚、非、拉丁美洲后发城市之间在可持续发展的转型模式上不具备可比性，[4]这为不同城市可持续发展能力评估的模型构建增添了难度。[5]

同时，直观和统一口径上可量化、可排名的城市可持续发展指标形式仍然面临着广泛的需求。联合国《2030 年可持续发展议程》[6]明确要求联署国制定清晰的可持续发展指标、反映"促进环境与发展体系一体化并能自我调节的可持续发展能力"，从而系统地落实和评估"2030 议程"15 年的执行情况。对每个指标设

〔1〕 Glasbergen, P., Biermann, F., & Mol, A. P. (Eds.). *Partnerships, governance and sustainable development: Reflections on theory and practice*. Edward Elgar Publishing, 2007; Kanie, N., Andresen, S., & Haas, P. M. *Improving Global Environmental Governance*. London: Routledge, 2014; Biermann, F., & Pattberg, P. (Eds.). *Global environmental governance reconsidered*. MIT Press. 2012.

〔2〕 Holden, M., Roseland, M., Ferguson, K., & Perl, A. *Seeking urban sustainability on the world stage*. Habitat International, 2008, 32(3):305—317; Robinson, J. *Squaring the circle? Some thoughts on the idea of sustainable development*. Ecological economics. 2004, 48(4):369—384.

〔3〕 Munier, N., Ziara, M. M., Cole, R., Curiel, J., Esteban, A., Ertsen, M., ... & Ven, F. *Handbook on urban sustainability*. Dordrecht: Springer. 2007.

〔4〕 Brown, L. R. *Plan B: Rescuing a planet under stress and a civilization in trouble*. W.W. Norton & Company. 2003; Brown, L. R., Larsen, J., Dorn, J. G., & Moore, F. C. *Time for Plan B: Cutting Carbon Emissions 80 Percent by 2020*. Earth Policy Institute. 2008.

〔5〕 Ravetz, J. *Integrated assessment for sustainability appraisal in cities and regions*. Environmental impact assessment review. 2000. 20(1):31—64;诸大建:《可持续性科学:基于对象—过程—主体的分析模型》,载《中国人口·资源与环境》2016 年第 7 期,第 9 页。

〔6〕 *Agenda, U. N. 21: Programme of Action for Sustainable Development; Rio Declaration on Environment and Development; Statement of Forest Principles; The Final Text of Agreements Negotiated by Governments*. In Proceedings of the United Nations Conference on Environment and Development, Rio de Janeiro, Brazil. 1992(6):3—14.

立年度、十年度、2030 年期的执行标尺是目前最受国际接纳的路径。同时，可持续发展领域仍有诸多学者坚持量化指数的重要性，并支持尽可能简单、可复制的指标来源和整合方式。[1]从历史来看，可持续城市评估的具体执行方法和国别灵活性争论还将继续，在新参评地区（非洲、拉丁美洲和亚洲大陆）和发达国家之间实现通用的可持续评估标准还将面临多组发展优先级层面的矛盾。

　　城市产业可持续性的界定主要基于产业绿色转型和可持续城市。已有的关于产业可持续性的理论往往仅选取了或重点关注了环境、社会、经济的某个维度背后的潜在问题，且多提出框架性的观点，而缺乏对不同纬度的评估与细化讨论（见表 3-3）。尽管包容性和可持续工业发展理论（Inclusive and Sustainable Industrial Development，ISID）对产业可持续性讨论进行了开拓性尝试，但其单一国家层面的案例选取导致了地区多元化发展参考的局限性。学者们对城市可持续性的讨论也多落脚于从资源与人类福祉角度评估城市可持续发展效率、产业发展带来的环境问题监管、分析可持续发展理论等，很少有从产业可持续性角度探究城市发展路径的研究。[2]本书阐述的亚太城市产业可持续性的指标体系以城市为研究单元，通过 DPISR 建立完善的指标体系评估产业可持续发展情况，从而对未来亚太城市发展趋势作出客观科学的判断，制定合理的城市规划方案，积极打造更好、更可持续的城市。

　　驱动力—承载力—状态—影响—响应（Drivers-Pressures-States-Impacts-Responses，DPSIR）框架是欧洲环境署（European Environmental Agency，EEA）[3]

〔1〕 Parris, T. M. *Toward a Sustainabiliy Transition the International Consensus*. Environment：Science and Policy for Sustainable Development. 2003，45（1）：12—22；Walsh, E., Babakina, O., Pennock, A., Shi, H., Chi, Y., Wang, T., & Graedel, T. E. *Quantitative guidelines for urban sustainability*. Technology in society. 2006，28（1—2）：45—61；Bugliarello, G. *Urban sustainability*：*Science, technology, and policies*. Journal of urban technology. 2004，11（2）：1—11.

〔2〕 Yan, Y., Wang, C., Quan, Y., Wu, G., & Zhao, J. *Urban sustainable development efficiency towards the balance between nature and human well-being*：*Connotation, measurement, and assessment*. Journal of Cleaner Production. 2018，178：67—75；Dong, J., Xu, Y., Hwang, B. G., Ren, R., & Chen, Z. *The impact of underground logistics system on urban sustainable development*：*A system dynamics approach*. Sustainability. 2019，11（5）：1223.

〔3〕 Smeets, E., & Weterings, R. *Environmental indicators*：*Typology and overview*. Copenhagen：European Environment Agency. 1999.

在压力—状态—响应(Pressure-State-Response，PSR)框架[1]和驱动力—状态—响应(Driving force-State-Response，DSR)框架[2]的基础上构建的。该框架利用驱动力（Drivers）、承载力（Pressures）、状态（States）、影响（Impacts）、响应(Responses)五个因素的相互关系，分析和评估受人类活动影响的社会及生态问题。[3]DPSIR 框架帮助人们更容易且直观地了解社会和环境因素之间的因果关系。[4]已有研究中，DPSIR 框架被用来评估环境与发展的相互作用、[5]作为确定环境问题影响的手段。[6]不仅如此，DPSIR 可以向决策者展示不同指标之间的关系，[7]也是研究人员（包括来自不同学科的研究人员）、政策制定者和利益相关者之间的沟通工具。[8]OECD 提出可以利用 DPSIR 构建指标，以帮助决策者深入分析目标问题。[9]

自 20 世纪 90 年代以来，DPSIR 广受欢迎，OECD 和欧盟等国际机构将其运用于综合分析和描述环境问题及其和社会发展的关系方面。但该框架仍有明显的缺点需要解决。这些问题主要涉及对不同组成部分（尤其是 P、S 和 I）的长期解释差异（主要是自然和社会科学家之间的差异），以及对环境问题的过度简化，如将 DPSIR 的不同组成部分视为相互排斥的维度，无法充分理解因

[1] Organization for Economic Cooperation and Development(OECD). *OECD Core Set of Indicators for Environmental Performance Reviews*：*a synthesis report by the group on the state of the environment*. Environment monographs. 1993.

[2] United Nations Division for Sustainable Development. *From theory to practice*：*Indicators for sustainable development*, New York：United Nations. 1997.

[3] Gari, S. R., Newton, A., & Icely, J. D. *A review of the application and evolution of the DPSIR framework with an emphasis on coastal social-ecological systems*. Ocean & Coastal Management. 2015，103：63—77.

[4] Smaling, E. M. A., & Dixon, J. *Adding a soil fertility dimension to the global farming systems approach*, *with cases from Africa*. Agriculture, ecosystems & environment. 2006，116(1—2)：15—26.

[5] Leemans, R., & De Groot, R. S. *Millennium Ecosystem Assessment*：*Ecosystems and human well-being*：*a framework for assessment*, 2003；Walmsley, J. J. *Framework for measuring sustainable development in catchment systems*. Environmental management. 2002，29(2)：195—206.

[6] Carr, M. H. *The surface of Mars*(Vol.6). Cambridge University Press. 2007.

[7] Kristensen, P. *EEA core set of indicators*：*revised version April 2003*. European Environment Agency, Copenhagen. 2003.

[8] Svarstad, H., Petersen, L. K., Rothman, D., Siepel, H., & Wätzold, F. *Discursive biases of the environmental research framework DPSIR*. Land use policy. 2008，25(1)：116—125.

[9] OECD. *Development*, *measurement and use*. Reference paper. 2003.

果关系。未来,需要对 DPSIR 进行改进与完善,其中一个方面是强调合并自然科学和社会科学的价值,以及显示人类和自然环境健康之间的相似性。总体来说,当前 DPSIR 框架已经充分给出了概念和通用模型,但还需要具体化和数量化。

在城市产业可持续发展领域,DPSIR 框架的讨论如下,各指标间的因果关系见图 3-1:

- 驱动力(Drivers):驱动产业发展的要素投入;
- 承载力(Pressures):影响产业发展的资源和环境约束;
- 状态(States):产业发展现状和趋势;
- 影响(Impacts):产业发展对人类福祉的影响;
- 响应(Responses):政府依据产业可持续性所采取的行动。

本书将以上五个维度的关系概括为:驱动力、承载力、状态、影响是城市产业可持续发展的线性过程,响应是以政府为核心的公共部门对全过程发展的调控。具体而言,驱动力属于输入型指标,是城市产业可持续发展及对其评价的基础;承载力展现的是外界自然环境对产业可持续发展的限制条件;状态既代表产业发展的现状,也代表未来的发展潜能与趋势;作为输出型指标的影响代表了产业发展

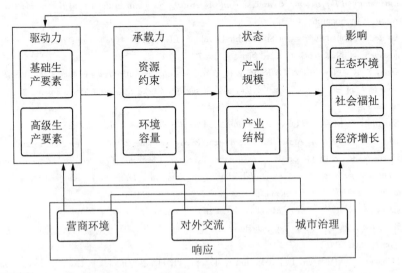

资料来源:自制。

图 3-1 "驱动力—承载力—状态—影响—响应"(DPSIR)框架的因果关系图

最终对生态、社会、经济产生的影响；响应是公共部门综合当下、面对未来围绕城市产业可持续发展作出的决策与行动。

基于 DPSIR 框架，本书构建了一个包括 12 个二级指标和 25 个三级指标的亚太产业可持续性评估框架（见表 3-4）。

表 3-4　亚太城市产业可持续性指标体系

一级指标（权重%）	二级指标（权重%）	三级指标（权重%）
A 驱动力（20%）	A1. 基础生产要素（50%）	A11 劳动力供给（50%）
		A12 资本供给（50%）
	A2. 高级生产要素（50%）	A21 技术创新（50%）
		A22 信息化程度（50%）
B 承载力（20%）	B1. 资源约束（40%）	B11 能源（50%）
		B12 土地（50%）
	B2. 环境容量（60%）	B21 森林覆盖率（33.3%）
		B22 土壤碳含量（33.3%）
		B23 空气质量指数（33.3%）
C 状态（20%）	C1. 产业规模（50%）	C11 人均工业增加值（50%）
		C12 新兴产业（50%）
	C2. 产业结构（50%）	C21 服务业占比（50%）
		C22 高技术产业占比（50%）
D 影响（20%）	D1. 经济增长（40%）	D11 人均 GDP（50%）
		D12 GDP 增速（50%）
	D2. 社会福祉（30%）	D21 新增就业（50%）
		D22 基尼系数（50%）
	D3. 生态环境（30%）	D31 终端 CO_2 排放（50%）
		D32 水域污染指数（50%）
E 响应（20%）	E1. 营商环境（30%）	E11 营商便利指数（50%）
		E12 创业活跃度（50%）
	E2. 对外交流（30%）	E21 签订自贸区协定经济体数量（50%）
		E22 FDI 占 GDP 比（50%）
	E3. 城市治理（40%）	E31 基础设施建设（50%）
		E32 碳监管（50%）

产业可持续性的驱动力由基础生产要素和高级生产要素构成。劳动力和资

本构成了产业发展的基础生产要素，技术创新和信息技术基础则构成了产业发展的高级生产要素。在产业发展的过程中，生产要素投入增加驱动着产业发展；同时生产要素也面临从基础生产要素向高级生产要素转移升级的需要，以驱动产业持续发展。

产业可持续性的承载力由资源约束和环境容量构成。产业发展所需的资源是有限的，同时产业发展对于环境产生影响，但是这种影响也面临着环境容量的限制。资源约束通过能源和土地来刻画；环境容量则通过森林覆盖率、土壤碳含量和空气质量指数来刻画。

产业可持续性的状态由产业规模和产业结构来刻画。产业可持续发展要求产业规模持续稳定增长，产业结构不断优化升级。产业规模由人均工业增加值和新兴产业的营收总额来刻画；产业结构则由服务业占比和高技术产业占比来刻画。

产业可持续性的影响由经济增长、社会福祉和生态环境构成。产业发展对于经济、社会和环境产生广泛的影响。产业发展对经济增长的影响由人均 GDP 和 GDP 增速衡量；产业发展对社会福祉的影响则由新增就业和基尼系数（衡量社会收入分配公平）刻画；产业发展对生态环境的影响则由终端 CO_2 排放量和水域污染指数来刻画。

产业可持续性的响应由营商环境、对外交流和城市治理构成。产业发展直接或间接地影响居民的福利，地方政府需要为产业发展提供开放、透明和公正的环境，同时对产业发展过程中的问题做出反应，引导产业良性发展。营商环境由营商便利度指数和创业活跃度来刻画；对外交流则由签订自贸区协定的经济体数量和 FDI 占 GDP 比重衡量；城市治理则由通过基础设施和碳监管机制的建设情况来刻画。

亚太产业可持续性的指标体系旨在提倡后工业化国家的政策制定者充分参与和承诺，以最大限度地减少环境足迹和提倡循环经济。本书通过以地区经济核算、产业发展多指标测度、可持续性发展综合指数为导向，采用极值标准化法对数据进行标准化处理。首先将数据根据其现实意义分为正向指标和负向指标，然后分别进行极值标准化。基于德尔菲法和层次分析法建立一级和二级指标，结合数据包络分析法和熵值法对综合指标体系客观赋权，调查了 35 个经济体、地区和城市在实现产业可持续性方面的进展（2017—2020）。同时，针对数据缺失值，我们根据本指标数据集的特点,以及后续指标赋权和核算的要求,选取 K-均值聚类 (K-means clustering)作为缺失数据补插方法,先根据相关分析确定距离缺失数据最近的 K 个数据,再取这包含 K 个值的样本的加权平均值,填充缺失数据。我们根据 GDP 和第三产业占 GDP 的比重两个指标,采用世界银行数据,将数据标准化后采用熵权法计算经济体和城市得分,再根据聚类内部数据最为相似,聚类之间数据差异尽可能大的原则,将数据集分为 3 个聚类,作为缺失值补差的依据。

指标篇

第4章

产业发展的驱动力

一、 产业发展驱动力的理论评述

从历史制度主义的视角来看,产业发展重要的驱动要素在不同的历史阶段处于不断的变化之中。早期的产业发展的驱动要素以人口、土地、资本为主,后来在不断发展的过程中,技术、人才、数据要素对产业可持续发展的重要性不断上升。对于决定产业发展的驱动要素,不同的学者大致有以下不同的见解。技术决定论认为人类社会的发展是由技术进步驱动的,[1]把技术革命作为产业发展模式改变的驱动力;历史决定论认为各个国家在工业化起点上的时间差异决定了一个国家的工业化水平和赶超地位;[2]制度决定论认为政治、经济和社会制度在形塑特定国家的发展特征起到决定性作用,[3]制度具有社会嵌入性[4]和路径延续性,[5]通过"政策范式"发挥作用。[6]除了上述不同的

〔1〕 Schumpeter, Joseph A. *The Theory of Economic Development*. Routledge Classics. 2021;Veblen, T. *The engineers and the price system*. Origami Books. 2020;吴敬琏:《制度重于技术——论发展我国高新技术产业》,载《经济社会体制比较》1999年第5期,第1—6页。

〔2〕 Gerschenkron, A. *Economic backwardness in historical perspective*:A book of essays. Acme Bookbinding. 2015.

〔3〕 Acemoglu, D., & amp;Robinson, J. A. *Political losers as a barrier to economic development*. American Economic Review. 2000(90(2));126—130.

〔4〕 波拉尼:《大转型:我们时代的政治与经济起源》,冯钢等译,当代世界出版社2020年版。

〔5〕 North, D. C. *Institutions, institutional change, and Economic Performance*. Cambridge University Press. 1990.

〔6〕 Dobbin, F. *Forging industrial policy*:The United States, Britain, and France in the railway age. Cambridge University Press. 2006.

产业发展要素决定论之外,还有学者聚焦于研究政府和市场在产业发展与赶超中的作用,并提出了不同的产业发展模式[1],譬如东亚模式[2]、拉美模式[3]、中国模式[4]等。下述内容梳理了有关产业发展驱动力的经典理论(见图 4-1)。

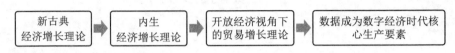

资料来源:自制。

图 4-1 产业发展驱动力理论发展基本脉络

1. 新古典经济增长理论

索洛增长模型是 20 世纪 50 年代由罗伯特·索洛提出的,又被称作新古典经济增长模型、外生增长模型。[5]索洛增长模型分析指出,人均产出的增长来源于人均资本存量和技术进步,但是只有技术进步能够带来人均产出的永久性增长。因此,基于索洛增长模型,在经济增长未达到平衡增长率水平时,人均资本存量和技术进步均可以促进经济增长水平的提升,即资本要素和技术要素同时发挥影响,而当经济增长达到平衡增长率水平时,只有技术进步能够带来持续性的经济增长水平的提升。此外,如果考虑总产出的增长,则劳动力增长也是促进经济持续增长的重要因素,从而表明劳动力要素在经济增长中同样发挥着重要作用。新古典理论在一些地区的产业增长经验中得到了验证。譬如,叶振宇等基于 1993 年至 2007 年我国 29 个省区市的制造业技术效率的数据进行

〔1〕 林毅夫、蔡昉、李周:《比较优势与发展战略——对"东亚奇迹"的再解释》,载《中国社会科学》1999 年第 5 期,第 4—20 + 204 页。

〔2〕 Amsden, A. H. *Diffusion of development*:*The late-industrializing model and greater East Asia*. American economic review. 1991(81(2));282—286.

〔3〕 哈伯、拉佐、毛雷尔:《产权的政治学:墨西哥的制度转型》,何永江等译,中信出版集团有限公司 2019 年版。

〔4〕 黄群慧:《改革开放 40 年中国的产业发展与工业化进程》,载《中国工业经济》2018 年第 9 期,第 5—23 页。

〔5〕 Solow, R. M. *A contribution to the theory of economic growth*. The quarterly journal of economics. 1956 (70(1));65—94.

了测算,发现中国的制造业技术效率在 20 世纪 90 年代中后期基本上处于停滞状态,但是在 2000 年以后伴随着技术的跨越式进步出现了明显的上升趋势,验证了新古典经济增长理论在我国制造业的产业发展中的适用性。[1]此外,Cheremukhin 等根据对 1885—1913 年沙俄以及 1928—1940 年苏联农业和非农业部门的研究,发现劳动力在部门间的流动壁垒抑制了沙俄从农业经济向工业经济的结构转型,而苏联通过改革土地制度,促进了劳动力尤其是高素质的劳动力这一重要的生产要素在不同部门之间的流动,进而促进了苏联的工业化进程。这也是新古典经济增长理论的核心观点,即劳动力是产业发展的重要驱动要素的又一实例。[2]

2. 内生经济增长理论

索洛增长模型将人均产出水平的增长归因于外生的技术进步的影响,但未能对经济的长期增长来源进行进一步的解释。基于新古典经济增长理论的这一缺陷,20 世纪 80 年代,内生经济增长理论将技术进一步内生化,在将知识和创意作为产品的视角下重新考虑原有的增长模型。熊彼特增长模型就高度重视创新在经济增长过程中的作用,强调了创新在生产活动中作为中间产品的重要地位。[3]在创新活动中,新产品、新技术的应用和推广能够为企业家带来垄断利润,从而支撑其继续从事研发创新活动。在这一循环创新的过程中,新产品和新技术的不断迭代促进了经济增长水平的不断提高。基于熊彼特的创新增长思想,保罗·罗默于 1986 年在《收益递增经济增长模型》中提出了内生增长模型,在劳动力和资本外,将人力资本和技术水平同样纳入到模型的考虑范围内。[4]相比于新古典经济

---

[1] 叶振宇、叶素云:《要素价格与中国制造业技术效率》,载《中国工业经济》2010 年第 11 期,第 47—57 页。

[2] Cheremukhin, A., Golosov, M., Guriev, S., & Tsyvinski, A. *The industrialization and economic development of Russia through the lens of a neoclassical growth model*. The Review of Economic Studies. 2017(84(2)):613—649.

[3] Schumpeter, Joseph A. *The Theory of Economic Development*. Routledge Classics. 2021.

[4] Romer, P. M. *Increasing returns and long-run growth*. Journal of Political Economy. 1986(94(5)): 1002—1037; Michael, C. D. *Endogenous technological change*. University of Southern California. 1976.

增长理论,罗默的内生经济增长理论指出技术进步并不是无成本的和偶然的,而是应当被视为一种重要的生产要素,经济部门除了在固定资产方面进行投资外,同样也通过最优化的生产决策投资于知识的生产,而知识的生产又能够进一步提高资本的回报率,从而使得各主要国家的经济增长率表现出非收敛性和长期性的增长。事实上,无论是熊彼特创新增长模型,还是保罗·罗默提出的内生经济增长理论,都将知识要素视为促进经济长期持续增长的重要因素,并且指出发展中国家应当重视在经济增长过程中培育新技术和创新的生产能力,从而应当加大在教育和科技方面的投入,并鼓励和保护创新成果。

3. 开放经济视角下的贸易增长理论

在开放经济条件下,大卫·李嘉图最早在其著作《政治经济学及赋税原理》中提出了"比较优势贸易理论"[1]。具体而言,在两国之间,劳动生产率的差距并非在任何产品上都是相等的,因此每个国家基于国际分工框架,都应该生产并部分出口各自具有比较优势的产品,进口具有比较劣势的产品。通过专业化的分工和国际贸易,能够提高两国的劳动生产率,并使得每个国家获得的总产出都高于未分工时的水平。由此可见,基于比较优势理论下的国际贸易,能够提高各国的产出水平,促进经济增长。[2]此外,就要素而言,比较优势理论并未单独强调特定的某一生产要素在促进经济增长中的作用,而是指出在生产率上具有比较优势的要素应当给予更多的重视。

4. 数据是数字经济的核心生产要素

数字经济首次在 1996 年由 Don Tapscott 在《数字经济》一书中提出,[3]国际上对其比较有共识的定义是 G20 杭州峰会上《二十国集团数字经济发展与合作倡议》提出来的,"数字经济是指以使用数字化的知识和信息作为关键生产要素、以

---

[1] Ricardo, D. *On the principles of Political Economy and Taxation*. Olms. 1977.

[2] 林毅夫、付才辉:《比较优势与竞争优势:新结构经济学的视角》,载《经济研究》2022 年第 5 期,第 23—33 页;林毅夫、李永军:《比较优势、竞争优势与发展中国家的经济发展》,载《管理世界》2003 年第 7 期,第 21—28 + 66—155 页。

[3] Bowman, J. P. *The digital economy: promise and peril in the age of networked intelligence*. McGraw-Hill. 1996.

现代信息网络作为重要载体、以信息通信技术的有效使用作为效率提升和经济结构优化的重要推动力的一系列经济活动"[1]。在我国,从产业的视角出发,数字产业化与产业数字化一般分别被认为是数字经济的狭义与广义内涵。[2]数字产业化指的是数字技术创造的产品和服务,譬如互联网业以及电信、广播电视和卫星传输服务业等,而产业数字化指的是在原本存在的产业的基础上融入数字元素后催生的新经济模式,即信息通信技术渗透效应带来的"产业数字化"部分。[3]数字经济时代下,数据逐渐成为最重要的生产要素和社会基本元素,对产业发展及其组织形式产生了广泛而深刻的影响,优化了产业链各方的交互机会,[4]通过提供海量的数据和信息提升了产业上中下游的互信机制,提升了产业内和产业间协作效率。因此,数据是数字经济的核心生产要素,且数据生产要素具有规模报酬递增的性质。[5]类似于熊彼特的创新增长思想,数字经济也是技术和创新驱动型经济。[6]数字经济以网络为载体,以现代信息技术的有效使用作为提升产业效率和优化经济结构的重要推手。[7]但是,从产业发展的角度来看,数字技术不是独立的变量,它与传统产业发展理论中的资本、劳动力等生产要素紧密结合,共同促进传统产业的数字化和智能化水平,加速了产业重构与新型经济形态的出现。[8]

根据上述产业经济学的经典理论模型和发展脉络梳理,总结来看,产业发展的重要驱动力包括劳动力、资本存量、技术创新、数据等重要的生产要素。尽管学

---

〔1〕《二十国集团数字经济发展与合作倡议》,载《G20 官网》2016 年 9 月 20 日。

〔2〕 李晓华:《数字经济新特征与数字经济新动能的形成机制》,载《改革》2019 年第 11 期,第 40—51 页;中国信息通信研究院:《全球数字经济新图景(2020 年)——大变局下的可持续发展新动能》,2020 年 10 月 27 日。

〔3〕 陈玲、孙君、李鑫:《评估数字经济:理论视角与框架构建》,载《电子政务》2022 年第 3 期,第 40—53 页;《数字经济,解构与链接——人文清华讲坛江小涓演讲实录》,载《人文清华讲坛》2020 年 11 月 20 日。

〔4〕 江小涓、黄颖轩:《数字时代的市场秩序、市场监管与平台治理》,载《经济研究》2021 年第 12 期,第 20—41 页。

〔5〕 熊巧琴、汤珂:《数据要素的界权、交易和定价研究进展》,载《经济学动态》2021 年第 2 期,第 143—158 页。

〔6〕 李长江,《关于数字经济内涵的初步探讨》,载《电子政务》2017 年第 9 期,第 84—92 页。

〔7〕《二十国集团数字经济发展与合作倡议》,载《G20 官网》2016 年 9 月 20 日。

〔8〕 中国信息通信研究院:《中国数字经济发展白皮书(2022)》,2022 年 7 月 8 日。

术界和产业界已经制定并使用了许多可持续性指标和评估工具，但对于哪种指标和工具最适合评估可持续性，还没有达成共识。本书在上述产业发展驱动力理论的基础上，考虑到不同城市数据统计口径的差异性，综合数据的可得性和代表性，选取了劳动力供给、资本存量、技术创新和信息化程度四个要素作为产业发展的驱动力测量指标。下一小节具体介绍了产业发展的驱动力要素的指标结构和指标测量结果。

二、产业发展驱动力的测量

根据上述理论，产业发展以生产要素投入为驱动力。本书产业发展驱动力的测量指标以产业经济学理论所依据的要素指标为基础，选取了产业发展驱动力的二级、三级测量指标。下述内容详述了驱动力的各级指标结构和测量结果。

1. 产业发展驱动力的测量指标
（1）概述

在指标结构方面，亚太城市产业可持续性指数（AP-ISI）选取了基础生产要素和高级生产要素两个二级指标来测量产业发展的驱动力。基础生产要素是产业生产经营和发展过程中所具备的基本因素，决定了产业的原始动力。随着全球经济环境的变化，产业发展受到基础生产要素的制约程度也在发生变化。本书立足于生产过程所必须的劳动力和资本两个要素，选取了劳动力供给和资本存量两个三级指标构成了基础生产要素，来评估产业原始的基础动力在驱动产业发展方面所做的贡献。其中，劳动力供给由劳动参与率衡量，资本供给由资本存量占 GDP 的比例衡量。生产活动中所需要的高级生产要素构成了产业发展的另一重要的驱动力，决定着产业发展的持久性和优越性，是影响产业比较竞争优势的重要因素。因为高级生产要素难以从外部获得，需要基于已有的人力、资本和基础设施等基础进行投资创造，因此本书选取技术创新和信息化程度两项三级指标，用于构建产业高级生产要素。其中，技术创新程度由城市新增申请 PCT 发明专利数衡量，信息化程度由百人固定宽带订阅数衡量。

表 4-1　产业发展驱动力的指标结构

二级指标	三级指标	三级指标定义
基础生产要素	劳动力供给	劳动参与率,即经济活动人口占劳动年龄人口的比率
	资本供给	资本存量占 GDP 比重,其中资本存量指经济社会在某一时点上的资本总量
高级生产要素	技术创新	百万人专利数,其中专利数指当年通过《专利合作条约》(Patent Cooperation Treaty, PCT)新增申请 PCT 发明专利数量
	信息化程度	百人固定宽带订阅数,即每百人中使用固定宽带订阅数量

资料来源:自制。

(2)基础生产要素

基础生产要素由劳动力供给和资本供给两个三级指标构成。

新古典经济增长理论、内生经济增长理论等产业发展的经典理论模型均指出,劳动力是产业发展重要的生产要素资源,在产业可持续发展和经济稳定增长中发挥着重要的不可替代的作用。事实上,劳动力供给水平不仅是产业发展的基础驱动力,也是经济社会长期可持续性的关键决定因素,努力加快人的素质的提高和技能的进步是确保未来可持续的最有效途径。[1]下述内容从人力资本理论和开放经济下的贸易增长理论阐述了劳动力供给在产业发展中的重要作用。从人力资本的视角来看,人力资本与劳动力供给存在着作用力与反作用力。一个国家人力资本的提高可以有效地提高劳动力供给的水平,劳动力供给又在底层上影响着人力资本的结构。但是,人力资本对经济发展的直接促进效应并不明显,人力资本主要是通过技术创新以及调整产业结构等间接效应来推进产业升级,[2]进而作用于经济发展,最终实现产业发展和经济的可持续性。因此,人力资本及其构成既推动了产业结构的变迁,也决定了产业结构演进的速度、方向以及效果,人力资本与产业结构协调发展是产业发展的必然要求。[3]除此之外,从开放经济视角下的贸易增长理论的视角来看,人力资本作为一个国家重要的生产要素,其结构的高级化将有助于推动一个国家劳动力的比较竞争优势,进而促进产业结构

[1] Šlaus, Jacobs, Garry, Šlaus, Jacobs, & Garry. *Human capital and sustainability*. Sustainability. 2011 (3):97—154.

[2] 杜伟、杨志江、夏国平:《人力资本推动经济增长的作用机制研究》,载《中国软科学》2014 年第 8 期,第 173—183 页。

[3] 潘苏楠、李北伟:《人力资本结构高级化、产业升级与中国经济可持续发展》,载《工业技术经济》2020 年第 10 期,第 100—106 页。

升级，[1]从而对产业可持续发展和经济社会的进步产生重要的促进作用。因此，鉴于劳动力要素对产业可持续发展的原始驱动作用，本书选取劳动力供给水平作为产业的基础生产要素之一。

　　资本供给是产业发展驱动力指标框架中另一重要的基础生产要素，本书用资本存量占 GDP 的比例，即经济社会在某一时点上的资本总量占 GDP 的比例，来测量一个城市的资本供给水平。本章节开头的产业发展驱动力相关的经典理论评述指出了资本要素在产业发展中的基础性作用，也指出了资本要素往往与高级生产要素中的知识要素、技术要素等重要的生产要素有着紧密的联动关系，能够加速经济体培育出新的产业业态，促进产业结构的优化升级和可持续性发展。除此之外，很多其他的实证研究也证明了资本存量这一指标在产业发展测量中的合理性，指出了在测算各类效率指标的时候，资本存量是投入性指标的关键一环，是对国家或是城市经济增长进行实证研究的一个重要环节。Pearce 和 Atkinson 等[2]研究表明，经济学中的资本存量测量方法用于可持续性的度量是合理的，只要随着时间的推移保持或增加资本存量，那么社会就会处于一种可持续性的发展状态之中。因此，资本存量这一测量产业发展驱动力的方法的优势在于可以将经济社会中的基础财富纳入到可持续性发展的动态评估指标体系之中。[3]

　　（3）高级生产要素

　　高级生产要素由技术创新和信息化程度两个三级指标构成。

　　创新通常指的是将知识应用于产业相关活动的过程，而探索性的技术创新不仅有利于产业经济增长，同时也能够在解决社会、环境问题方面发挥重要作用。具体而言，创新对产业发展的驱动机制一般可以从经济增长和绿色转型两个途径实现。下述内容从经济增长和绿色转型两个方面阐述了技术创新在产业发展中的重要作用。熊彼特内生增长理论指出，创新是经济长期持续增长的决定性因素，在生产活动开展的过程中，企业通过创新获取垄断利润和超额收益，从而激励

---

[1]　林毅夫：《发展战略、自生能力和经济收敛》，载《经济学（季刊）》2002 年第 1 期，第 269—300 页。

[2]　Pearce, D. W., & Atkinson, G. D. *Capital theory and the measurement of sustainable development：an in-dicator of "weak" sustainability*. Ecological economics. 1993(8(2))：103—108.

[3]　Dasgupta, S., Laplante, B., & Mamingi, N. *Pollution and capital markets in developing countries*. Journal of Environmental Economics and management. 2001(42(3))：310—335.

其不断从事研发创新活动,推出新的产品和服务,带来生产效率的提升和产出的提高。[1]在熊彼特增长理论中,创新活动和研发投入是经济活动主体在资源配置最优化目标下内生决定的,经济增长的过程可以概述为企业追求垄断利润的动机导致研发投入的增加,研发投入的增加带来知识存量的提高,知识存量的提高带来技术创新,新的产品和服务相应产生,最终企业通过新的产品和服务获取超额收益,并最终促进经济增长。此外,在绿色转型方面,创新意味着企业环境效益的提升。技术创新尤其是绿色技术创新不仅能够优化一个国家的资源结构,尤其是能源结构,提高清洁能源的开发利用水平,[2]同时还能够显著改善传统能源的利用效率,[3]从节能和减排两个维度共同促进经济的绿色转型发展。

　　信息化程度是产业发展驱动力指标框架中的另一个重要的高级生产要素。在数字经济时代,信息技术的应用能够降低市场中普遍存在的信息不对称,提高市场供需双方的匹配效率,进而促进科技成果向产业应用转化。[4]因此,信息的传输和流通能够在很大程度上决定资源和要素的流动方向,信息化程度高的地区通过较高的市场效率,能够实现产业集聚和资源整合,从而为产业可持续发展提供驱动力。[5]此外,信息化程度高的地区可以通过网络、信号基站、自动化设备等信息基础设施将传统产业中的业务数据进行信息化降噪处理,以提高全产业链的运行效率,降低成本,提高产能。下述内容从数据视角和营商环境两个方面阐述了高信息化水平在产业发展中的重要作用。数字经济时代,数据已经成为一种重要的生产要素被纳入现代化生产过程中。由于数字经济的发展具有规模效应递增和边际效益递增的经济特征,因此一个地区网络的节点数决定了该地区网络的价值。当地区信息化程度较低时,数字经济的发展会受到用户量的限制,进而难以有较大的增长空间。因此,从数据要素的视角来看,信息化程度决定了一个地

〔1〕　Schumpeter, Joseph A. *The Theory of Economic Development*. Routledge Classics. 2021.

〔2〕　翟仁祥、石哲羽:《绿色技术创新能否提高能源利用效率——以中国沿海地区为例的实证研究》,载《海洋开发与管理》2022 年第 4 期,第 43—49 页。

〔3〕　邵帅、范美婷、杨莉莉:《经济结构调整、绿色技术进步与中国低碳转型发展——基于总体技术前沿和空间溢出效应视角的经验考察》,载《管理世界》2022 年第 2 期,第 46—69、4—10 页。

〔4〕　徐翔:《数字经济时代:大数据与人工智能驱动新经济发展》,人民出版社 2021 年版。

〔5〕　陈建军、陈国亮、黄洁:《新经济地理学视角下的生产性服务业集聚及其影响因素研究——来自中国 222 个城市的经验证据》,载《管理世界》2009 年第 4 期,第 83—95 页。

区或者国家的新经济、新动能发展潜能,对于产业发展发挥着基础性作用。[1]联合国《大数据促进可持续发展》中也指出,数据是影响决策的最重要的要素,为决策提供了原始资料。在产业发展中,大数据分析到处可见,劳动力分析、个性化服务和预测分析应用于产业管理、产业转型等多维度多场景之中。此外,信息化技术不仅可以直接帮助提高产能,促进产业升级,还可以通过营造更稳定的营商环境的方式间接地优化产业发展环境,[2]为产业的可持续性发展起到堡垒的作用。譬如,信息化可以辅助政府在确保个人隐私的前提下更好地获取人们实际生活水平的实时数据,为社会中的弱势群体提供有针对性的援助干预,更好地监测落实社会公平与正义的发展目标,从而为产业可持续性发展提供良好的营商环境和社会环境。

综上所述,产业生产中所需要的基础生产要素和高级生产要素共同为产业的可持续性发展提供着重要的驱动力。劳动力供给和资本供给是产业生产经营和发展过程中所必需的基础生产要素,是产业发展的原始动力;技术创新和信息化水平是影响产业竞争力和发展潜力的高级生产要素,决定着产业的持久性和优越性。接下来的内容具体总结和呈现了亚太城市在 DPSIR 模型中产业发展的驱动力指标的测量结果。

2. 产业发展驱动力的测量结果

测量结果显示,AP-ISI 生产要素驱动力排名前 10 的城市依次为:东京、深圳、旧金山、首尔、苏州、广州、北京、成都、上海、休斯敦(见图 4-2)。2020 年发展较为成熟的城市产业驱动力优势明显,其中,中国和日本城市的表现尤为突出。日本东京排名第 1,深圳、苏州、广州、北京、成都和上海等中国城市均排名前 10。此外,美国旧金山和休斯敦分别排名第 3 和第 10,首尔排名第 4,多伦多排名第 11。其他美国城市紧随其后,集中在第 12 到第 18。从发展趋势上看,2017—2020 年,相比于岛屿城市和处于上升阶段的城市,发展较为成熟的城市的基础生产要素和

〔1〕 陈晓红、李杨扬、宋丽洁、汪阳洁:《数字经济理论体系与研究展望》,载《管理世界》2022 年第 2 期,第 208—224、13—16 页。

〔2〕 龙少波、张梦雪、田浩:《产业与消费"双升级"畅通经济双循环的影响机制研究》,载《改革》2021 年第 2 期,第 90—105 页。

高级生产要素整体不断优化,经济运行稳定,排名也较为稳定,但同时 2020 年受疫情冲击,驱动力有所回落。基础生产要素和高级生产要素指标方面的具体得分和结果详见下文。

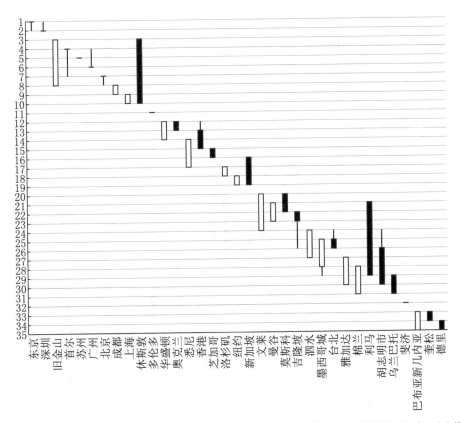

注:每个城市有一条线和一个箱,线两头分别代表最低分和最高分,箱子两头分别代表 2017 年和 2020 年数据。空心箱代表城市 4 年净增长,实心箱子代表城市 4 年净降低(本书后文 K 线图图义相同)。
资料来源:AP-ISI 2022。

图 4-2 亚太城市产业驱动力排名(2017—2020)

(1)基础生产要素

在基础生产要素指标方面(见图 4-3),2020 年处于成熟发展期的城市表现突出,深圳、广州、苏州、成都、北京、上海等 6 个中国城市,以及日本东京和加拿大多伦多均在前 10 名之列,说明劳动力和资本要素在其产业可持续性中发挥着重要作用。此外,处于上升发展阶段的城市的基础生产要素优于岛屿城市。前 10 名中，处于发展上升期的印度尼西亚泗水跻身于前 10 之列，文莱是岛屿城市中唯一跻身前 10 的。尽管文莱劳动力相对短缺，但丰富的石油和天然气资源使其集聚了较强的资本优势，加上近些年积极推动经济多元化战略，通过降低税率等措施与国内外企业建立战略合作关系，促进了私营部门发展，因而合理运用自身的优势稳定了劳动参与率，提高了资本存量。[1]需要关注的是，旅游业是亚太地区新兴经济体经济和就业的重要支柱产业。新冠疫情暴发以来，旅游业关闭成为亚太地区经济体的经济和就业损失的重要原因。国际劳工组织数据显示，2020 年，文

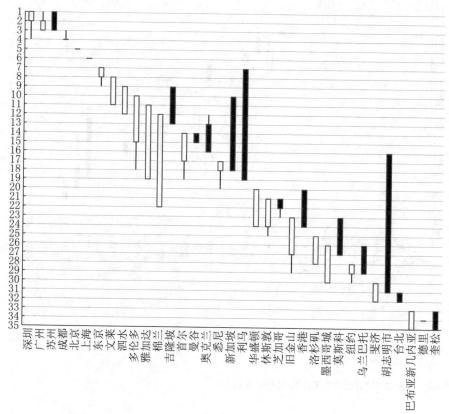

资料来源：AP-ISI 2022。

图 4-3　亚太城市基础生产要素排名（2017—2020）

---

[1]　中国国际贸易促进委员会：《企业对外投资国别（地区）营商环境指南（文莱 2021）》，2021 年 12 月
　　23 日。

莱、蒙古、菲律宾、泰国和越南五国旅游相关产业的岗位减少比非旅游产业高 4 倍；各国的平均工作时长也出现不同程度的减少，其中受影响最为显著的是菲律宾，减少了 38%。[1]

　　从劳动力供给的绝对水平来看（见图 4-4），中国的城市总体来看属于劳动力供给水平较高的城市，广州、成都、上海、北京、深圳的劳动参与率在 2017—2020 年间均分布在 0.75—0.9 之间，明显高于其他产业发展比较成熟的城市。同时，处于产业发展上升期城市和岛屿城市的劳动参与率水平在不同城市间均存在着较大波动，不同地区不同城市之间的差异明显，其中在处于产业发展上升期的城市中劳动参与率最高的城市与最低的城市之间相差 0.3 左右，岛屿城市中劳动参与率最高的城市与最低的城市之间同样相差 0.2 以上。其次，从劳动力供给的变化情况来看，亚太地区各城市 2017—2020 年的劳动力供给变化情况可以分为三类，

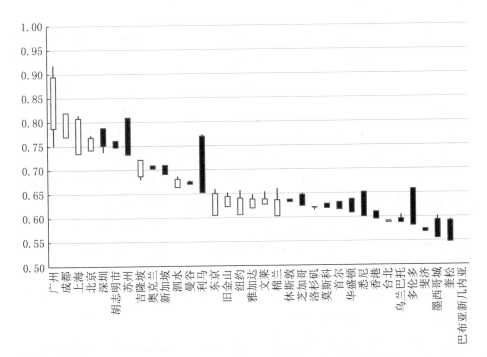

资料来源：AP-ISI 2022。

图 4-4　亚太城市劳动力供给得分（2017—2020）

［1］ International Labour Organization，*COVID-19 and employment in the tourism sector in the Asia-Pacific region*，https://www.ilo.org/asia/publications/issue-briefs/WCMS_827495/lang--en/index.htm.

第一类是劳动力供给持续改善类型的城市，包括了中国的广州、成都、上海、北京以及日本的东京和美国的旧金山与纽约，其中广州市的劳动参与率增幅最大，在2017—2020年间增长了10个百分点。此外，处于产业发展上升期的吉隆坡和棉兰市同样经历了劳动力参与率的大幅上升。第二类是劳动力供给基本保持不变的城市，包括了产业发展较为成熟的休斯敦、洛杉矶，处于产业发展上升期的胡志明市、泗水、莫斯科、台北等城市以及全部的岛屿城市。这一结果表明劳动力参与率在部分出于产业发展上升期城市和岛屿城市中保持着较为稳定的水平，劳动力要素的供给水平可能趋于稳态水平。第三类是劳动力供给大幅衰减的城市，包括了产业发展处于较为成熟水平的深圳、苏州、悉尼、多伦多以及处于上升期的利马、墨西哥城和奎松。这一结果表明产业发展处于成熟期和上升期的部分城市当下可能面临着劳动力供给不足的潜在挑战，可能会在一定程度上对城市未来产业可持续发展造成不利影响。

从资本存量占比的绝对水平来看（见图4-5），处于产业发展较为成熟阶段的城市资本存量GDP占比基本上处于亚太地区各城市中的较高水平，其样本分布区间主要在250%—350%之间，而在处于产业发展上升期的城市和岛屿城市中，不同城市的资本存量GDP占比存在较大差异。这一结果表明产业发展较为成熟的城市经济发展水平相对较高，资本的边际回报率相对趋于稳定，因此不同城市间差异较小，而对于产业发展上升期城市和岛屿城市而言，其自身发展差异可能相对较大，资本规模在不同城市的积累情况存在较大差异。此外，从资本存量的变化来看，产业发展比较成熟的城市资本存量GDP占比同样趋于稳定，不同城市之间区别较小，这主要是因为这部分城市大都已经从投资驱动型经济增长模式转向创新驱动型经济增长模式，资本存量的比例已经相对固定，而对于处于产业发展上升期城市和岛屿城市而言，大部分城市仍然处于投资驱动型经济增长模式当中，城市的投资规模仍然经历着快速的变化，因此不同城市在2017—2020年间资本存量占GDP比重存在着较大的差异。

综合看产业发展的驱动力指标，亚太城市产业发展的驱动力正由劳动力、资本等传统的基础生产要素向信息、科技、人才等高级生产要素转变。亚太地区各城市在生产要素供给方面差距较大，处于产业发展成熟期的城市普遍有着相对强的技术创新能力和信息化水平；处于产业发展上升期城市和岛屿城市仍需再加强对高级生产要素的培育；各城市需要结合自身生产要素的禀赋特征，

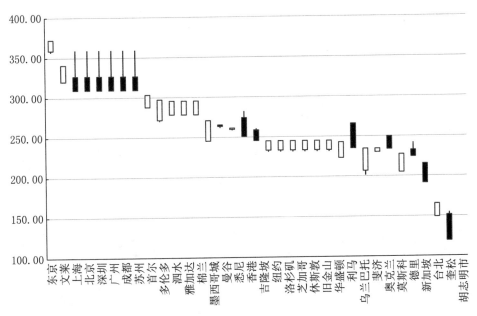

资料来源：AP-ISI 2022。

图 4-5 亚太城市资本存量占 GDP 比重（2017—2020）

因地制宜的科学布局产业规划，优化资源配置，尤其是高级生产要素对产业可持续性的赋能有待进一步释放。本小节后续的内容详细展示了三级指标的测量结果。

（2）高级生产要素

在高级生产要素指标方面（见图 4-6），城市之间的表现极不均衡。排名前 10 的城市中有 8 个城市处于成熟发展期，2 个城市处于上升发展阶段。发展成熟的城市在信息化程度和技术创新等高级生产要素方面具有显著优势，同时也是其产业竞争力高的关键原因之一。具体来说，在 2020 年，日本东京排名第 1；韩国首尔排名第 3；美国旧金山、休斯敦、华盛顿、洛杉矶、芝加哥等美国城市和深圳、北京、香港等中国城市则几乎包揽了高级生产要素排名的前半段。在趋势上，处于发展成熟期的城市在 2017—2020 四年的时间里一直维持着其高级生产要素方面的有利地位。其中，首尔作为韩国首都，半导体和 IT 产业等高新技术产业发达，创新人才聚集，城市建设数字化水平位居世界前列，创新要素有效驱动了经济发展。

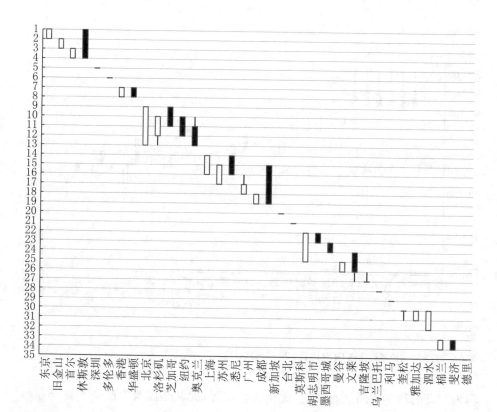

资料来源：AP-ISI 2022。

图 4-6 亚太城市高级生产要素排名（2017—2020）

专利授权的数量能够在很大程度上反映一个城市的科技创新水平。从百万人专利数来看（见图 4-7），除了处于产业发展成熟期的东京、休斯敦、旧金山、深圳的国际专利创新合作的水平比较高之外，其他城市，尤其是出于产业发展上升期的大部分城市（韩国首尔除外），处于相对比较低的创新水平。《全球科技创新中心发展指数 2022》指出，东京以超 3.1 万件的 PCT 专利产出规模形成巨大领先优势，深圳以 20 143 件排名其后，其中华为以 6 694 件专利产出多年排名世界企业榜首。[1]从得分来看，上升期城市与岛屿城市的创新水平不甚理

〔1〕 Center for Industrial Development and Environmental Governance（CIDEG），Tsinghua University，Nature Research. *Global Innovation Hubs Index 2022*. 2022. https://www. nature. com/articles/ d42473-022-00486-3.

想，一方面是因为部分城市产业发展格局单一，创新环境欠佳，譬如矿产业是蒙古国经济发展的重要支柱产业，产业发展过度依赖于单一的自然资源，研发基础薄弱，对科技创新的投入不足。[1]另一方面，市场狭小和人才不足也是制约其创新程度的重要因素。[2]譬如，岛屿城市奥克兰因为国内市场对创新的有效投入和需求不足，发明创造进入市场的比例较小，进而导致创新无法进行充分的产业转化。

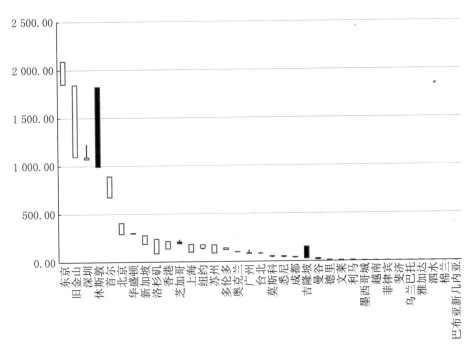

资料来源：AP-ISI 2022。

图 4-7　亚太城市技术创新得分（2017—2020）

在信息化程度方面，从 K 线图可以看出（见图 4-8），总体上，所有的城市在2017 年至 2020 年间均实现了在信息化水平上的净增长。其中，处于产业发展成熟阶段的城市增幅普遍较大，美国的 6 个城市 4 年间信息化水平平稳上升，中国的 6 个城市城市化水平增幅十分突出，多伦多和悉尼信息化水平也普遍高于处于

〔1〕 滕剑仑、孙雅静：《论新欧亚大通道对蒙古国产业结构优化升级的影响》，载《俄罗斯中亚东欧市场》2012 年第 4 期，第 36—40 页。

〔2〕 余升国：《海南省产业结构变迁对经济增长影响的测度》，载《科技信息》2010 年第 18 期，第 411—413 页。

上升期城市和岛屿城市中的大部分城市。此外,处于产业发展上升期的首尔、香港,以及岛屿城市中的奥克兰和新加坡的信息化水平也处于高位区间。尤其值得注意的是,岛屿城市文莱在信息化水平方面增幅明显。为摆脱对油气资源过度依赖,文莱大力吸引外资,推动产业多元化发展。文莱将信息通讯及物流作为国家重点发展的四大产业集群之一,重视基础设施建设和互联互通。近几年是文莱基础设施建设机遇期,除在建的高速公路、水坝、光纤入户、3G 网络改造等项目外,一些大型基建项目陆续开始招投标。[1]此外,文莱交通部出台了《数字经济总体规划》,指出数字经济是文莱迈向智慧国家的关键推动因素,将通过利用数字技术、必备的知识和技能来提升社会的互连互通,关注中小微企业的数字化进程,建设大数字产业体系,提高产业发展活力,努力建设具有可持续性的经济体系。[2]

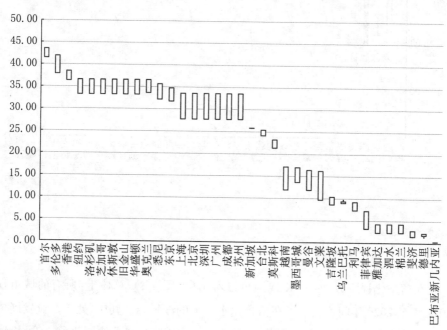

资料来源：AP-ISI 2022。

图 4-8 亚太城市信息化程度得分（2017—2020）

---

〔1〕 中国国际贸易促进委员会:《企业对外投资国别(地区)营商环境指南(文莱 2021)》,2021 年 12 月
      23 日。

〔2〕 中华人民共和国驻文莱达鲁萨兰国大使馆经济商务处:《文莱数字经济发展规划概要》,2021 年 7
      月 7 日。

三、产业发展驱动力的案例

产业发展驱动力的典型实践案例旨在帮助识别有关产业发展驱动力的提升机会,把握产业发展需要的重要生产要素供给。

1. 纽约: 生物医药技术创新体系

美国有 5 个传统生物医药技术集群基地,分别是波士顿的生物医药集群、圣地亚哥的生命科技园、旧金山的生命科技湾、华盛顿的制药城以及北卡罗来纳的研究三角园。[1]波士顿历来把持着全球生物医药的头把交椅,它是政府政策驱动和自发两方面因素共同作用的混合型集群的代表。一方面依靠其丰富的教育科研资源、研发成果产业化的能力——哈佛大学和麻省理工学院处在这个地区的中心,另一方面得益于专利法令的保障。而旧金山的生命科技湾则是另一种自发型集群的代表。由于旧金山大学的进驻,营造了强大的科学技术基础,外加充足的风险投资,极大地促进了该地区生物技术集群形成和发展。一些顶尖的制药公司例如 BioMarin 制药、基因泰克(Genentech)、诺华(Novartis)、拜耳(Bayer)和吉列德(Gilead Sciences)纷纷在此安家。生物医药是一个马太效应极强的行业,聚集会促发更多的聚集。[2]

这样看来,美国生物医药的格局已然形成,纽约在生物医药技术方面并没有多少红利可得。那么,纽约是如何在美国的生物医药产业中异军突起成为一批"黑马",被评为"美国十大生物医药产业集群"之一的?[3]答案是,技术、人才和资本。

第一,纽约有坚实的教育科研资源和研发成果产业化的能力。早在 2006 年,纽约就投资 2.5 亿美元以启动卓越中心计划,在纽约州立大学建立 1.4 万平方米的生物信息学和生命科学中心,加强生物科学基础设施建设。此外,纽约拥有与其他知名生物科技城市相匹敌的研究医院与一流大学,其中包括哥伦比亚大学、

---

〔1〕 杨山石、金春林、黄玉捷、何阿妹、何敏:《国内外医药及医疗器械领域专利技术差异分析》,载《中国卫生资源》2020 年第 3 期,第 206—210 页。

〔2〕《纽约是如何一步一步变成全球生命科学中心的》,载《TOP 创新区研究院》2021 年 5 月 13 日。

〔3〕《美国十大生物医药产业集群》,载《中国生物技术发展中心》2014 年 3 月 24 日。

洛克菲勒大学、阿尔伯特·爱因斯坦医学院、西奈山卫生系统和威尔·康奈尔医学院。根据全球最大的生物技术创新组织 BIO 倡导协会的报告，2018 年，美国纽约都市圈在制药领域所雇佣的人数达到 32 915 人，排名第一。[1]此外，根据英国《自然》杂志增刊《2020 自然指数—科研城市》的调查显示，纽约都市圈在全球科研城市中排名第二，有 118 名诺贝尔奖获得者居住在纽约。[2]

第二，纽约有雄厚的资本投入。2016 年，纽约州宣布投入 6.5 亿美元用于促进纽约形成一个崭新的世界级生命科学研究集群。其中将为新建和现有生命科学公司提供 2.5 亿美元的税收优惠，为支持实验室和创新空间投资提供 2 亿美元的财政资助，为早期生命科学项目提供 1 亿美元的风险投资，另外至少将 1 亿美元用于支持私营部门伙伴关系的运营。2018 年，纽约市拨出 1 亿美元用于开发生物技术中心，以解决生物技术产业缺乏实验室与集聚园区的问题。2019 年，医疗保健投资公司迪尔菲尔德管理公司（Deerfield Management）宣布投资 6.35 亿美元，在纽约市建立一个变革性的生命科学园区，旨在整合学术界、政府、工业界和非营利部门的创新者的能力，以满足医疗保健领域未得到满足的需求，旨在将纽约打造为一流的生物制药中心。迪尔菲尔德管理公司还声称，它打算到 2030 年投入超过 20 亿美元的研究和种子资金，以开发急需的新的创新药物和治疗解决方案。[3]

2. 北京：国际科技创新中心[4]

北京具有中国乃至全球领先的科技创新能力，高科技产业在北京的产业结构中占据重要地位，这得益于北京市全国领先的产学研基础，得益于北京市政府的城市发展规划，也得益于技术交易平台等政策创新。基于此，北京市不断实现产业转型升级和迭代创新，不断推动经济可持续性健康发展。

---

[1] Biotechnology Innovation Organization Love, *Qiao*, *Maraganore & Holmgren*, https://www.bio.org/.

[2] Nature, *Top 200 science cities*, https://www.natureindex.com/supplements/nature-index-2020-science-cities/tables/overall.

[3] Partnership Fund for New York City, *New York's Next Big Industry：Commercial Life Sciences*, https://pfnyc.org/wp-content/uploads/2020/02/New-Yorks-Next-Big-Industry-Commercial-Life-Sciences-Partnership-Fund-for-New-York-City.pdf.

[4] 《北京：力争到 2025 年高精尖产业占 GDP 比重 30%以上》，载《人民网》2021 年 8 月 27 日。

第一，大量头部企业、顶尖高校和研究所聚集，创新资源规模和质量突出，产学研融合深入。2019年北京世界五百强企业56家，占全球比重11.2%，全球第一；独角兽企业79家，在全国占比36%；清华大学、北京大学、中国科学院等一流高校和研究院所聚集，基础研究力量雄厚；大量高新技术企业、高校、科技园进行产学研协同创新，培育了富有底蕴和活力的创新资源基础。

第二，以制度创新推动发展创新，制度环境优势突出。北京以"全国科技创新中心"为城市战略定位，2016年《北京加强全国科技创新中心建设总体方案》提出将北京建为具有全球影响力的科技创新中心，为北京创新发展提供方向。2018年以来，北京营商环境改革不断深入，北京中小企业创新发展的商业环境持续改善。2021年，北京市政府发布《北京市"十四五"时期高精尖产业发展规划》，指出2020年全市高精尖产业实现增加值9 885.8亿元，占全市GDP的27.4%，并提出力争到2025年，北京高精尖产业占GDP比重30%以上。在发展指标上，"规划"提出到2025年，高精尖产业全员劳动生产率达到70万元/人、高技术制造业增加值占比达到30%、万元工业增加值能耗水耗均较2020年下降5%等目标。具体路径上，聚焦十大高精尖产业的重点领域或关键细分，开展产业竞争力评估，加快全产业链优化升级，加快生产范式智能化、促进高端制造服务化、实现发展方式绿色化、推进产品服务品质化。

第三，技术创新和技术交易推动产业发展创新。依托既有的创新资源，在北京市政府的政策规划指导下，北京发展创新成果转化不断迈上新台阶，技术辐射引领能力不断增强，促进北京和周边地区共同创新发展。2019年北京科技条件平台合作站和北京技术市场服务平台服务合同额超24.5亿元，服务企业近7 000家次。中关村企业在津冀设立分支机构累计超8 000家。

第5章

产业发展承载力

一、产业发展承载力的理论评述

1. 承载力和可持续发展

环境承载力(简称"承载力")[1]一词来自生态学,最初应用于对自然生态的研究,是在人类与环境关系的历史演变中产生的。[2]其实质就是探索地表水资源、土地资源、矿产资源以及生态环境等单项承载力或综合承载力的承载上限(或区间)。[3]

纵观承载力和可持续发展概念产生的历史背景,承载力较为完整的概念是人类活动与环境关系出现危机后逐渐产生的。远古时期,环境是决定力量,人类基本上处于受自然环境的主宰,被动地接受自然的调节,位于自然界的次要和从属地位;农业时代,人类与环境的关系产生了初步对抗,在一定程度上打破了原有的生态平衡,但人类对环境的破坏和冲击尚小,对环境的改变程度在大部分区域尚未超出环境的承载容量,生态系统仍可维持平衡状态;工业时代人类与环境的矛

---

[1] 在 DPSIR 框架中,承载力指环境承载力,用来衡量影响产业发展的资源和环境约束和压力。因此,承载力涉及的测量指标大多为反向指标,数值越低表明受到的环境压力越小,环境承载力越高。在 AP-ISI 指数的测算中建成区面积占比和空气质量指数即为反向指标,数值越小越好;在指数的总分计算中这部分指标被标准化为正向指标,因此在 AP-ISI 报告和本书中,我们用"承载力(环境承载力)"来替代压力(环境压力)来表征 DPSIR 体系中的 P(Pressures)。

[2] 张红芳、李兆佳等:《论承载力与可持续发展》,载《青海环境》2006 年第 1 期,第 26—28 + 38 页。

[3] 郭小兵:《基于模糊综合评价的唐山市资源环境承载力研究》,中国地质大学硕士论文,2019 年。

盾加剧,工业化就像一把双刃剑,在人类"统治"自然、不断改造自然的过程中,也带来了前所未有的环境问题,激化了人类与环境的矛盾,加剧了人类自身的生存环境恶化,爆发了全球性的环境危机,直接影响到了全球经济的可持续发展。可持续性与承载力的概念也因此不断被重视和发展。

对承载力和可持续发展的关系,国内外各组织和学者有众多的评论。张坤民[1]认为,可持续发展是一种特别从环境和自然角度提出的关于人类长期发展的战略模式,它不是一般意义上所指的一个发展进程要在时间上连续运行、不被中断,而是特别指出环境和自然资源的长期承载能力对发展进程的重要性以及发展对改善生态质量的重要性,可持续发展的概念从理论上结束了长期以来把经济同环境与资源相互对立起来的错误观点,并明确指出了它们应该是相互联系和互为因果的。叶文虎[2]认为,可持续发展是不断提高人群生活质量和环境承载力的、满足当代人需求又不损害子孙后代需求能力、满足一个地区或国家的人群需求又不损害别的地区或国家的人群需求能力的发展。Hirai Tadashi 和 Comim Flavio[3]则认为可持续发展是一个嵌套的概念,它反映了发展的各个方面之间不可分割的联系,因此需要对各方面所取得的进展有一个全面的看法。这意味着所有经济、社会和环境层面都需要以平衡的方式发展。

2. 产业发展的承载力

区域产业的发展,与资源和环境紧密相关。既依赖资源与环境:资源为产业发展提供动力,环境提供支撑;又制约着资源与环境:产业的快速发展加剧资源消耗,而且连续性、大规模的资源开发与利用会对环境产生严重的影响,降低人们的生活质量。承载力展现的是外界自然环境对产业可持续发展的限制条件,地区资源约束和环境容量反应了制约产业发展的自然资源禀赋和自然环境条件。资源和环境的承载能力是有限的,为了让资源环境承载力处于健康永续的状态,就要在发展产业的同时,控制资源消耗、环境污染水平。要想实现可持续的产业发展,其经济活动就不能超过自然资源和生态环境的承载力。

〔1〕　张坤民:《可持续发展论》,中国环境科学出版社1997年版。

〔2〕　叶文虎:《环境与社会、经济协调发展的理论与方法》,中国环境科学出版社1994年版。

〔3〕　Hirai Tadashi & Comim Flavio. *Measuring the sustainable development goals：A poset analysis*. Ecological Indicators. 2022(145).

二、产业发展承载力的测量

1. 产业发展承载力的测量指标

亚太城市产业可持续性指数（AP-ISI）通过资源约束和环境容量测量产业发展承载力。因为资源是约束产业可持续增长的重要因素。化石能源和土地资源提供了城市产业发展初期的资源，资源结构影响着地区产业可持续转型的方向。AP-ISI 2022 选取了可再生能源占比、建成区面积占比衡量资源约束。产业发展受到产业活动所处空间的环境限制，同时产业互动对于环境的破坏性作用也存在限制。环境容量方面由森林覆盖率、土壤有机碳含量或空气质量指数衡量。

表 5-1　产业发展承载力的指标结构

二级指标	三级指标	三级指标定义
资源约束	可再生能源占比	可再生能源占终端能源消费比，即可再生能源消费量占终端能源消费量的比重
	建成区面积占比	城市行政区内实际已成片开发建设、市政公用设施和公共设施基本具备的区域占城市总面积的比重
环境容量	森林覆盖率	森林面积占土地总面积的比重
	土壤有机碳含量	每单位土壤中有机碳的含量
	空气质量指数	空气清洁或污染的程度，以每单位空气中 PM$_{2.5}$ 的含量作为衡量标准

资料来源：AP-ISI 2022。

（1）资源约束

资源可持续性是这些年越来越受到重视的可持续性维度，因为资源是约束产业可持续增长的重要因素。化石能源和土地资源提供了城市产业发展初期的资源。此外，资源结构和能源利用效率也往往影响着地区产业可持续转型的方向，矿产依赖度，单位 GDP 能耗等指标也在已有文献被用于衡量资源约束。

a. 可再生能源占比

能源作为生产投入要素对产业产出有直接作用，进而影响产业结构优化，而受本国资源禀赋和能源结构影响的产业结构对国家发展有重要意义。[1]化石能

---

〔1〕 方杰：《我国能源结构变动对产业结构优化的影响效应研究》，兰州大学硕士论文，2022 年。

源为主的能源结构具有较差的可持续性,无论是化石能源资源型城市还是资源枯竭型城市都需要调整发展策略,实现资源的可持续发展。关于能源和产业结构,早期学者认为一产比重下降、二产比重上升让能源消费中煤炭的占比下降、石油占比上升,而随着经济发展和政府对于能源环境问题的重视,电力将成为中国的主要能源,从而促进产业结构优化。[1]近些年,能源结构和产业结构的双向关系逐渐得到验证,唐晓华等[2]研究了产业结构优化与能源利用效率的关系,得到两者之间存在着双向反馈机制的结论。李翠等[3]的研究则更为具体,该研究通过建立 STIRPAT 模型和面板模型研得到了在产业结构优化中制造业的转型升级对能源结构的影响最大的结论,且伴随着人力资本的投入增加,这种积极影响会越来越明显。邹璇等[4]认为能源结构调整和产业结构优化之间存在着正向关系,二者互相影响。

b. 建成区面积占比

城市建成区面积占比是指城市政区范围内经过征用的土地和实际建设发展起来的非农业的生产建设地段,包括市区集中连片的部分以及分散在近邻区与城市有着紧密联系,具有基本完善的市政公用设施的城市建设用地。[5]

关于城市土地扩张和城市经济增长之间的关系,不同学者有不同的看法。Bai 等[6]研究发现,城市土地扩张与城市经济增长互为因果,既是结果,又是动力。然而马爱慧等[7]通过格兰杰因果关系[8]检验,得出建设用地扩长是经济

〔1〕 史丹:《结构变动是影响我国能源消费的主要因素》,载《中国工业经济》1999 年第 11 期,第 38—43 页。

〔2〕 唐晓华、刘相锋:《能源强度与中国制造业产业结构优化实证》,载《中国人口·资源与环境》2016年第 10 期,第 78—85 页。

〔3〕 李翠、王海静:《我国制造业升级对能源消费结构影响的实证研究——基于制造业 30 个行业面板数据的门槛模型分析》,载《江西师范大学学报(自然科学版)》2018 年第 1 期,第 23—30 页。

〔4〕 邹璇、王盼:《产业结构调整与能源消费结构优化》,载《软科学》2019 年第 5 期,第 11—16 页。

〔5〕 郭瑞敏、千怀遂:《广州市城市扩张和经济发展之间的关系》,载《资源科学》2013 年第 2 期,第447—454 页。

〔6〕 Bai Xuemei, Chen Jing & Shi Peijun. *Landscape urbanization and economic growth in China: positive feedbacks and sustainability dilemmas*. Environmental science & technology. 2012(46):132—139.

〔7〕 马爱慧、张安录:《建设用地扩张与经济发展动态计量分析》,载《统计与决策》2011 年第 4 期,第112—114 页。

〔8〕 格兰杰(Granger)因果关系并非我们通常理解的因与果的关系,而是说 x 的前期变化能有效地解释 y 的变化,所以称其为"格兰杰原因"。

增长的单向"格兰杰原因",而经济增长不直接影响建设用地扩张。建设用地面积扩展刺激城市化、工业化进程的加快,建设用地增加面积是从其他地类流转而来,地类之间的收益差活跃土地市场,获得了短期较快的经济增长,但随后盲目圈地、城市无序的扩展、城市土地利用率较低、土地空置率高、土地闲置等问题,又阻碍经济发展。郑君怡[1]指出,一味追求土地效益增长会对城市发展的其他指标造成重要影响,甚至对土地生态可持续性造成不可逆影响,从而影响城市土地后续发展。因此,在城市土地利用过程中,不能一味追求土地效益增长,而应谋求城市土地可持续发展。

c. 矿产依赖度

矿产资源与区域经济增长的关系研究是经济学的一个经典命题。一般认为矿产资源是经济发展的基础,丰富的矿产资源能够推动区域经济增长。然而,从20世纪80年代以来,大量实证研究表明:从一个较长的时间范围来看,矿产资源丰裕与经济增长之间呈现反方向变化,这一现象被称为"资源诅咒"[2]。

资源部门的繁荣会带来资源部门所使用生产要素的边际产品价值的提高,引起其他部门生产要素向资源型部门流动,提高其他产业部门的生产成本,引起其他产业部门的调整,从而削弱了其他产业部门的发展能力。而资源部门的高收入带来的高消费会进一步带来服务业消费需求的扩大,提高服务业的价格,引起产业间的进一步调整。[3]Sachs 和 Warner[4] 将 Matsuyama 的荷兰病(Dutch Disease)模型中制造业具有"干中学"特性的假设引入矿产资源与经济增长关系的研究,扩展了 Coden 和 Neary 关于荷兰病的三部门模型,实证结果表明,资源部门的繁荣,将生产要素从规模报酬递增的制造业部门转移出来,抑制了其他产业特别是制造业的发展,致使产业结构向单一刚性的资源型方向发展,削弱了经济系统的自我调节能力和抗风险能力,给经济的长期稳定发展埋下了隐患。最终导致资

[1] 郑君怡:《湖北省城市土地利用绩效评价及障碍因子诊断》,华中科技大学硕士论文,2014 年。

[2] Auty Richard. *Sustaining Development in Mineral Economies：The Resource Curse Thesis*. Clarendon Press. 1993.

[3] W. M. Coden, J. P. Neary. *Booming Sector and De-industrialization in a Small Economy*. The Economic Journal. 1982(92):825—848.

[4] Sachs, J.D., & Warner, A.M. *Natural Resource Abundance and Economic Growth*. Economic Growth. 1995.

源丰裕国家经济增长速度缓慢,甚至停滞。[1]

d. 单位 GDP 能耗

能源强度,即单位 GDP 能耗,是能源可持续性和环境可持续性的重要衡量因素。在 Brown & Sovacool 构建的能源可持续性指数(Energy Sustainability Index, ESI)[2]。不仅如此,Khan 等[3]采用计量经济模型进行实证分析,发现能源强度与生态足迹在线性阶段呈正相关,表明能源强度与环境可持续性破坏呈现正相关关系;而在非线性阶段,能源强度、金融发展和经济增长等变量与生态足迹呈负相关,表明"环境库兹涅茨曲线"。

e. 水资源管理

水资源一直被认为是可持续发展的重要组成部分。联合国可持续发展目标第 7 个目标(Sustainable Development Goal 7,SDG7)中直接提到了水资源对确保环境可持续发展的作用。Biswas[4]认为随着人口的高速增长和生活水平的提高,用水量会不断增高并对可持续发展造成挑战。Flint[5]认为评价水资源可持续性需要设立一个通用明确的定义来确定水资源可持续性的具体内容,并对环境、社会和经济资本进行归纳,来确定各个利益相关者在水资源问题中的利益。Mariolakos[6]认为水资源短缺主要由四个原因造成:一是人口增长,二是生活水平的改善,三是短期的气候变化,四是对水资源的管理问题。

(2) 环境容量

一个城市的产业结构、规模和发展水平对城市环境具有重要影响,而城市环境水平的改善或恶化也会对城市产业发展形成促进或限制。森林覆盖率、土

〔1〕　吴文亮:《矿产资源与区域经济增长》,山西财经大学硕士论文,2010 年。

〔2〕　Brown & Sovacool. *Developing an "energy sustainability index" to evaluate energy policy*. Interdisciplinary Science Reviews. 2007(32):335—349.

〔3〕　Khan Irfan, Hou Fujun, Zakari Abdulrasheed, Irfan Muhammad & Ahmad Munir. *Links among energy intensity, non-linear financial development, and environmental sustainability: New evidence from Asia Pacific Economic Cooperation countries*. Journal of Cleaner Production. 2022(33).

〔4〕　Asit K. Biswas. *Water for Sustainable Development in the 21st Century: A Global Perspective*. GeoJournal. 1991(24):341—345.

〔5〕　Flint, R.W. *The Sustainable Development of Water Resources*. Journal of Contemporary Water Research & Education. 2004(127):6.

〔6〕　Ilias Mariolakos. *Water resources management in the framework of sustainable development*. Desalination. 2006(213):147—151.

壤碳含量和空气质量衡量了产业对森林、土地和空气环境的影响和环境对产业进一步发展施加的限制。此外，自然灾害损失也被用于衡量产业对环境的破坏水平。

a. 森林覆盖率

在城市产业可持续性的语境下，森林具有生态系统服务和产业层面的双重效益。在城市森林可持续性的文献中，森林的生态系统服务功能得到强调。在产业层面，现有研究主要聚焦于森林面积变化与经济发展、人口增长、产业结构等社会经济变量的关系。

Clark 等[1]提出一个城市森林可持续发展模型，认为可持续的城市森林的核心包括健康的树木和森林资源、全社区的支持和全面的管理。并且对于这几个组成部分，Clark 等给出了在指定时间点评估它们状态的标准和指标。Hirokawa[2]从生态系统服务（Ecosystem Services）的视角对城市森林可持续性进行回顾，强调城市森林具有提供野生动物栖息地、减弱风力、保持水土、减少城市化和人类活动的影响等多重功能。从理论发展到具体的城市案例分析，Miyamoto 等[3]基于时间序列数据，采用回归模型分析对马来西亚半岛 1970—2010 年的森林覆盖率变化趋势及成因进行分析，发现农业发展以减少贫困，特别是油棕榈的发展，最初导致森林砍伐，然而从长远来看，贫困的大幅度减少可以导致森林砍伐的减少。唐湛和黎红梅[4]基于 1998—2014 年中国林业统计年鉴的数据，运用多元线性回归模型，发现城镇化水平对林业产业结构优化具有显著性正向影响，而由于注重生态建设的宏观环境且林业第三产业发展缓慢，林地面积、森林覆盖率和 GDP 对林业产业结构优化却有显著负效应，因而建议我国注重林业第三产业

[1] Clark, J., Matheny, N.P., & Wake, V. *A Model of Urban Forest Sustainability*. Arboriculture & Urban Forestry. 1997.

[2] Hirokawa, K.H.. *Sustainability and the Urban Forest*：*An Ecosystem Services Perspective*. Natural Resources Journal. 2010.

[3] Motoe Miyamoto, Mamat Mohd Parid, Zakaria Noor Aini & Tetsuya Michinaka. *Proximate and underlying causes of forest cover change in Peninsular Malaysia*，Forest Policy and Economics. 2014(44)：18—25.

[4] 唐湛、黎红梅：《城镇化对林业产业结构优化影响的实证分析》，载《农业现代化研究》2017 年第 2 期，第 226—233 页。

发展,优化林业产业投资结构。

b. 土壤有机碳含量

陆地生态系统是全球碳循环的主要参与者,土壤拥有陆地系统最大的碳储量。随着与控制碳排放逐渐成为全球发展的目标,土壤有机碳(Soil Organic Carbon,SOC)成了最常见、最重要的评价土壤情况的指标。已有的很多研究侧重于分析自然、农业地区的 SOC,但关于城市地区的评估较少。而实际上,全球一半以上的人口居住在城市,城市范围的增加速度明显快于其他利用类型的土地;而且城市土壤受人为因素影响所表现出的变化更为突出。因此了解城市土壤的 SOC 是非常必要的。

主流学者认为陆地生态系统是全球碳循环的主要参与者,土壤拥有陆地系统最大的碳储量。[1]Lal[2]进一步发现土壤状况评估能有效量化土壤对气候变化所产生的影响。具体来讲,土壤中有机碳存量越多,对大气中碳封存能力越强,同时也有利于增强土壤的物化和生物特性。[3]土壤有机碳的作用还远不止此,Kong 等[4]评估了碳输入在土壤 SOC 中的长期(10 年)作用,并强调科学管理的农业系统的土壤能在一定程度上实现有效碳封存,从而进一步提高农业的可持续性、减少对环境的负面影响、实现碳减排。不同的地理位置会导致 SOC 含量不同,对于相同深度,城市 SOC 含量明显高于农业用地,[5]而 Zhao 等[6]对比研

[1] Rock Ouimet, Sylvie Tremblay, Catherine Périé & Guy Prégent. *Ecosystem carbon accumulation following fallow farmland afforestation with red pine in southern Quebec*. Canadian Journal of Forest Research. 2007(37):1118—1133.

[2] R. Lal. *Soil Carbon Sequestration Impacts on Global Climate Change and Food Security*. Science. 2004 (304):1623—1627.

[3] Blanco-Canqui, Humberto, Shapiro, Charles A., Wortmann, Charles S., Drijber, Rhae A., Mamo, Martha, Shaver, Tim M. & Ferguson, Richard B.. *Soil organic carbon: The value to soil properties*. Journal of Soil & Water Conservation. 2013(68):129A—134A.

[4] Angela Y. Y. Kong, Johan Six, Dennis C. Bryant ... & Chris Kessel. *The Relationship between Carbon Input, Aggregation, and Soil Organic Carbon Stabilization in Sustainable Cropping Systems*. Soil Science Society of America Journal. 2005(69):1078—1085.

[5] Edmondson, J.L., Davies, Z.G., McHugh, N., Gaston, K.J., & Leake, J.R. *Organic carbon hidden in urban ecosystems*. Scientific reports. 2012(2).

[6] Zhao Shuqing, Zhu Chao, Zhou Decheng ... & Werner Jeremy. *Organic carbon storage in China's urban areas*. PloS one. 2013(8).

究了中国和美国的城市碳储存量，发现城市碳储存总量与城市总面积之间存在线性关系，每 1 000 km² 城市面积的特定城市碳储量为 16 Tg C，这一数值可用于估算区域到全球范围内的城市碳储存量。

c. 空气质量指数

空气质量管理是城市可持续发展和城市环境管理的重要议题，且与产业可持续发展联系紧密。不同地理位置、发展程度、产业结构的城市面临的空气质量问题存在差异。Gulia 等[1]对全球国家（宏观）、城市（中观）、当地（微观）的城市空气质量管理计划（UAQMP）进行全面回顾，发现发展中国家和发达国家在主要空气质量问题和 UAQMP 发展阶段方面存在差异：其中，发达国家通常具备较为全面的 UAQMP 和监督管理框架，而发展中国家的 UAQMP 还在建设当中；在亚洲，发达国家城市通常面临机动车数量增加带来的街道空气污染；而发展中国家城市，如上海、新德里、广州等，则面临快速城市化带来的颗粒物和二氧化氮聚集问题。

Luo 等[2]以京津冀"2 + 26"城市群为分析样本，采用完全修正普通最小二乘法（FMOLS）和动态普通最小二乘法（DOLS），发现城市化进程与 PM$_{2.5}$ 排放水平之间存在显著正相关，而城市化对 PM$_{2.5}$ 排放的影响机制取决于城市发展水平。倪琳和郭小雨[3]则提出，当前针对产业、城镇化和空气质量的研究以两两变量之间的关系为主，而产业结构升级、城镇化发展与空气质量三者的互动机理研究不够深入，因此他们利用综合评价法和耦合协调模型，对 2004—2019 年中部地区6 省及整体的产业结构升级—城镇化发展—空气质量现状和协调发展水平进行分析评价，并探讨时空差异及其演变特征。研究发现，中部地区6 省份中，产业结构升级—城镇化发展—空气质量现状三系统的总体耦合水平处于磨合阶段，有逐步向好趋势，但多数省份仅达到中度协调，产业结构升级滞后是不协调的主导原因。

〔1〕 Sunil Gulia, SM Shiva Nagendra et al. *Urban air quality management-A review*. Atmospheric Pollution Research. 2015(2)：286—304.

〔2〕 Ximing Luo, Ken Sun et al. *Impacts of urbanization process on PM$_{2.5}$ pollution in "2 + 26" cities*. Journal of Cleaner Production. 2021：124761.

〔3〕 倪琳、郭小雨：《产业结构升级、城镇化发展与空气质量——来自中部地区的经验证据》，载《生态经济》2022 年第 5 期，第 183—189、214 页。

d. 自然灾害损失

所谓自然灾害,就是以自然变异为主因造成的危害人类生命、财产、社会功能以及资源环境的事件或现象。[1]其危害性概括起来主要体现在三个方面:一是危害人类生命、造成人员伤亡;二是给人类社会造成巨大的经济损失;三是会在一定程度上引起社会恐慌、影响社会稳定。

沈国强通过观察 1900—2015 年的数据发现,自然灾害对人口众多的发达国家或快速发展的国家产生了严重影响,美国的自然灾害发生率最高,其次是中国和印度。死亡人数最多的国家是中国。此外,美国在财产、作物和活牲畜损失方面排名第一,其次是日本和中国。[2]Pascal Peduzzi[3]认为自然灾害对生态系统和人类社会的影响可能不是线性的,而是存在引发爆炸性事件的临界点,所以实现减少灾害风险与可持续发展密切相关。

2. 产业发展承载力的测量结果

基于 AP-ISI 2022 指标体系中的 2 个二级指标(资源约束、环境容量)和其分别对应的三级指标(可再生能源占终端能源消费比、建成区面积占比、森林覆盖率、土壤有机碳含量和空气质量指数得分),2020 年各城市承载力综合排名前 10 的城市分别为斐济、巴布亚新几内亚、文莱、纽约、台北、多伦多、奥克兰、成都、香港和北京。四年间城市响应排名较为稳定,前十名没有变化。斐济、巴布亚新几内亚和文莱表现优异,四年间一直占据前三名的位置。

(1) 资源约束

岛屿经济体和主要经济体城市在资源约束方面较为从容,而新兴经济体城市则表现相对紧张。具体来说,岛屿经济体城市仍然占据了资源约束指标方面排名前 3 的位置,但是与承载力总指标排名不同的是,除了新兴经济体城市中印度尼西亚的棉兰市占据第 6,其余 6 个排名前 10 的城市均来自主要经济体,包括成都、多伦多、北京和洛杉矶。从 2017—2020 年的趋势变动来看,大部分

〔1〕 高庆华、苏桂武等:《中国自然灾害与全球变化》,北京气象出版社 2003 年版。

〔2〕 Shen G., Hwang S. N. *Spatial-Temporal snapshots of global natural disaster impacts Revealed from EM-DAT for 1900—2015*. Geomatics, natural hazards and risk. 2019(1):912—934.

〔3〕 Pascal Peduzzi. *The Disaster Risk*, *Global Change*, *and Sustainability Nexus*. Sustainability. 2019(11).

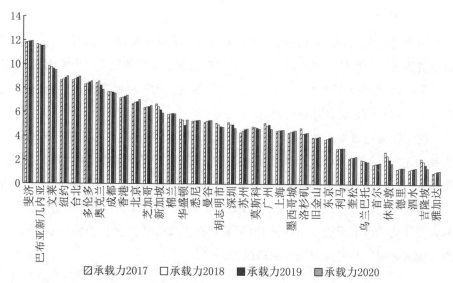

资料来源：AP-ISI 2022。

图 5-1 亚太城市承载力指标得分（2017—2020）

排名前 10 的城市次位并未发生变化。这可能有两部分原因，一方面，主要经济体在资源利用技术以及循环利用技术方面的能力保障了资源使用的可持续性；另一方面，岛屿经济体城市凭借其天然的资源禀赋拥有更为丰富的可再生资源，且因其城市建成区面积比例较小，城市扩张仍有较大的空间，从而使得两者在资源约束方面的排名相对靠前。相比较而言，新兴经济体由于技术和市场均在快速发展阶段且处于资源友好型发展战略的转型期，面临的资源约束问题更为紧张。

a. 可再生能源占比

主要经济体和岛屿经济体城市在可再生能源消费量占终端能源消费量的比重方面表现较好，2017—2020 年在前 7 名中占比一直维持着 4∶3 的比例，其中成都和斐济一直稳居 1、2 名，也成为了仅有的两个可再生能源占终端能源消费比大于 0.5 的城市。这一指标前十名的可再生能源占终端能源消费比基本在 0.2 以上。新兴经济体城市的表现则整体较为平庸。值得注意的是，岛屿经济体城市在这一指标方面的表现较为两极分化，斐济、巴布亚新几内亚和新西兰奥克兰在四年间均维持在前 7 名，而新加坡和文莱则一直处于落后的位置。

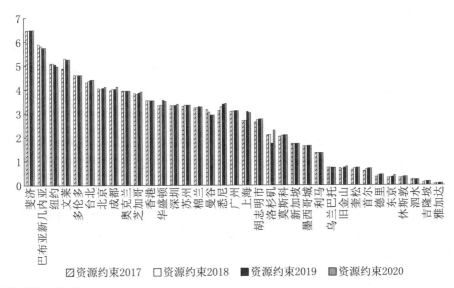

资料来源：AP-ISI 2022。

图 5-2　亚太城市资源约束指标得分（2017—2020）

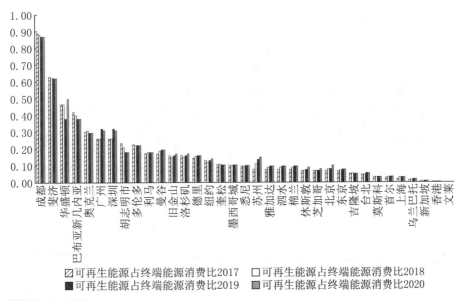

资料来源：AP-ISI 2022。

图 5-3　亚太城市可再生能源占比（2017—2020）

b. 建成区面积占比

2017—2020年间，主要经济体、新兴经济体和岛屿经济体城市在前10名中一直维持着4∶2∶4的比例。其中，岛屿经济体城市的表现最为亮眼，列入研究的5个国家中，只有新加坡排名在前10名开外，巴布亚新几内亚和文莱则稳居前3名。在可再生能源占比中表现较差的棉兰市和香港在建成区面积占比这一指标中成功跻身前10名，也成为了这四年中仅有的两个排名前十的新兴经济体城市。而北京、多伦多、纽约和上海则是主要经济体中表现较好的城市。值得注意的是，相较于岛屿经济体和主要经济体城市，新兴经济体城市建成区面积占比整体较高。其主要原因是，首先相较于岛屿经济体城市，新兴经济体城市普遍面积较小；而相较于主要经济体，新兴经济体城市处于城市快速扩张阶段，随着城市基础设施，如道路、医疗、教育中心的快速布局，建成区面积的发展较为急迫和密集，因此要特别注意森林砍伐和栖息地的破碎化等环境问题。

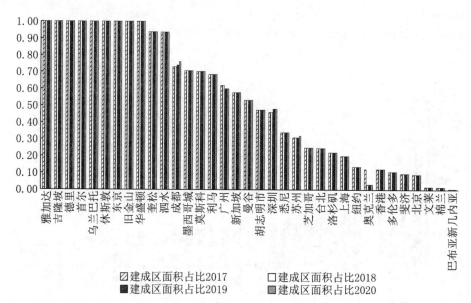

注：该指标为反向指标，数值越小越好。
资料来源：AP-ISI 2022。

图5-4 亚太城市建成区面积占比指标得分（2017—2020）

（2）环境容量

岛屿经济体城市环境优势同样明显，新兴经济体城市则紧随其后，而主要经济体城市在环境容量方面的表现明显落后。具体来说,岛屿经济体城市前 4 中占据 3 席。此外,排名前 10 的城市中还有 3 个属于新兴经济体,主要经济体城市中纽约、多伦多和东京分别排名第 5、第 7 和第 9。从趋势上来看,排名前 10 的城市在 2017—2020 年间变动不大。这一结果可能是因为主要经济体城市已经经历了快速发展阶段,城市的产业均已接近环境容量边界,其自然资源对未来城市化、工业化进一步发展的支撑力相对有限,而新兴经济体和岛屿经济体城市因为自身禀赋与发展阶段差异,仍然处于快速扩张的阶段,产业发展的可持续性较强。

值得注意的是,岛屿经济体城市中的奥克兰和新加坡,新兴经济体城市中的吉隆坡,以及主要经济体城市中的深圳、休斯敦和广州这些城市的环境容量在四年间下降较为明显。

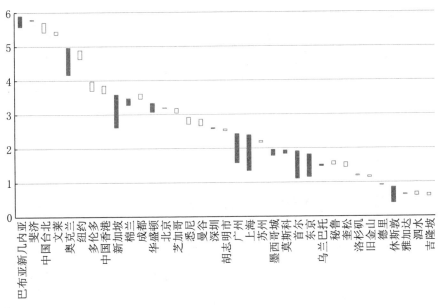

资料来源:AP-ISI 2022。

图 5-5　亚太城市环境容量指标得分(2017—2020)

a. 森林覆盖率

在森林覆盖率这一指标下,排名前 10 的城市分布在 2017—2020 年间没有变化。岛屿经济体城市在前 4 中一直占据 3 席,分别为巴布亚新几内亚、斐济和文莱,表现十分亮眼;而新西兰奥克兰和新加坡的排名则在四年间一直处于退步的状态。经济体和新兴经济体的表现不相上下,其中美国纽约和中国香港一直维持在前 5 名,但吉隆坡、洛杉矶、深圳、休斯敦、广州和华盛顿在这一指标下的退步值得警惕。

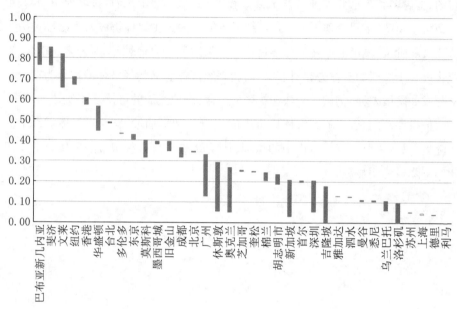

资料来源:AP-ISI 2022。

图 5-6 亚太城市森林覆盖率指标得分(2017—2020)

b. 土壤有机碳含量

新兴经济体和岛屿经济体表现较好,占据了排名中的前 5 名。岛屿经济体中,在其他指标中排名较后的新加坡在土壤有机碳含量这一指标下表现突出,排名第 1,新西兰奥克兰和文莱分别位于第 3 名和第 4 名。新兴经济体中,中国台北和泰国分别位于第 2 名和第 5 名。主要经济体的排名整体位于中后部,其中中国各城市的排名都不够理想,均未能进入前 15 名。

c. 空气质量指数

主要经济体在空气质量指数这一指标下表现两极分化比较严重。其中,美国的各城市、加拿大多伦多、澳大利亚悉尼以及日本东京的空气质量指数表现一直处于一个较为理想的水平。2020 年,前 10 名中有 8 个为主要经济体。但中国各城市的排名均较为落后,一定程度上拉低了主要经济体在这一指标下的表现。岛屿经济体的排名整体也较为理想。新兴经济体中在这一指标下的表现则较差,只有俄罗斯莫斯科在四年间维持了前 10 名的排名。

可喜的是,空气质量情况比较糟糕的部分城市,例如蒙古乌兰巴托、印度德里以及中国的大部分城市,四年间的空气质量整体呈现出一个比较明显的提升。

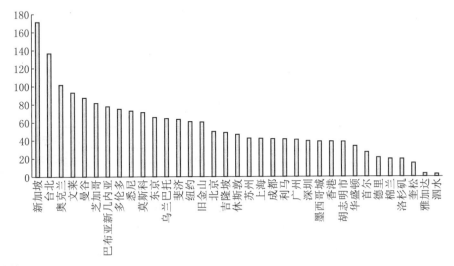

资料来源:AP-ISI 2022。

图 5-7 亚太城市土壤有机碳含量指标得分(2017—2020)

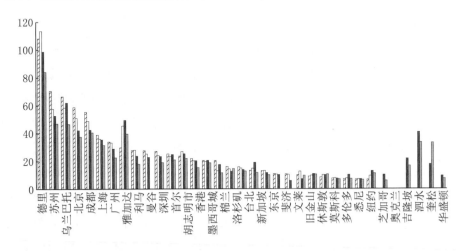

☑空气质量指数2017 ☐空气质量指数2018 ■空气质量指数2019 ▨空气质量指数2020

注:该指标为反向指标,数值越小越好;部分城市的一些年份有数据缺失的情况。
资料来源:AP-ISI 2022。

图 5-8 亚太城市空气质量指数指标得分(2017—2020)

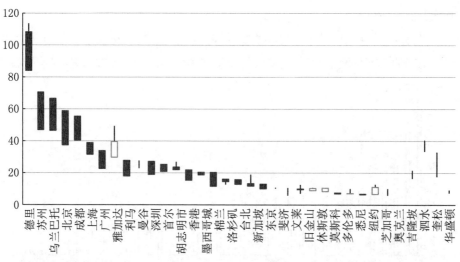

资料来源:AP-ISI 2022。

图 5-9 亚太城市空气质量指数指标得分年度变化趋势(2017—2020)

三、产业发展承载力的案例

1. 新加坡:土地的集约利用

新加坡是一个岛国,典型的人多地少、寸土寸金的城市型国家,由 63 个小岛组成。全国地形地貌差异小,气候均属热带海洋性气候,大部分土地为低地,这些低地已开发为市区和工业区。2010 年,陆地面积为 712.4 平方公里,其中 140 多平方公里的土地是由围海造地形成的。发展空间受到严重制约,人口高度集中,2018 年人口密度为 7 804 人/平方千米。节约集约用地,是新加坡经济社会发展的必由之路。

城市土地集约利用包含两个层次的含义,第一层次是指在节约利用土地的基础上,加大土地投入,提升土地使用效率,达到集约利用土地的目的;第二个层次的含义是指在城市土地的使用过程中,要尽可能优化土地利用结构,少占用土地。

新加坡自 1965 年独立后,迅速推进经济发展,目前已经是一个富裕、发达和高度城市化的国家。然而新加坡的农业产出却非常有限,到 2019 年,新加坡的农业用地占比不足 1%，[1]几乎完全依赖进口来满足该国人民的饮食需求。[2]然而过于依赖进口，新加坡的粮食供应极易受到各种不确定因素的威胁，例如：人口增长、食品安全、动植物疾病、全球食品市场的波动、出口国政策变动等。

为了尽可能避免各种潜在的威胁，2019 年新加坡政府推出"30 by 30"计划。[3]该计划希望通过增加种植水果蔬菜、鼓励生产蛋白质来源，来增强新加坡食品供应的弹性；在未来十年内将粮食生产能力提高 3 倍，到 2030 年满足其国内营养需求的 30%。随后政府拨款 1.44 亿美元以尽快提高其（包括绿色蔬菜在内）的食品自给率。[4]依托于"30 by 30"计划，新加坡正在将 Lim Chu Kang 地区打造成高科技农业食品区，通过科技优化土地利用效率，并将循环经济原则引入农产品生产。

土地是制约城市发展耕作的关键，因此需要高效利用城市农业用地。为了解决用地问题，新加坡曾探索发展"屋顶农业"。Astee 和 Kishnani[5]曾预测，如果在公共屋顶种植蔬菜，可以使国内蔬菜产量增加 700%，满足国内 35.5% 的需求。目前，屋顶农场已经成为新加坡的热门产业，许多公司专营开发屋顶种植项目，不仅缓解了国家土地稀缺带来的农业问题，还推动了商业和劳动力市场的发展。

新加坡区重建局成立于 1974 年，通过 40 多年的土地利用规划，新加坡由一个生活条件恶劣和经济困难的城市转变为一个现代化的大都市，土地集约利用水平高，公民获得了优质住房、工作和便利设施，并享有一个安全和清洁的生活环境。

新加坡在土地利用上，主要有以下特点：第一是长远规划控制，新加坡坚持长

---

[1] 30 by 30：Boosting food security in land-scarce Singapore，https://www.aseantoday.com/2019/03/30-by-30-boosting-food-security-in-land-scarce-singapore/.

[2] Singapore-Country Commercial Guide，https://www.trade.gov/country-commercial-guides/singapore-agriculture. Singapore Food Agency, 2019, The Food We Eat, https://www.sfa.gov.sg/food-farming/singapore-food-supply/the-food-we-eat.

[3] Singapore Food Agency, 30 by 30, Strengthening our food security, https://www.ourfoodfuture.gov.sg/30by30.

[4] Chen, C., Hoh, S.M. *Singapore harvests from investment in science & technology and invests in new areas for future growth and resilience*. https://www.nrf.gov.sg/docs/default-source/modules/pressrelease/11th-riec-press-release.pdf.

[5] Astee, L.Y., & Kishnani, N.T. *Building Integrated Agriculture：Utilising Rooftops for Sustainable Food Crop Cultivation in Singapore*. Journal of Green Building. 2010(5)：105—113.

远规划，制定概念规划来指导新加坡未来 40—50 年的发展，虽然土地供给困难，但为了保持城市发展的特色，仍然预留了一部分土地，没有进行开发建设活动。例如新加坡的自然保护区内不建造污染环境的设施，完全保持原始森林的特色；未拆除历史保护街区，仍然使其保留传统建筑风貌。第二是有序进行开发，新加坡区重建局科学制定土地利用发展规划，并且严格按照规划进行实施，有效地避免了城市随意扩张，交通堵塞等问题的出现。第三是土地集约利用，由于新加坡缺少土地资源，所以新加坡的建筑多向空中垂直发展，并且对各类建筑用地的楼层高度做了详细的规划，将城市绿化和屋顶花园融入住宅项目。

2. 越南：咖啡生产的未来[1]

越南是仅次于巴西的世界第二大咖啡出口国，也是亚洲最大的罗布斯塔咖啡出口国。咖啡是这个东南亚国家仅次于大米的第二大农产品，为越南经济贡献了约 30 亿美元，约占国内生产总值的 2% 到 4%，其中大部分种植在中部高地——该国的主要农业中心，由五个省组成：Dak Lak、Dak Nong、Gia Lia、Lam Dong 和 Kon Tum。这五个省的罗布斯塔咖啡目前种植面积约为 577 000 公顷，产量加起来占全国总产量的 92%，占全球罗布斯塔产量的 40% 左右和出口量的近 60%。

咖啡是高收入的作物，对小农种植非常有吸引力。因此，自 20 世纪 80 年代以来，越南的咖啡产量从 19 400 吨/年显著增加到了 2016 年的 1.76 百万吨/年。这可以归因于土地面积的增加和集约化耕作的使用。作为参考，越南咖啡的产量通常超过每公顷 3.5 吨，而泰国为每公顷 0.8 吨，印度尼西亚为每公顷 0.5 吨，老挝只有每公顷 0.4 吨。

虽然这种增长对越南经济作出了重大贡献，但它并非是没有代价的。保持高水平的生产力造成了一系列环境挑战，包括森林砍伐和生态系统退化，这可能使人们对越南罗布斯塔生产的未来发展前景产生怀疑。此外，气候变化预计将大幅减少适合咖啡种植的土地面积，并减少可用于灌溉需求的水，从而加剧

---

[1] George Scott and Jonathan Gheyssens. *Addressing smallholder resilience in coffee production in the Central Highlands，Viet Nam*，https://www.unep.org/resources/case-study/addressing-smallholder-resilience-coffee-production-central-highlands-viet-nam.

这些问题。

使这些问题进一步复杂化的是，农业初级商品市场典型的周期性行为造成的咖啡全球市场价格波动。当价格高的时候，小农就会被吸引到种植上，从而增加市场产量。由于反应存在滞后性，市场往往会矫枉过正，导致供过于求，进而拉低价格。

由于该地区普遍实行单一作物种植，中部高地的种植者可以敏锐地感受到由此产生的波动的影响。相对较小的国内消费和暴露在一个生产集中在少数国家的国际市场进一步加剧了波动性。越南、巴西和印度尼西亚合计占全球罗布斯塔产量的近四分之三。

但是，越南的咖啡种植业近年来也面临着挑战。咖啡产量上涨导致的价格降低，一方面直接导致种植者的收入和生活水平下降；另一方面也会促进种植者更多地砍伐森林来获得咖啡种植土地，因为需要更大的种植面积才能维持和此前一样甚至更高的收入，这种情况在收入较低的小型种植户中尤其明显。此外，当咖啡的价格较低时，包括种植者在内的整个供应链的生产者都缺乏足够的经济动机来采取更加可持续的生产方式。越南的咖啡种植行业，迫切需要一种新的可持续发展干预措施，这种干预措施应该尽可能少地受到咖啡价格的影响，尽可能少地增加种植者的经济负担。也就是说，在咖啡市场价格变动的周期内，这种干预措施都能够被实施。越南咖啡种植业不仅本身需要可持续化，干预措施本身也需要可持续化。

间作，即将咖啡与林荫或者果树穿插种植的生产模式，被认为是一种可能的解决方案。它有望从以下几个方面帮助提高种植者的环境抵御能力和经济稳定性，稳定该地区生产。

（1）增强功能生物多样性，提高土壤肥力

在集约管理的咖啡农场中，遮阴树种可有助于改善、保护或恢复土壤肥力，并缓冲土壤生物活性的季节性变化。此外，研究发现，农林复合林业中的遮阴树可以增强功能生物多样性、碳固存、抗旱性以及杂草和生物害虫控制。

（2）改善土壤的健康状况，从而提高土壤的储水能力

数十年来，农业化学品的过度施用导致了中部高地咖啡种植园的土壤质量下降，导致了疾病和线虫感染的问题。增加土壤生物多样性将改善土壤结构和水分保留，从而减少对灌溉的需求。

（3）将农场从碳源变成碳汇

IDH（可持续贸易倡议）最近的一项研究表明，虽然由于农业化学应用、运输等短期的增加，在农场种植非咖啡树的二氧化碳当量（CO_2e）排放量较高，但积累生物量的二氧化碳固相率较高，再加上化肥使用的改善，可以减少农场对气候的影响，从而使它们从净来源变成净汇。

（4）改善民生，与咖啡价格波动脱钩

最后，高产水果和遮阴树有可能通过销售木材、木柴或水果为小农提供额外收入，这将使小农的收入多样化，并有可能减少咖啡产量下降或咖啡价格下降对小农生计的影响。

3. 隆基绿能：经济增长和生态修复的双赢[1]

隆基绿能是全球最大的单晶硅片和组件制造企业。近年来，隆基绿能进行系统战略部署，从产业产品、屋顶建筑、地面坡面等全场景推动光伏行业的能源变革与应用，形成光伏＋行业全场景解决方案，在"光伏＋工业""光伏＋建筑""光伏＋农业"等领域成果显著。目前隆基组件产品已全面覆盖不同应用场景，并在客户最为关心的度电成本上体现出了更深层次的价值。

光伏＋工业促进区域社会发展。践行"清洁能源制造清洁能源"的理念，隆基绿能在云南的发展历程提供了欠发达地区产业后发赶超、新能源企业驱动地区绿色发展的典范。隆基绿能在云南建成丽江、保山、楚雄、曲靖四个生产基地，利用当地丰富的水电资源贴近资源建工厂，生产硅棒、硅片、电池、组件等光伏产品。截至 2021 年末累计完成投资超 200 亿元人民币，形成约 67 吉瓦的单晶硅棒产能和 57 吉瓦的单晶硅片产能，建成绿色工业支柱，相关产品覆盖光伏全产业链，不仅解决了困扰云南的绿电消纳问题，[2]更推动云南成为光伏领域具有全球影响力的制造业基地。隆基绿能在云南的生产基地带动就业 17 000 人，培养了富有技能的产业工人群体，吸纳技术人才，促进当地就业和人力资源培训。随着隆基绿

---

〔1〕 潘家华等：《超越净零碳：可持续中国产业发展行动年度报告（2022）》。

〔2〕 由于缺少产业支撑，云南曾长期面临绿电消纳问题。据云南省统计局发布《2020 年云南能源生产报告》，2016 年云南省弃水电 314 亿千瓦时，到达历史峰值。绿色工业体系建立使全省工业用电量大幅增长，其中仅隆基云南基地 2020 年就消纳电量约为 26 亿度，电力供需形势发生巨大转变，2020 年全省弃水电量可控制在 25 亿千瓦时左右，电力行业步入良性发展阶段。

能的"头羊效应"显现,带动产业链条布局,晶澳科技、通威股份、阳光能源等光伏行业头部企业纷纷布局云南。同时,以隆基为核心,云南省积极引进硅光伏下游产业,完善产业横向配套,逐步建成"硅光伏产业＋硅电子产业＋硅化工产业"的硅产业链条,力争到 2025 年全省绿色硅材全产业链总产值达到 2 000 亿元人民币以上。依托以隆基绿能为代表的新能源企业,赋能产业上下游零碳转型,打造绿色新工业产业集群与绿色科技创新高地,云南省逐步实现迈向战略性新兴产业的转型升级。2022 年上半年,云南省生产总值超越以传统能源产业支撑发展的山西、内蒙古及东北三省等地区,实现新能源产业驱动的绿色发展。[1]

光伏＋建筑助推节能减排。隆基绿能与中国石化合作建设分布式光伏项目。截至 2021 年 12 月,已签约 147 座加油站分布式光伏项目,使用隆基高效 BIPV 分布式光伏系统解决方案,帮助石化客户节能减排、促进转型。

光伏＋农业助力生态修复。隆基绿能探索以农光互补为代表的"光伏＋"新模式,通过对土地的综合利用,既创造了经济价值,也兼顾到了生态修复。在中国青海,隆基的"农牧光互补"模式开辟了当地畜牧业发展新模式;在中国宁夏,隆基将 6 670 顷沙漠变为"农光共享"的生态枸杞园。在陕西铜川,隆基首创了"光伏＋农业＋旅游＋扶贫"四位一体的发展模式,入选联合国经济和社会事务部(United Nations Department of Economic and Social Affairs,UNDESA)发起的第二届联合国可持续发展优秀实践(United Nations Sustainable Development Goal Good Practices,UN SDG Good Practices),"项目与可持续发展目标高度兼容,该电站不仅创造大量就业机会,促进当地群众脱贫增收;而且对高原黄土高原生态修复,具有重要的历史意义"。隆基希望通过光伏带动乡村绿色产业,促进当地经济、社会和生态的可持续性发展。

---

[1]　国家统计局:《有力应对超预期经济影响国民经济企稳回升》,http://www.stats.gov.cn/tjsj/zxfb/202207/t20220715_1886417.html。

第 6 章

产业发展的状态

一、 产业发展状态的理论评述

1. 产业发展状态的概述

产业发展的状态是指产业发展的现状和未来趋势。产业发展的状态同时包括了经济体内部的产业发展和经济体间的自由贸易和产业分工(见图 6-1)。

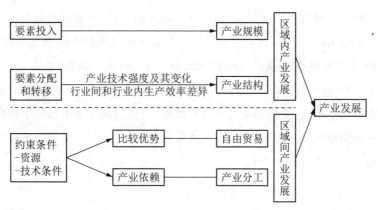

资料来源:自制。

图 6-1　产业发展状态示意图

就经济体内部的产业发展来看,要素禀赋结构决定要素相对价格和最优产业结构。[1]古典经济学的经济增长理论将产业长期增长归结为两方面,一是要素投

---

〔1〕 Justin Yifu Lin. *New Structural Economics: A Framework for Rethinking Development*. The World Bank Research Observer. 2011(2):193—221.

入的增加,二是提升要素生产率。更加密集的产业要素投入往往意味着更大的产业规模,但是简单持续的要素投入边际效益往往是递减的;进一步推动产业发展的是要素的优化配置和技术的进步,这意味着产业结构的不断转型升级(见图6-1)。要素在产业间的分配不均衡,同时受产业间要素生产效率差异的影响在产业间流动,形成不同的和不断演化的产业结构。技术进步推动要素生产率提升,推动要素在行业间流动,推动产业结构升级和产业增长。

从经济体间的产业发展看,由于各个经济体的资源禀赋和技术水平不同,产业发展不仅可以通过优化要素资源配置和提升生产率实现,还可以通过跨区域的自由贸易和产业分工实现(见图6-1)。经济体通过参与全球贸易和全球的产业布局来实现资源的优化配置,同时也通过自身产业结构的转型,提升产业在国际市场的竞争力和韧性。比较优势理论指出,发展是有阶段的,基于比较优势的自由贸易和外商投资对于本国经济发展有正面作用。发展中国家最终会在持续的国际贸易中实现经济增长和现代化,发展中国家和发达国家的差距会最终自然收敛。[1]但是,自由贸易和全球产业分工也可能加剧不同经济体之间的依附关系。依赖学派指出,外商投资强化了发展中国家和发达国家之间在全球产业链和贸易中的结构性的不平等的关系,发展中国家将会被锁定在落后阶段,无法实现经济增长,除非发展中国家可以培育出内生的技术能力并实现内部驱动的产业结构升级。[2]

2. 产业规模

可持续产业发展需要持续和稳定的产业规模增长。亚太城市产业可持续性指数用人均工业增加值和新兴产业营收总额衡量产业规模。早期的产业发展研究往往将产业发展等同于产业增长,通过国内生产总值(Gross domestic product,GDP)和国民生产总值(Gross National Product,GNP)等指标测算产业产出规模成为早期产业增长研究的重点。

发展经济学文献指出,经济发展的循环根本上取决于企业的规模经济与市场容

---

〔1〕 Justin Yifu Lin. *Is China's Growth Real and Sustainable?* Asian Perspective. 2004(3):5—29.

〔2〕 Fernando Henrique Cardoso. *The Consumption of Dependency Theory in the United States*. Latin American Research Review. 1977(3):7—24. Dudley Seers. *Dependency theory: a critical reassessment*. Pinter Publisher. 1981.

量之间的相互作用。[1]只有市场容量足够大时,现代的大规模批量生产优势才能弥补高工资,现代生产方式才会更有效;同时,大规模的现代生产方式也会进一步刺激市场规模扩大。由此,如果一个现代生产方式可以能够大规模地被采用,产业发展过程就会通过自我加强呈现持续增长的良性循环;否则,经济发展将面临停滞。[2]

产业的总体规模是衡量产业发展结果的重要维度。GDP 及其增速是当前应用最广泛的评价产业规模的指标。因此,生产总值是刻画产业总体规模的重要指标。考虑到工业是现代经济的主要部分和驱动力,我们采用工业生产总值来刻画产业规模。

工业生产总值反映了产业规模的总体水平,但是不能够刻画产业规模的结构和趋势。为此,我们采用新兴经济企业中上市公司营收总额来刻画产业规模的升级和涌现。国内和国外的学界对于“新兴经济”或“新经济”的概念仍有歧义。狭义的“新经济”是指美国 20 世纪 90 年代的在低通胀和高就业率大背景下,互联网技术催生的持续经济增长。广义的“新经济”则是指信息技术革命和生物技术革命在内的一系列新技术对于经济的影响。[3]本书所指的“新兴经济”行业是指在经济全球化背景下,信息技术革命和其他技术创新驱动下产生的一系列行业,包括信息通讯、生物制药和人工智能等行业。我们使用 Osiris 上市公司数据库,选取新经济行业进行分析,包含了信息通讯产业、人工智能和生物制药行业。

3. 产业结构

产业发展一方面表现出产业规模持续的增长,另一方面也表现为产业技术不断创新,产业结构不断升级。亚太城市产业可持续性指数用服务业占比和高技术产业占比衡量产业结构。

产业发展不仅需要生产要素的投入,也需要生产要素在产业间和产业内部有效配置。只有发展出适宜资源禀赋和技术条件的产业结构,才能持续实现产业发

〔1〕 P. N. Rosenstein-Rodan. *Problems of Industrialisation of Eastern and South-Eastern Europe*. The Economic Journal. 1943(210/211):202.

〔2〕 Lin. *New Structural Economics: A Framework for Rethinking Development*. The World Bank Research Observer. 2011(2):193—221.

〔3〕 Stephen B. Shepard. *The New Economy: What It Really Means*. Business Week. 1997.刘树成、李实:《对美国“新经济”的考察与研究》,载《经济研究》2000 年第 3—11＋55—79 页。

展。要素的边际回报率递减,使得单纯增加要素的增长策略不可持续,也成为关注产业结构基本动机。当简单的投入劳动力和资本要素无法进一步推进产业增长的时候,如何进一步提升生产成为研究的基本问题。不同行业间的和不同区域间的要素生产率逐渐得到重视,如何通过区域内的产业结构转型和区域间的自由贸易,来提升要素的配置效率,获得产业持续发展,也是研究关注的重点。

(1)要素流动与产业结构转型

要素禀赋结构了决定了一个经济体的最优产业结构,但是一个经济体的产业结构并不总是和自身的要素禀赋结构相匹配。[1]生产要素在产业内部的分布并不平衡,并在行业间和行业内部流动,形成多样化的产业结构。在给定条件下,要素在行业间和行业内不同部门的生产效率是不同的。配第—克拉克定理指出,不同行业间相对收入的差异决定了劳动力生产要素在不同行业的分布和流动。劳动力不断从相对收入低的部门流向相对收入高的部门。服务业的收入水平高于工业,工业收入水平高于农业。因此,随着国民收入水平的不断提升,劳动力首先从第一产业向第二产业转移;随着国民收入进一步提升,劳动力从第二产业向第三产业转移。

通过技术进步、规模经济和不断深化的劳动分工等路径,工业的生产效率不断提升并显著高于农业,国民财富积累更快,使得工业的收入明显高于农业,推动劳动力从农业部门向工业部门流入。[2]工业,尤其是制造业被认为是现代经济发展的主要动力。不同的是,服务业的收入高于工业并不是因为服务业的生产效率更高,反而是因为服务业的生产效率更低。服务业以“劳务提供为主”,不能使用提高效率的机器设备,缺乏规模经济,劳动生产率较低且长期保持不变。[3]但是,无论部门之间生产率增长是否均衡,不同部门之间工资水平却要求趋同。因此,单位服务的工资成本不断上升,导致服务业劳动力价格愈来愈高,相对收入水平上升,生产要素从工业流入服务业。随着收入水平提高,服务业需求快速增长;同时由于服务业劳动生产率较低,拉低经济总体生产率增长。

---

〔1〕 刘树成、李实:《对美国“新经济”的考察与研究》,载《经济研究》2000 年第 3—11、55—79 页。

〔2〕 参见亚当·斯密:《国民财富的性质和原因的研究》,商务印书馆 2011 年版。

〔3〕 William J. Baumol, Sue Anne Batey Blackman et al. *Unbalanced growth revisited：asymptotic stagnancy and new evidence*. The American Economic Review. 1985；806—817；William J. Baumol. *Is There a U.S. Productivity Crisis?* Science. 1989(4891)；611—615.

但是,学者也指出,在数字经济的时代,数字技术将推动服务业转型升级,在一定程度上克服传统服务业生产效率低的几个原因,包括难以形成规模效应、无法远距离交易和难以进行细致的劳动分工等,为提升服务业效率和促进产业增长提供了机遇。[1]此外,相较于第一产业和第二产业(尤其是化石能源产业),第三产业对于环境和资源的依赖度低,环境污染小。大量的化工企业通过出售环境依赖度高的部门和进军金融服务业作为可持续发展的重要策略。我们采用服务业的生产总值产业来表示三大产业的结构。

(2)要素生产率和技术强度

技术强度是不同行业部门间生产效率差异的主要来源。技术是产业结构的重要维度,是产业发展的重要因素。那么,技术进步是如何实现的,又是如何促进产业发展的呢?

发展中经济体可以通过利用成熟技术进入成熟产业的方式来实现产业发展。John A. Cantwell 和 Paz Estrella Tolentino[2]提出了技术创新产业升级理论来解释发展中国家的技术进步和产业升级。该理论指出,发展中国家产业发展是一个以技术积累为内在动力,以地域扩展为基础的过程。同时,发展中国家的企业技术能力的提高和其对外直接投资直接相关。随着技术能力不断积累,对外投资从资源依赖型向技术依赖型发展。发展中国家和地区本身的技术水平是影响其国际生产和投资活动的决定性因素,同时也影响其对外投资的形式和增长速度。Cantwell[3]近期的研究进一步表明,新兴经济体的对外投资同时对于本土企业的产业升级也有积极作用。

随着技术和产业进一步升级,企业越来越需要新技术和新产品的发明来进行技术创新和产业升级。[4]试图升级的单个企业需要承担巨额的研发成本和

〔1〕 江小涓、靳景:《数字技术提升经济效率:服务分工、产业协同和数实孪生》,载《管理世界》2022 年第 9—26 页。

〔2〕 John Cantwell and Lucia Piscitello. *The emergence of corporate international networks for the accumulation of dispersed technological competences*. Management International Review. 1999:123—147.

〔3〕 Yuanyuan Li and John A Cantwell. *Rapid FDI of emerging-market firms: foreign participation and leapfrogging in the establishment chain*. Transnational Corporations Journal. 2021(1).

〔4〕 Joseph Schumpeter. *The theory of economic development*. Harvard University Press. Cambridge, MA. 1934; Philippe Aghion and Peter Howitt. *A Model of Growth Through Creative Destruction*. Econometrica. 1992(2):323.

风险,而研发活动本身所创造出来的公共知识却可能使经济中的其他企业受益。[1]

从全球经济体产业发展情况看,低收入经济体有着远低于发达经济体的中高技术制造业生产和出口,其产业升级也更慢。东亚则是全球最为复杂的工业生产和出口地区,也经历了最快的技术升级,[2]尽管其产业发展和扩张的路径长期受到质疑。[3]此外,从产业的技术强度和产业的韧性看,中高技术行业由于其对于传统的石油化工能源和大宗商品的依赖较小,受到国际产业链的短期和长期波动的影响也相对较小。

学界对制造业的技术强度有多种评估方式。[4]联合国工业发展组织(United Nations Industrial Development Organization,UNIDO)的技术强度评估方式是主要的方式之一。UNIDO 通过制造业增加值、制造业出口、制造业增加值和出口的技术结构四个维度来评估一个经济体的工业发展强度。根据技术强度从低到高,UNIDO 将制造业分为资源型制造业(Resource-based manufactures)、低技术制造业(Low-tech manufactures)和中高技术制造业(Medium-and high-tech manufactures)。从全球产业发展来看,制造业及其出口中的技术强度都在不断增强,全球的制造业都在从资源型和低技术制造业向中高技术制造业移动。中高技术制造业增加值正在以明显高于资源型制造业和低技术制造业的速度增长,反映了产业发展和产业规模的结构性变化。[5]综上,中高技术制造业反映了一个经济体的产业发展和规模的关键结构性特征。我们采用中高技术增加值占工业增加值比重刻画城市的产业规模。

4. 比较优势与对外贸易

比较优势理论指出发展是有阶段的,强调基于资源禀赋差异的比较优势的

〔1〕　Charles Jones and Paul Romer. *The New Kaldor Facts*：*Ideas*，*Institutions*，*Population*，*and Human Capital*. 2009. Ann Harrison and Andrés Rodríguez-Clare. *Trade*，*Foreign Investment*，*and Industrial Policy for Developing Countries*. Handbook of Development Economics. 2010：4039—4214.

〔2〕　United Nations Industrial Development Organization，*Competitive Industrial Performance Report 2020*.

〔3〕　Paul Krugman. *The Myth of Asia's Miracle*. Foreign Affairs. 1994(6):62.

〔4〕〔5〕　Kristian S. Palda. *Technological intensity*：*Concept and measurement*. Research Policy. 1986(4)：187—198.

自由贸易和外商投资对于本国经济发展的正面的现代化作用。该理论认为发展中国家最终会在持续的国际贸易中实现经济增长和现代化，发展中国家和发达国家的差距会最终自然收敛。[1]显性比较优势指数反映了一个经济体在全球贸易中实现的比较优势，即专业化的程度。显性比较优势展示了一个经济体在多大成立上实际利用自己的比较优势通过国际贸易获利，从而反映了一个经济体在全球化专业分工中的参与程度和对外开放程度。Balassa[2]提出了一个10个工业国中一国产品出口显性比较优势指数的测算方法。显性比较优势自提出后被广泛应用于各种国际组织的研究报告，[3]也被大量用于测量一个经济体在贸易中的专业化程度、[4]在技术中的专业化程度，[5]以及在生产中的专业化程度。[6]

根据 Balassa[7]的设计，显性比较优势指数的测算，包括静态的显性比较优势指数和动态的显性比较优势指数。静态的比较优势指数指一个国家某种出口商品占其出口总值的比重与世界该类商品占世界出口总值的比重二者之间的比率。显性比较优势指数（Comparative Revealed Comparative Advantage，CR），即一个时段内的 RCA 指数与前一时段 RCA 指数之比，它能较好地反映出地区显性

[1] Lin. *Is China's Growth Real and Sustainable?* Asian Perspective. 2004(3):5—29.

[2] Bela Balassa. *Trade Liberalisation and "Revealed" Comparative Advantage*. The Manchester School. 1965 (2):99—123; Baumol. *Is There a U.S. Productivity Crisis?* Science. 1989(4891):611—615.

[3] United Nations Industrial Development Organization, *International comparative advantage in manufacturing: changing profiles of resources and trade*, 1986; Organisation for Economic Co-operation and Development. *Globalisation, Comparative Advantage and the Changing Dynamics of Trade*. 2011.

[4] Giovanni Amendola, Paolo Guerrieri et al. *International patterns of technological accumulation and trade*. 1991; Alessia Amighini, Marinella Leone et al. *Persistence versus Change in the International Specialization Pattern of Italy: How Much Does the 'District Effect' Matter?* Regional Studies. 2011(3):381—401. Luca De Benedictis, Marco Gallegati et al. *Semiparametric analysis of the specialization-income relationship*. Applied Economics Letters. 2008(4):301—306.

[5] John Cantwell. *The globalisation of technology: what remains of the product cycle model?* Cambridge journal of economics. 1995:155; Johannes Liegsalz and Stefan Wagner. *Patent examination at the State Intellectual Property Office in China*. Research Policy. 2013(2):552—563.

[6] P. Lelio Iapadre. *Measuring international specialization*. International Advances in Economic Research. 2001(2):173—183. K. Laursen. *The fruits of intellectual production: economic and scientific specialisation among OECD countries*. Cambridge Journal of Economics. 2005(2):289—308.

[7] Luca De Benedictis and Massimo Tamberi. *A Note on the Balassa Index of Revealed Comparative Advantage*. SSRN Electronic Journal. 2001.

比较优势的调整与变迁。如果 CR 大于 1,表明该地区在该类商品上的显性比较优势在提升;如果 CR 值小于 1,表明其比较优势在弱化。横向比较,如果同一时期某一产业的 CR 值大于另一产业的 CR 值,表明这一产业的优势增长速度快于另一产业,这一产业可能迅速成长为新的优势产业。显性比较优势指数和动态比较优势指数被广泛运用于国际贸易研究。[1]

但是,显性比较优势指数仅仅反映一国某一产业在国际贸易中的比较优势,无法反映产业间的相互贸易依赖关系。Grubel 和 Lloyd[2] 提出产业内贸易 GL 指数以衡量相同产业内进出口贸易之间平衡贸易程度或重叠程度。Hamilton 和 Kniest[3] 引入边际或动态产业内贸易指数(MIIT),认为所有资源配置的动态性质意味着静态测算的产业内贸易指数的观测变化会掩饰一定范围不同的贸易流量,这些贸易流量可能本质上是产业间贸易,但实际上引起产业内贸易增长。在此前研究的基础上,Thorpe 和 Zhang[4] 提出了测算国家的动态产业内贸易指数。

5. 产业依赖与全球分工

依赖学派则指出,外商投资强化了发展中国家和发达国家之间在全球产业链和贸易中的结构性的不平等的关系,发展中国家将会被锁定在落后阶段,无法实现经济增长,除非发展中国家可以培育出内生的技术能力并实现内部驱动的产业结构升级。[5]随着全球产业的劳动分工的不断深入,全球产业链不断深入整

---

[1] Luca De Benedictis and Massimo Tamberi. *A Note on the Balassa Index of Revealed Comparative Advantage*. SSRN Electronic Journal. 2001;沈国兵:《显性比较优势、产业内贸易与中美双边贸易平衡》,载《管理世界》2007 年第 2 期,第 5—16、171 页;岳昌君:《遵循动态比较优势——中美两国产业内贸易对比实证分析》,载《国际贸易》2000 年第 2 期,第 26—28 页;张鸿:《我国对外贸易结构及其比较优势的实证分析》,载《国际贸易问题》2006 年第 4 期,第 46—52 页。

[2] M. F. G. Scott, H. G. Grubel et al. *Intra-Industry Trade:The Theory and Measurement of International Trade in Differentiated Products*. The Economic Journal. 1975(339):646.

[3] Clive Hamilton and Paul Kniest. *Trade liberalisation, structural adjustment and intra-industry trade:A note*. Weltwirtschaftliches Archiv. 1991(2):356—367.

[4] Michael Thorpe and Zhaoyang Zhang. *Study of the Measurement and Determinants of Intra-industry Trade in East Asia*. Asian Economic Journal. 2005(2):231—247.

[5] Cardoso. *The Consumption of Dependency Theory in the United States*. Latin American Research Review. 1977(3):7—24. Seers. *Dependency theory:a critical reassessment*. 1981.

合。产业链的全球分工在给城市的产业发展带来机遇的同时,也提升了城市产业发展的风险。中美贸易战和新冠疫情加剧了具有较高依赖度的城市的产业发展的风险。因此,评估城市的产业的依赖度,对于评价城市的产业可持续性具有重要意义。

依赖度是发展经济学中的重要概念。当前依赖度的研究主要有两种,包括经济实体之间的依赖性和经济体内部的不同产业间的依赖性。

从经济体间依赖性看,Theotonio[1]指出,依赖度是指一个经济体在多大程度上依赖于另一个经济体的发展和扩张。这种相互依赖关系,假设了两种在国际贸易中处于不平等关系的经济体的存在。一种是主导性的经济体,这种经济体不断扩张并可以自我维持;一种是不独立的经济体,其经济发展是主导经济体的经济扩张的映射,这种映射可能会促进也可能会抑制对于不独立经济体的发展。Theotonio 将经济依赖分为三类:(1)殖民性依赖(Colonial Industrial Dependence),不独立经济体向主导经济体输出土地、矿产和人力资源,不独立经济体依赖于主导经济体的市场需求;(2)资本—工业依赖(Financial Industrial Dependence),主导经济体将资本投入到要素价格更低,同时资本不足的不独立经济体以生产部分初级产品,并服务于主导经济体的需要,这种不独立经济体的发展模式也被称作出口型经济;(3)技术—工业依赖(Technology Industrial Dependence)。技术—工业依赖是基于资本—工业依赖的一种新形式的依赖。不独立经济体不仅仅依赖于主导经济体的资本,还依赖于主导经济体垄断的部分原料、工业设备和技术。技术—工业依赖反映了全球产业链的更加深入的分工和持续性的全球产业分工中的不平等关系。大量的研究测量了不同层级的经济体之间的产业依赖关系。Frank[2]指出,无法有效地实现资本积累,高度依赖发达国家的资本流入,被认为是拉丁美洲国家无法实现经济发展的原因。但是,Cardoso 和 Faletto[3]也指出,部分资本稀缺的发展中国家,通过较高的社会和政治代价,也实现了一定程度的资本积累,从而实现了经济增长。Britton[4]指出,由于加拿

[1] Theotonio Dos Santos. *The structure of dependence*. American Economic Review. 1970(2):231—236.

[2] Andre Gunder Frank. Latin America and underdevelopment. NYU Press. 1970.

[3] Fernando Henrique Cardoso. *Dependency and development in Latin America*. Springer. 1982.

[4] John NH Britton. *Industrial dependence and technological underdevelopment: Canadian consequences of foreign direct investment*. Regional Studies. 1980(3):181—199.

大的第二产业,尤其是高科技产业长期被外资控制,导致加拿大的创新和产品研发部门始终难以成长起来。

就经济体内部产业间的依赖性而言,Kuznets[1]指出需要将经济增长理解为一个产业结构的全面转变,这一理论后来得到实证研究的印证。Matsuyama[2]进一步指出产业发展对其他产业的扩散效应和回波效应。产业结构转变将改变产业间的依赖关系,并可能推动经济增长,例如,工业发展为农业提供化肥、机械等中间产品,工业和农业的产业依赖性加强,从而在增强迂回生产程度等基础上提高农业生产率。工业发展和服务业的发展呈现类似的结果。魏作磊和邝彬[3]通过投入产出法计算了中国、美国、英国和日本的制造业对于服务业的依赖性,结果表明中国制造业对服务业,尤其是生产者服务业的产业依赖度偏低,这是制约中国服务业就业增长的主要因素。这主要是因为我国制造业生产方式落后、社会化程度低和在国际分工中的不利地位。杨莉莉等[4]利用空间计量方法和中国 31 个省份的面板数据,通过一个经济增长模型,计算出各省经济增长对于资源产业的依赖度。结果表明"资源诅咒"假说在中国省域层面成立,较高的资源产业依赖通过对技术创新、对外开放和制造业资本投入的挤出效应,强化了政府干预的制度弱化效应,抑制了地区经济增长。Mao 等[5]进一步在城市层面上证明了"资源诅咒"的存在,其基于 2004 年到 2017 年的数据,利用一个经济增长和转型模型,测量了中国 115 个资源驱动型城市的经济发展对于自然资源的依赖度。结果表明"资源诅咒"在一定情况下存在,即资源会挤出城市技术创新和私有企业的市场竞争,阻碍产业结构转型。此外,部分

［1］　Moises Syrquin and Hollis Burnley Chenery. *Patterns of Development*, *1950 to 1983*. World Bank Washington, DC. 1989.

［2］　Kiminori Matsuyama. *Agricultural productivity*, *comparative advantage*, *and economic growth*. Journal of Economic Theory. 1992(2):317—334.

［3］　魏作磊、邝彬:《制造业对服务业的产业依赖及其对促进我国就业增长的启示——一项基于投入产出表的比较分析》,载《经济学家》2009 年第 11 期,第 47—51 页。

［4］　杨莉莉、邵帅等:《资源产业依赖对中国省域经济增长的影响及其传导机制研究——基于空间面板模型的实证考察》,载《财经研究》2014 年第 4 期,第 4—16 页;邵帅、杨莉莉:《自然资源丰裕、资源产业依赖与中国区域经济增长》,载《管理世界》2010 年第 9 期,第 26—44 页。

［5］　Wenxin Mao, Wenping Wang et al. *Urban industrial transformation patterns under natural resource dependence*:*A rule mining technique*. Energy Policy. 2021:112383.

研究关注产业对于原料的依赖性。Chopra 等[1]通过投入产出法(Input-Output Model)计算出了美国农业部门对于动物授粉具有较高的依赖性。Wang 等[2]对于中国127个长江经济带城市的研究表明城市的交通产业发展对于城市的土地资源供给具有较高的依赖性。土地资源供给不足阻碍了城市交通的可持续发展。

二、产业发展状态的测量结果

既有文献采用了多种单一和复合指标来测量产业发展状态。亚太城市产业可持续性指数(AP-ISI)用产业规模和产业结构来衡量产业可持续发展的状态(见表6-1)。在回顾产业可持续发展的相关理论和考虑数据可得性后,我们用人均工业增加值和新兴产业比重来刻画产业规模的增长,用服务业占比和高技术产业占比来刻画产业结构。

表6-1 产业发展状态的指标结构

二级指标	三级指标	三级指标定义
产业规模	人均工业增加值	每人产生的工业增加值
	新兴产业	新经济行为上市公司营业收入
产业结构	服务业占比	服务业创造的国内生产总值占国内生产总值的比重
	高技术产业占比	高技术产品制造业增加值占制造业增加值的比重

资料来源：AP-ISI 2022。

亚太地区产业发展对全球增长的贡献率较高,区域内发展程度差距大,主要经济体仍占据领先地位,亚洲地区相较美国等其他地区优势明显。根据2020年产业状态排名(见图6-2(a)),排名前五的城市依次为：东京、首尔、新加坡、北京、台北。产业规模是直观获悉产业发展情况的重要指标。美国西海岸、日本、韩国、中国东部沿海等地区是全球中高端产业聚集地；亚洲,尤其中国和东南亚,是全球

[1] Shauhrat S. Chopra, Bhavik R. Bakshi et al. *Economic Dependence of U.S. Industrial Sectors on Animal-Mediated Pollination Service*. Environmental Science & amp; Technology. 2015(24)：14441—14451.

[2] Ling Wang, Ke Wang et al. *Multiple objective-oriented land supply for sustainable transportation：A perspective from industrial dependence, dominance and restrictions of 127 cities in the Yangtze River Economic Belt of China*. Land Use Policy. 2020：105069.

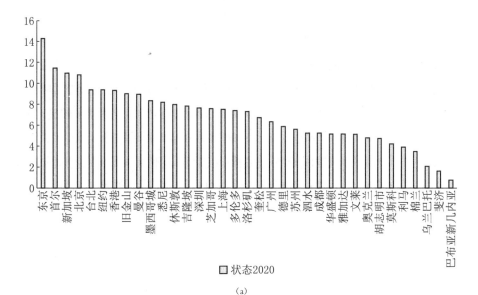

状态2020

(a)

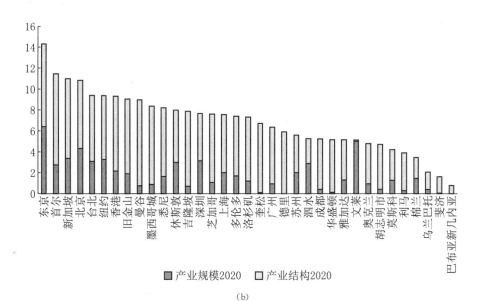

■产业规模2020　□产业结构2020

(b)

资料来源：AP-ISI 2022。

图 6-2　亚太城市产业状态得分（2020）

制造业中心。对于亚太地区，美国、加拿大、澳大利亚等主要经济体已实现工业化和城镇化，拥有较稳定的产业结构。从产业结构的技术强度来看，主要经济体的中高技术产业始终占比较高，日本、韩国和中国等经过产业转型升级，从资源型、低技术产业向中高技术产业转型，并实现多轮产业转移。从产业规模和产业结构的贡献占比看（见图 6-2（b）），各个城市的产业规模和产业结构与区域内发展高度不平衡。各城市产业规模得分方差大，差距大，但是除个别城市较高之外，普遍得分较低；产业结构方差小、差距小，对于得分结果影响较小。从 2017 年到 2020 年的产业发展的状态的排名变化来看（见图 6-3），亚太城市的产业发展状态较为稳定。其中，排名头部和尾部城市的相对稳定，排名中部的城市排名有所波动。

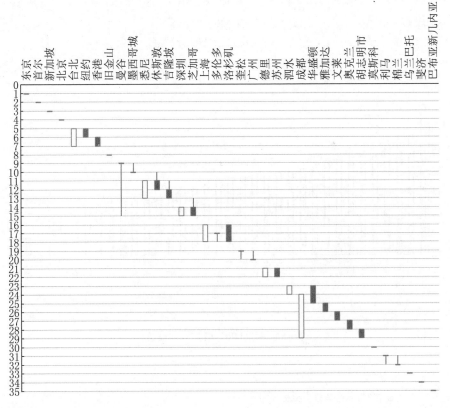

资料来源：AP-ISI 2022。

图 6-3　亚太城市产业状态排名（2017—2020）

1. 产业规模

图 6-4 展示了亚太城市 2020 年产业规模的得分。结果表明,不同类型经济体产业规模差异性较高,主要经济体排名靠前。主要经济体中,日本东京拥有高度多元化的制造基地,而随着人口老龄化程度的加深,其在制药、医疗、护理等新兴领域也拥有稳固的产业,因此东京在产业规模方面一直稳居首位。文莱作为亚太地区重要的石油出口国,在发展石油化工产业的同时,积极推进产业多样化,取得了格外突出的成绩,位居第二。北京、纽约以及新兴经济体新加坡持续占据前五。其中,新加坡拥有以电子、能源化工、精密工程为代表的先进制造业,为全球重要的高科技产品出口国,同时得益于其靠近东南亚产油国的地理优势,能源化工产业发达。尽管新兴经济体和岛屿经济体也有表现突出的城市,但主要经济体的产业规模得分普遍高于其他经济体。从 2017 年到 2020 年的排名变化来看(见图 6-5),各个城市的排名也较为稳定,仅有部分城市波动较大,吉隆坡、乌兰巴托、墨西哥城和首尔等新兴经济城市排名有小幅度下降;休斯敦排名下降剧烈,这部分是因为当地产业的向外转移;纽约、曼谷、泗水、成都和奥克兰等城市排名有所上升。

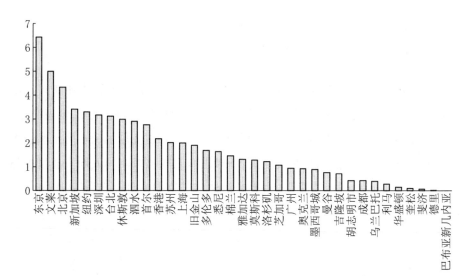

资料来源:AP-ISI 2022。

图 6-4　亚太城市产业规模得分(2020)

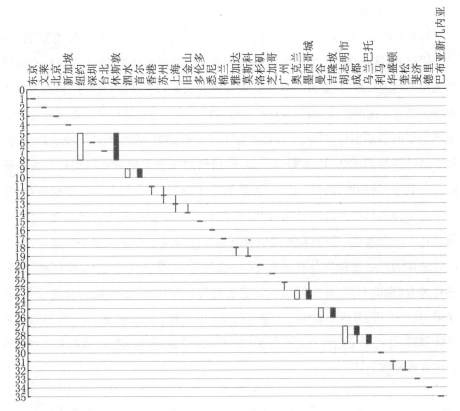

资料来源：AP-ISI 2022。

图 6-5　亚太城市产业可持续性指数产业规模排名（2017—2020）

　　从三级指标看（见图 6-6），主要经济体城市在人均工业增加值和新兴经济营收总额上仍然占据主导优势，部分新兴经济体和岛屿经济体城市表现突出。泗水、首尔、棉兰等新兴经济体城市表现出较高的人均工业增加值。文莱和新加坡因为人口较少，化石能源行业或制造业较发达，表现出较高的人均工业增加值水平。在新经济营收总额指标上，主要经济体的城市则十分突出，新兴经济体和岛屿经济体的表现则较为不足。东京和北京的新兴产业营收总额最高。

2. 产业结构

　　图 6-7 展示了亚太城市产业结构 2020 年的得分。结果表明主要经济体产业结构得分领先，新兴经济体发展势头强劲。主要经济体整体排名靠前，而新兴经

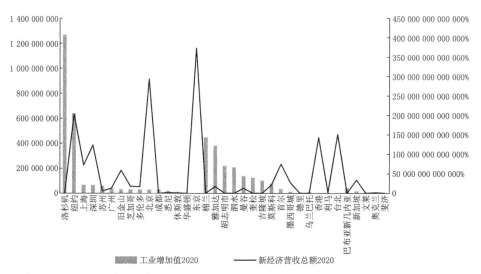

注：台北2020年人均工业增加值数据缺失。
资料来源：AP-ISI 2022。

图 6-6 亚太城市的人均工业产值和新经济营收总额（2020）

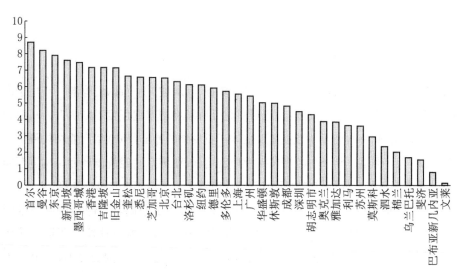

资料来源：AP-ISI 2022。

图 6-7 亚太城市产业结构得分（2020）

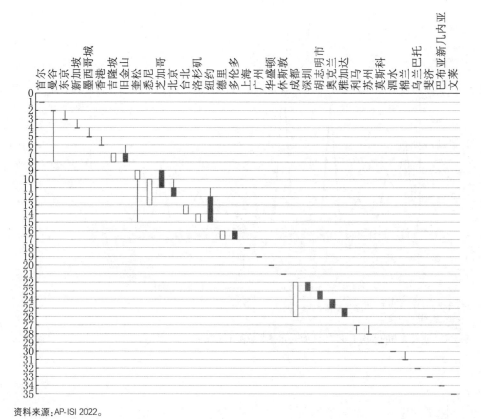

资料来源：AP-ISI 2022。

图 6-8   亚太城市产业结构排名（2017—2020）

济体中近一半经济体城市跻身前十，首尔、曼谷、新加坡、墨西哥城、香港一直位于前五行列。随着产业全球化发展，各地对产业可持续性的重视程度不断提升。从时间趋势上看（见图 6-8），由于新冠疫情对全球产业发展的冲击，2020 年产业结构评估排名变化较大。但这一年新兴经济体持续稳定增长，亚洲新兴经济体产业结构逐渐向第二、三产业转移。韩国首尔和泰国曼谷已超越主要经济体排名第一和第二。

从三级指标看（见图 6-9），服务业占比指标整体水平高，差异小，中高技术制造业占制造业增加值比重整体水平差异巨大。由于入选城市往往为所属经济体的首位城市，各个城市的服务业占比均较高，一些旅游城市，例如曼谷、悉尼和墨西哥城市的占比尤其较高。但是，各个城市间中高技术制造业占制造业增加值比重整体水平差异巨大。岛屿经济体城市新加坡和新兴经济体城市台北、首尔和曼谷占据前 4 席。东京、纽约、洛杉矶等主要经济体城市紧随其后。新兴经济体城市,尤其是东亚城市,在中高技术制造业上逐渐展现优势,产业从资源型和低技术密集型向中高技术密集型转型。部分主要经济体城市则面临着制造业外移和空心化的危险。

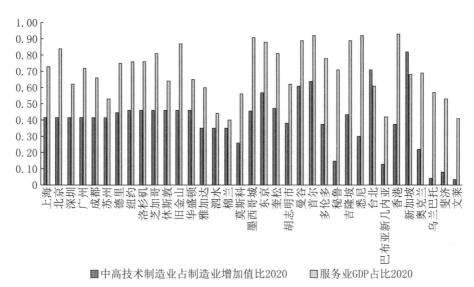

■中高技术制造业占制造业增加值比2020　　　■服务业GDP占比2020

资料来源:AP-ISI 2022。

图 6-9　亚太城市中高技术制造业占制造业增加值比重和服务业占比（2020）

三、 产业发展状态的案例

1. 纽约: 金融中心的科创转型

自 2008 年全球金融危机以来,纽约以华尔街为代表的资本驱动型经济受到重创,纽约城市产业可持续发展面临挑战。时任市长 Michael Bloomberg 领导下的纽约市政府调整了纽约的城市发展战略,将全球科技创新中心成为纽约城市转型的新方向。2009 年,纽约市政府发布《多元化城市:纽约经济多样化项目》(*Diverse City*: *NYC Economic Diversification Program*)的研究报告,[1]并在 2015 年发布的新十年发展规划《一个新的纽约市:2014—2025》("'New' New York")中,正式明确了

---

〔1〕 New York Economic Development Corperation, *Diverce City*: *NYC Economic Diversification Program*, https://www.nyc.gov/html/econplan/downloads/pdf/diversification_final.pdf.

"全球创新之都"（Global Capital of Innovation）的城市发展定位。在"国际科技创新指数 2022"中，纽约都市圈排名第 2，仅次于旧金山—圣何塞都市圈。[1]

纽约的科技创新中心代表了一个正在全球兴起的科创中心的新模式。不同于旧金山湾区基于城市郊区的创新中心，纽约的科创中心在整合当地经济和传统产业的基础上建立起来。

为解决这一问题，纽约政府主要面向当地小企业设立"纽约创业投资基金"，出台多项能源补贴、税费抵扣等优惠政策项目，帮助创业者减轻资金负担。同时，纽约十分重视城市基础设施建设。为搭建多样化的创新平台，纽约市政府通过"众创空间"计划向纽约的创客提供低成本、开放式的办公空间、社交空间和资源共享空间。除了基础性生产要素的投入之外，纽约政府还注重技术、信息、人才等高级生产要素的投入。政府进一步完善网络建设，改善数据传送速度。例如将老式公共电话转换成现代的信息中心与免费 Wi-Fi 点，方便当地居民通过高速网络获取信息。为更进一步助推科技成果商业化进程，纽约市政府于 2009 年就开始倡导实施"应用科学"计划，旨在增强纽约工科实力，为纽约培养大量应用人才。同时，这些大学和园区也成为纽约的创新创业孵化基地，使科研成果迅速转化为生产力。"应用科学"项目将重点放在解决各大公司的实际问题上，通过产学研的紧密结合使科研成果迅速商业化，从根本上弥补了纽约应用科学的不足，培育了创新力量，促进了经济发展和城市功能的重塑。

即便如此，纽约市当前依然面临着各城区间发展不平衡的问题。随着经济转型的不断深化，大量服务业，特别是现代服务业重新集聚到中心城区，其中最为典型的是纽约的曼哈顿。生产服务业的聚集、交通通信手段的更新，强化了曼哈顿所固有的高度集聚性、枢纽性、便捷性和现代性等特征，使曼哈顿成为当之无愧的纽约市、纽约大都市区以及全美经济乃至世界经济的核中之核。而另一方面，纽约市外缘的其他四个城区经历了真正的衰落，制造业的衰退与迁移对其影响是最大的。

2. 东京：企业示范群效应

东京湾区是日本最大的工业城市群和世界重要的商贸中心、交通中心和金融

---

[1] Center for Industrial Development and Environmental Governance，*Global Innovation Hubs Index 2022*，https://www.nature.com/articles/d42473-022-00486-3.

中心,素有"产业之城"的美誉。常住人口约为 3 800 万人,占日本总人口的 30%,是日本人口密度最大的区域。2020 年湾区的经济总量占日本 GDP 的三分之一、工业产值的四分之三,是日本最大的工业区。此外,湾区人均 GDP 持续多年是日本全国人均 GDP 的 1.2 倍左右,是日本经济发展的领头羊。

东京湾区素以产业著名,其定位是亚太地区航运枢纽、国际金融中心和制造业创新基地。在庞大港口群的带动下,现代物流、装备制造和高新技术等产业十分发达。这些产业大都以湾区为依托,将自己的商品和服务推向世界市场。湾区内有日本经济最发达、工业最密集的工业区,其中京滨、京叶两大工业区的经济总量占全日本的 26%,成为以电力、电气、石油、化工、钢铁、汽车、电机等能源产业为主的综合性工业区。同时,东京湾区集中了日本 30% 以上的银行总部和 90% 以上的全球百强企业。资金在 10 亿日元以上的大企业中有超过一半的公司总部位于东京湾区,并且如三菱、丰田、索尼等年销售额在 100 亿日元以上的著名企业也都聚集于此,使得湾区成为日本制造业的核心区域。

但是东京湾区面临着严重的环境问题。由于东京湾区的产业和人口密集,垃圾围城、交通拥堵、噪声及大气污染等公共环境问题凸显,自然环境承受巨大压力,引发温室气体排放增加、水体污染、大气污染等诸多环境问题。如何平衡经济发展和生态环境的关系,是日本政府在建设东京湾区过程中最为重视的问题。2019 年 6 月,日本政府决定制定《革新的环境创新战略》。该战略提出,至 2050 年努力实现日本国内 80% 的温室效应气体的排放削减,并能在 21 世纪后半叶实现"脱碳社会"。东京湾区因其重要的经济文化战略位置以及显著的环境污染问题成为该战略的重点发展区域。基于该战略,为减少东京湾区及周边地区的温室效应气体的排放,日本政府提倡发挥湾区内产学研合作的优势,用侧重于产业基础上的"环境和发展双方良性循环"的模式来应对环境问题,特别提出了东京湾区零排放创新举措。

在政策引导下,集聚的产业也成为了实现零排放目标的关键。东京湾区分布有大学和研究所集群、中小企业集群、信息技术(IT)研究据点群、IT 商业群,拥有日本国内优质的高等教育、科学研究、科技人才、产业经济、政策红利等资源。许多与能源和环境相关的研究所、大学、工场、企业、行政机关等机构都集中于此。总体来说,这种开放的政策和集聚的产业,对于东京湾区零排放创新举措的实施至关重要。

第 7 章

产业发展的影响

一、产业发展影响的理论评述

自工业革命以来,许多国家与地区通过发展产业使本地的社会和经济得到了飞速的进步与提升,越来越多的国家和地区开始将发展产业列为本地的头等大事。发展产业似乎已经成为能够让人类生活变得更加美好的灵丹妙药。但将视角转向硬币的另一面,正如我们在第 2 章中所探讨过的,产业的发展在为人类社会带来好处的同时,事实上也产生了很多人们未曾预料到的负面影响:如环境污染、生态退化、资源紧缺,等等,而这些负面影响目前也已然成为产业未来更进一步发展的阻碍和挑战。产业发展为人类社会所带来的影响深远、广泛且复杂,

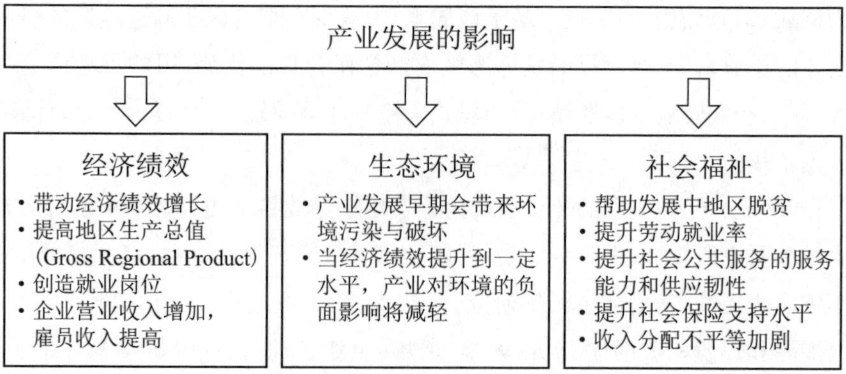

```
                    产业发展的影响
        ↓               ↓               ↓
   经济绩效          生态环境          社会福祉
· 带动经济绩效增长   ·产业发展早期会带来环   · 帮助发展中地区脱贫
· 提高地区生产总值     境污染与破坏         · 提升劳动就业率
  (Gross Regional   ·当经济绩效提升到一定   · 提升社会公共服务的服务
  Product)            水平,产业对环境的负     能力和供应韧性
· 创造就业岗位         面影响将减轻         · 提升社会保险支持水平
· 企业营业收入增加,                        · 收入分配不平等加剧
  雇员收入提高
```

资料来源:自制。

图 7-1 产业发展影响示意图

为了更进一步明晰产业发展所可能产生的影响,近几十年来,很多学者也针对这一主题进行了丰富而深入的讨论与研究。根据既有研究,产业的发展对人类社会所可能产生的影响可被大致分为以下三个维度:经济绩效方面、生态环境方面和社会福祉方面。

1. 经济绩效

长期以来,产业发展都与一个国家或地区的经济绩效相关联。在产业运转良好、产业部门丰富的情况下,产业部门之间通过相互联系,能够为城市就业创造贡献,为人们提供更多就业岗位,实现收入的增加,[1]从而提升地区的生产总值。因而,似乎一个国家或地区若想获得更好的经济绩效表现,发展产业就应成为其政府的应有之义。但事实上,经济绩效的提升作为产业发展所带来的影响之一,并非从一开始就为人所知。"二战"后,人们开始注意到世界各国在生产力和产出的增长方面存在着很大的差异。在此背景下,英国经济学家尼古拉斯·卡尔多基于英国"二战"后经济增长速度缓慢的现象,提出了一系列的"定律",用以解释先进资本主义国家之间增长率差异的现象。定律主要包含三条:(1)制造业的增长速度越快,国内生产总值(GDP)的增长速度就越快;(2)制造业产出的增长速度越快,制造业劳动生产率的增长速度就越快;(3)制造业产出的增长速度越快,劳动力从其他部门转移的速度就越快。[2]基于以上三条描述,卡尔多所提及的关于经济增长率的定律可以被简略地概括为"制造业是经济中'增长的引擎'"。

卡尔多定律被提出后,许多学者利用真实世界数据对其进行了验证,[3]这一理论也指导战后许多国家实现了发展。但近年来,在一些国家中出现了"去工业化"的现象,即服务业的增长快于制造业。具体表现为在一些国家服务业的产值占 GDP 的份额逐年走高,甚至超过制造业产值占 GDP 的份额,并且服务业还提

〔1〕 Park, S. H. *Linkages between industry and services and their implications for urban employment generation in developing countries*. Journal of Development Economics. 1989, 30(2):359—379.

〔2〕 Thirlwall, Anthony P. *A plain man's guide to Kaldor's growth laws*. Journal of post Keynesian economics. 1983, 5(3):345—358.

〔3〕 Libanio, G., & Moro, S. *Manufacturing industry and economic growth in Latin America: A Kaldorian approach*. In Second Annual Conference for Development and Change. 2006, December; Millemaci, E., & Ofria, F. *Kaldor-Verdoorn's law and increasing returns to scale: a comparison across developed countries*. Journal of Economic Studies. 2014.

供了相比制造业更多的就业岗位。因此，人们开始对卡尔多定律在现阶段的有效性产生了质疑——在"去工业化"的背景下，制造业是否还能够作为"增长的引擎"？为了回答这一问题，学者们关注了发生在不同国家的"去工业化"现象，对原本仅关注制造业作用的卡尔多定律进行了补充。研究发现，服务业也会对经济绩效的增长产生正面的影响。服务业的增长有助于提升工业生产率、工业产业密度和经济复杂性，从而带来制造业乃至社会经济的整体发展。[1]而服务业中与制造业密切相关的商业服务部门，对经济增长的带动作用更是要明显强于服务业中的其他部门。[2]

总结而言，产业，无论是狭义的制造业部门，或者是广义上所指代的国民经济中的各行各业，其健康运行和发展都能够为社会的经济绩效带来积极正面的影响。产业中，尤其是制造业部门以及与制造业相关的服务业部门，目前对经济绩效的带动效果相比起其他产业部门而言要更加突出，展现了其作为经济增长"引擎"的作用。

2. 生态环境

人类生产活动的开展需要利用自然界的各种资源，另外，工业生产活动也不可避免地会对环境造成一定的影响。当工业生产活动排放的各种污染物质和污染浓度超过了环境自身的自净能力时，就会对环境质量造成不良的影响，从而出现环境污染。随着人类工业生产活动的不断增加，环境污染问题也随之变得严重。从20世纪30年代的比利时"马斯河谷烟雾事件"开始，世界各地因工业污染物过度排放而造成的严重公害事件为人们敲响了警钟——不应仅仅只关注到产业发展能够为经济带来的拉动效应，更应该关注到其发展为生态环境所带来的负外部性。

产业的发展与自然环境的保护之间，当真是不可调和的对立关系吗？是否能

〔1〕 Giovanini, A., & Arend, M. *Contribution of services to economic growth：Kaldor's fifth law*? RAM. Revista de Administração Mackenzie. 2017(18)：190—213.

〔2〕 Di Meglio, G., Gallego, J., Maroto, A., & Savona, M. *Services in developing economies：The deindustrialization debate in perspective*. Development and Change. 2018，49(6)：1495—1525；Di Meglio, Gisela, & Jorge Gallego. *Disentangling services in developing regions：A test of Kaldor's first and second laws*. Structural Change and Economic Dynamics. 2022(60)：221—229.

够找到一条产业发展与自然保护和谐共处的道路呢？关于经济发展与环境质量之间关系最为经典的一个理论是"环境库兹涅茨曲线"（Environmental Kuznets Curve）。环境库兹涅茨曲线指出，污染和经济发展之间的关系成"倒 U 型"[1]。环境库兹涅茨曲线化用了美国经济学家西蒙·史密斯·库兹涅茨在 1955 年所提出的关于收入分配情况与经济发展水平之间关系的曲线。1991 年 Grossman 和 Krueger 利用了美国与墨西哥环境与经济数据，发现了经济发展情况与环境污染水平之间有着类似库兹涅茨曲线的"倒 U 型"[2]。自环境库兹涅茨曲线被提出后，很多学者也利用各种数据对环境库兹涅茨曲线的存在进行了证明与拓展，表明经济绩效与环境保护之间并非全然不可兼得的关系，提出应在发展产业促进经济绩效的同时注意对环境的治理。[3]

　　总结而言，产业的发展，尤其是重工业和制造业的发展，在一定时间段内必然会带来对环境的污染和破坏。但如果能够对产业发展的负外部性做出及时干预、使经济绩效提升到一定水平，还是能够降低产业对环境带来的负面影响，实现经济发展与环境保护的兼顾，使社会的发展更公平、安全和持续。

3. 社会福祉

　　随着产业的内涵与外延的不断扩展，人们对产业发展所可能带来影响的研究也更加深入和广泛。目前，相关研究的视角已不仅仅只局限于从经济或环境的角度探讨产业发展的正负效应，一些学者已试图将研究范围更进一步扩展到探索产业对人类社会的影响。产业的发展对人类社会的影响非常复杂，学者们的讨论也各有侧重。总的来看，产业发展既有能够增加社会福祉的一面，也有损害社会福祉的

〔1〕　Dasgupta，S.，Laplante，B.，Wang，H.，& Wheeler，D. *Confronting the environmental Kuznets curve*. Journal of economic perspectives. 2002，16(1)：147—168.

〔2〕　Grossman，G. M.，& Krueger，A. B. *Environmental impacts of a North American free trade agreement*. NBER Working Paper Series，1991.

〔3〕　Liu，S. *Interactions between industrial development and environmental protection dimensions of Sustainable Development Goals（SDGs）：Evidence from 40 countries with different income levels*. Environmental & Socio-economic Studies. 2020，8(3)：60—67；Van Caneghem，J.，Block，C.，Van Hooste，H.，& Vandecasteele，C. *Eco-efficiency trends of the Flemish industry：decoupling of environmental impact from economic growth*. Journal of Cleaner Production. 2010，18(14)：1349—1357；Stern，D. I. *The environmental Kuznets curve after 25 years*. Journal of Bioeconomics. 2017，19(1)：7—28.

一面,因此从社会的角度出发,看待产业发展也需要保持着一种辩证的态度。

一些学者的研究中表明,产业发展确实能够对社会福祉起到促进的作用。正如先前所提到的,产业发展能够对经济绩效产生拉动作用,从而使一个国家或地区的经济实现增长。而这种经济增长对于不发达地区和发展中地区而言,尤其具有重要意义,因为经济的增长可以帮助这些地区摆脱贫困状态。[1]在一些国家和地区,社会福利会以职业为基准进行提供,[2]因而由产业发展所带来的就业机会也在事实上改善了很多人的福祉状态。此外,当一个国家或地区的产业运转良好,一个地区的社会服务和社会保险系统也往往能够给予民众更好的支持,[3]例如,有研究发现产业中工业制造业的发展能够增强该地区的医疗卫生服务能力和供应韧性。[4]

但也有学者指出,产业发展也有可能会对社会福祉带来损害。虽然"产业发展能够让一个国家或地区的贫困人口减少"是被很多国家或地区的发展历程所证实的结论,但也需要注意到世界上一些后进工业化国家中反而出现了产业发展水平与贫困人口比例双上升的情况。[5]根据库兹涅茨曲线,收入分配与经济发展水平之间存在着"倒 U 型"的关系,即在经济发展的一定时间段内,收入分配不平等的情况会随经济的增长而加剧。[6]但倘若人们放任收入不平等的存在,则这种不平等将会对一个经济体随后的增长形成重大的负面影响。[7]因此,一个可持续的产业其背后必然有一套公平的分配体系,使产业的发展带来更好的社会影响。

[1] Lavopa, A., & Szirmai, A. *Industrialization, employment and poverty*. UNU Working Paper Series, 2012.

[2] Adema, Willem, and Peter Whiteford. *Public and private social welfare. The Oxford handbook of the welfare state*. Oxford: Oxford University Press. 2010:121—138.

[3] Benner, M. *The Scandinavian challenge: the future of advanced welfare states in the knowledge economy*. Acta sociologica. 2003, 46(2):132—149.

[4] Gadelha, C. A. G., & Braga, P. S. D. C. *Health and innovation: economic dynamics and Welfare State in Brazil*. Cadernos de Saúde Pública. 2016(32).

[5] Kniivilä, M. *Industrial development and economic growth: Implications for poverty reduction and income inequality*. Industrial development for the 21st century: Sustainable development perspectives. 2007, 1(3):295—333.

[6] Kuznets, S. *Economic Growth and Income Inequality*. The American Economic Review. 1955, 45(1): 1—28.

[7] Cingano, F. *Trends in income inequality and its impact on economic growth*. 2014.

二、 产业发展影响的测量

1. 产业发展影响的测量指标

基于上节中对相关理论的梳理,我们能够确定产业的发展会为经济绩效、生态环境、社会福祉等方面带来影响。接下来,我们会从这三个角度入手,分别介绍既有研究中出现过的测量指标,并给出本研究最终选择相关测量指标及其理论依据。亚太城市产业可持续性指数(AP-ISI)中所最终用于测量产业发展的影响的指标及其结构详见下表(见表 7-1)。

表 7-1　产业发展影响的指标结构

二级指标	三级指标	三级指标定义
经济绩效	人均国内生产总值（人均 GDP）	一个国家或地区核算期内的国内生产总值与当时该国家的常住人口相比所得到的指数
	国内生产总值的年均增长率(GDP 增速)	一个国家或地区经济从一个时期到下一个时期的变动情况
生态环境	终端二氧化碳排放量	单位发电总量燃烧产生的二氧化碳量
	水域污染指数	国家管辖范围内海洋水域受到化学品、过量营养物、人类病原体和垃圾污染的程度
社会福祉	新增就业	本期新增就业人数占上一期就业人数的比重
	基尼系数	根据洛伦兹曲线定义,判断收入分配公平的指数

资料来源:AP-ISI 2022。

（1）经济绩效

产业的发展会带来经济绩效的增长与进步。因此,我们可以用衡量经济增长的相关指标,来考察产业发展对经济绩效方面产生的影响。目前用以测量经济增长较为常用的指标包括:人均国内生产总值(下称"人均 GDP")、国内生产总值的年均增长率(下称"GDP 增速")及财政收入占 GDP 的比重等。

人均 GDP 是将一个国家或地区核算期内的国内生产总值与当时该国家的常住人口相比所得到的指数,可以用以衡量该国家或地区的经济发展水平。也是用以衡量一国或一个地区经济发展水平较为常见的一种指标。既有研究中,如 Elistia 和 Syahzuni[1] 曾在关注人类发展水平和经济发展水平之间关系的研究

---

[1] Elistia, E., & Syahzuni, B. A. *The correlation of the human development index（HDI）towards economic growth（GDP per capita）in 10 ASEAN member countries*. Jhss (journal of humanities and social studies). 2018, 2(2):40—46.

中,以人均 GDP 为指标来衡量一国的经济增长情况。

GDP 增速则表现了一个国家或地区经济从一个时期到下一个时期的变动情况。由于将数据的年度变化考虑在内,GDP 增速在刻画国家或地区经济的变动方面,有着比较明显的优势。既有研究中,如 Ward 与合作者[1]一篇着眼于探索经济增长与环境质量之间相互关系的文章中,就采用了 GDP 增速作为衡量经济增长情况的指标。

财政收入占 GDP 的比重表明了产业发展对政府收入的贡献。Chugunov 等[2]在关注社会经济进程与政府总收入之间关系的研究中指出,当一个经济体的财税分配情况与该经济体的经济情况相匹配时,该国家或地区的经济才是可持续的。既有研究中,如 Afonso[3]曾利用财政收入占 GDP 的比例来描述一个经济体财税系统的可持续性。

虽然利用与 GDP 相关的指标来衡量一个经济体的经济绩效被批评无法反映经济增长的全面情况,但不可否认 GDP 仍是当前最易得且最广泛应用的经济绩效评价指标。[4]考虑到 GDP 相关数据的易得性、可靠性以及研究应用的广泛性,AP-ISI 最终选择用"人均 GDP"和"GDP 增速"两个指标来描述相关城市的经济绩效。

(2) 生态环境

现有研究中,如需对一个地区的生态环境质量进行量化测量,一般会从负面的角度去测量其污染的严重程度。这种测量方式基于一种假设,即未经历过工业污染的地区,无论其本身的自然条件、资源禀赋如何,其生态环境质量都是最优的。所以只要对地区当前的污染程度进行测量,便可以比较不同地区的生态环境质量。因此,需要注意的是,目前对生态环境的测量大多数为反向指标,即数值越小越好。

[1] Ward, J. D., Sutton, P. C., Werner, A. D., Costanza, R., Mohr, S. H., & Simmons, C. T. *Is decoupling GDP growth from environmental impact possible*? PloS one.2016,11(10),e0164733.

[2] Chugunov, I., Makohon, V., Vatulov, A., & Markuts, Y. *General government revenue in the system of fiscal regulation*. Investment management and financial innovations. 2020,17(1):134—142.

[3] Afonso, A. *Fiscal sustainability*:*The unpleasant European case*. FinanzArchiv/Public Finance Analysis. 2005:19—44.

[4] Cobb, C., Halstead, T., & Rowe, J. (1995). *If the GDP is up*,*why is America down*? ATLANTIC-BOSTON. 1995(276):59—79.

目前可用于测量生态环境质量的指标多样。其中一些指标试图从污染物排放的角度对环境质量进行量化,如终端二氧化碳排放量(下称"终端 CO_2 排放量")、水域污染指数、单位工业增加值废水排放量、单位工业增加值固体废物排放量等。这些指标在现有研究中应用也较为广泛。如 Xie 与合作者[1]的研究中曾以电力行业内的终端 CO_2 排放量为指标,研究了经济发展与环境可持续之间的关系;Selig 与合作者[2]的研究中,曾利用水域污染指数评价体系,对斐济的海洋健康状况进行了测量与评估;欧洲环境署[3]在 2018 年的一项研究中,根据欧盟各地工业活动的废水排放量和水体状况,评估了工业废水造成的环境压力及不同监管制度的有效性;Zhang 与合作者[4]在评估中国产业系统的生态效率时,纳入了对工业固体废物产生量这一指标的讨论。另外,也有指标试图从污染治理的角度来对环境质量进行量化,如 Malik 与合作者[5]的研究中,使用了 183 个国家的污水处理数据来衡量和反映各国在达成水资源可持续发展目标时的绩效。

考虑到数据的易得性与可靠性,AP-ISI 最终选择了终端 CO_2 排放量和水域污染指数来描述产业发展对不同城市生态环境所造成的影响。其中,终端 CO_2 排放量主要指单位发电总量燃烧产生的二氧化碳量,水域污染指数指国家管辖范围内海洋水域受到化学品、过量营养物、人类病原体和垃圾污染的程度。

(3)社会福祉

结合上节中学界的讨论,产业发展可以通过新增就业的方式来实现民生的改善。产业在发展的过程中,通过提供更多的就业岗位吸纳劳动力进入到生产效率更高的产业部门,既能够促进产业的健康发展,又能够提升居民的可支配收入,降低贫

[1] Xie, P., Yang, F., Mu, Z., & Gao, S. *Influencing factors of the decoupling relationship between CO₂ emission and economic development in China's power industry*. Energy. 2020, 209.

[2] Selig, E. R., Frazier, M., O'Leary, J. K., Jupiter, S. D., Halpern, B. S., Longo, C., ... & Ranelletti, M. *Measuring indicators of ocean health for an island nation:The ocean health index for Fiji*. Ecosystem Services. 2015(16):403—412.

[3] European environment agency. *Industrial Waste Water Treatment—Pressures on Europe's Environment*. 2018.

[4] Zhang, B., Bi, J., Fan, Z., Yuan, Z., & Ge, J. *Eco-efficiency analysis of industrial system in China:A data envelopment analysis approach*. Ecological economics. 2008, 68(1—2):306—316.

[5] Malik, O. A., Hsu, A., Johnson, L. A., & de Sherbinin, A. *A global indicator of wastewater treatment to inform the Sustainable Development Goals(SDGs)*. Environmental Science & Policy. 2015(48):172—185.

困发生率，符合刘易斯二元经济模型的构想。[1]因此，产业发展对社会福祉的影响，可以通过新增就业、贫困发生率等指标进行描述。现有研究中，Cyrek 和 Fura[2] 曾利用 25 个欧盟国家的就业数据，探讨了就业结构与可持续发展目标之间的关系；Dauda[3] 曾在研究中利用尼日利亚的贫困发生率为指标，着重关注尼日利亚在经济增长的情况下社会分配不公平的情况。除以上指标外，研究中一般还会采用基尼系数、恩格尔系数和等分法等指标来对收入分配情况进行描述。如 Parsa、Keshavarz 和 Mohamad[4] 曾利用基尼系数测量了伊朗的收入分配情况，探究工业增长与收入分配之间的关系；Yang、Xu 和 Shi[5] 在构建测量城市可持续发展水平框架时，利用了包括恩格尔系数在内的指标来描述城市居民的社会生活情况；Baiocchi 和 Distasco[6] 曾在研究中将插值策略（interpolation strategy）与等分法相结合，以构建统计模型研究英国生命周期因素及其他人口特征对收入不平等的影响。

综上，测量产业发展对社会福祉的影响，一方面可以通过关注该经济体中新增就业情况、贫困发生率等指标的表现，描述产业发展对当地民生的改善情况；另外一方面也可以通过基尼系数、恩格尔系数等指标了解产业发展成果的分配状况是否公平，以此判断产业发展是否改善了社会的整体福利状况。考虑到数据的易得性和描述的准确性，AP-ISI 最终选择了用新增就业与基尼系数来测量城市产业发展所带来社会福祉的影响情况。其中，新增就业指的是本期新增就业人数占上一期就业人数的比重，基尼系数指的是根据洛伦兹曲线定义，判断收入分配公平的指数。

2. 产业发展影响的测量结果
综合上述指标来看，一个城市的产业发展前景若是具有可持续性的，其产业

---

[1] Wang, Xiaobing, and Jenifer Piesse. *Economic development and surplus labour：a critical review of the Lewis model*. Manchester：Brooks World Poverty Institute, University of Manchester. 2009.

[2] Cyrek，M.，& Fura, B. *Employment for sustainable development：sectoral efficiencies in EU countries*. Social indicators research. 2019，143(1)：277—318.

[3] Dauda，R. S. *Poverty and economic growth in Nigeria：Issues and policies*. Journal of Poverty. 2017，21(1)：61—79.

[4] Parsa, H., Keshavarz, H., & Mohamad Taghvaee, V. *Industrial growth and sustainable development in Iran*. Iranian Economic Review. 2019，23(2)：319—339.

[5] Yang，B., Xu, T., & Shi, L. *Analysis on sustainable urban development levels and trends in China's cities*. Journal of Cleaner Production. 2017(141)：868—880.

[6] Baiocchi，G., & Distasco, W. *The Determinants of Income Inequality in the UK：A Conditional Distribution Estimation Approach*. Working Paper，2009.

发展所带来的影响应具有以下一些特征：从经济绩效方面来看，应有着比较稳健的增长趋势，且人均 GDP 相对较高；从生态环境方面来看，应能够对污染物的排放进行一定的控制，注重生态环境的保护；从社会福祉方面来看，应能够让产业发展的成果反哺民生，同时兼顾收入的公平分配。

本 AP-ISI 测量了亚太部分城市自 2017 年至 2020 年的城市产业可持续性（见图 7-2）。在影响方面，总体来看，亚太地区产业发展对经济—社会—生态系统的综合影响受新冠疫情冲击较大，2020 年排名前十位的城市分别是台北、新加坡、苏州、旧金山、深圳、奥克兰、多伦多、广州、文莱和上海。排名靠前且波动情况相对较小的城市主要来自中国、日本等产业基础牢固、结构多样化的经济体，体现了这些经济体在经济和社会韧性方面的优势。部分来自发展中国家的城市如奎松、乌

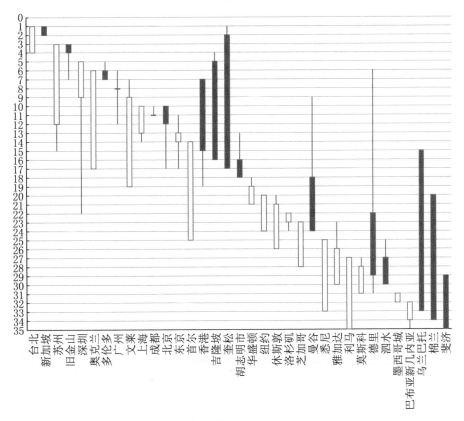

资料来源：AP-ISI 2022。

图 7-2　亚太城市产业影响排名（2017—2020）

兰巴托、棉兰等近年来排名变动相对较大,这也体现出这些城市的产业尚处于发展之中,产业暂时还没有能力对经济—社会—生态系统产生综合且可持续的影响。除此之外,亚太地区的一些岛国城市,如奥克兰、文莱等,近年来由于在经济绩效和社会福祉方面的提升,在总体排名中的表现也颇为亮眼。

(1)经济绩效

2020年,在经济绩效指标中得分前十名的城市有:旧金山、多伦多、台北、新加坡、华盛顿、文莱、苏州、奎松、纽约、休斯敦。考虑到新冠疫情给各城市产业经济发展所带来的剧烈冲击,总的来看,一些产业发展相对较成熟完善的城市表现出了相对更高的经济韧性。对比之下,新冠疫情对尚处于发展状态中的城市及其产业的影响明显更大,例如乌兰巴托,2019年前该城市在经济绩效方面的得分排名始终位于第4,但2020年出现了较为严重的负增长,同样受到较大冲击的城市还包括吉隆坡、曼谷、德里等。这些城市在疫情前均表现出明显的增长劲头,但在疫情发生后其排名均出现了较大的回落,可见,应进一步发展产业,提升面对"黑天鹅"事件的经济韧性(见图7-3)。

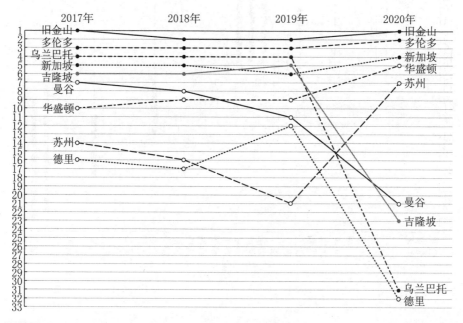

资料来源:AP-ISI 2022。

图7-3 部分亚太城市经济增长排名(2017—2020)

　　从具体指标的表现上来看，在 AP-ISI 的观测期内，产业发展较为成熟的城市其人均 GDP 整体相对较高（见图 7-4）。其中，旧金山、多伦多的人均 GDP 在 2017—2020 年间始终高于 100 000 美元，是所有城市当中人均 GDP 最高的。一些仍处于发展状态的城市虽然人均 GDP 略低于前者，但一些城市的表现仍十分突出。以菲律宾奎松市为例，该城市在 2019 年的人均 GDP 突破了 100 000 美元关口，达到了 103 049 美元，在当年所有城市当中位列第三。从 GDP 增速的角度来看，来自发展中国家的城市在疫情前有着更强劲的经济增长势头（见图 7-5）。在 2017 年至 2019 年，乌兰巴托、德里两城市的 GDP 增速均突破了 10%，其中 2018 年乌兰巴托的 GDP 增速甚至达到了 19.18%。虽然发展状态相对更成熟城市的经济增长速度相对较缓，但这些城市却在突发事件中展现出了更强的韧性。尤其是中国的各城市，2020 年当多数亚太城市经济增速受到疫情剧烈冲击的情况时，仍保持了 GDP 的正增长。

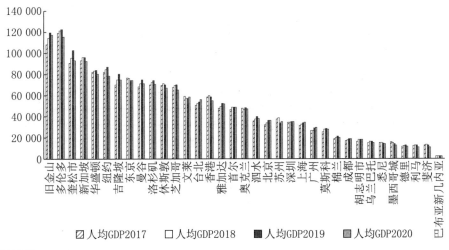

资料来源：AP-ISI 2022。

图 7-4　亚太城市人均 GDP（2017—2020）

（2）生态环境

　　2020 年排名显示，位于太平洋西岸的城市在生态环境方面整体表现相对更优，这主要因中国、越南、日本等国近年来提升了对生态环境方面的关注，并取得了一定的成果。香港和墨西哥城两座城市连续 4 年蝉联生态环境单项指标的第 1

和第 2,这主要得益于两城对终端发电温室气体排放的有效控制。所有中国城市、新加坡和德里同样在 2020 年跻身前 10 名,说明这些城市已能在保持产业较高速度发展的同时,将终端发电温室气体排放和海洋污染控制在相对较低的水平。另外,指标的测量结果也显示,部分经济绩效表现亮眼的城市在生态环境方面仍有

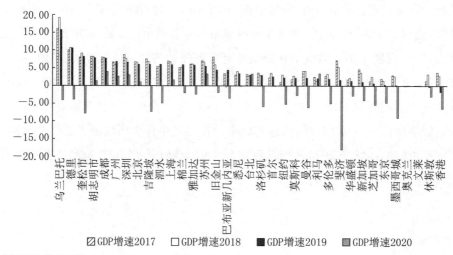

资料来源:AP-ISI 2022。

图 7-5 亚太城市 GDP 增速(2017—2020)

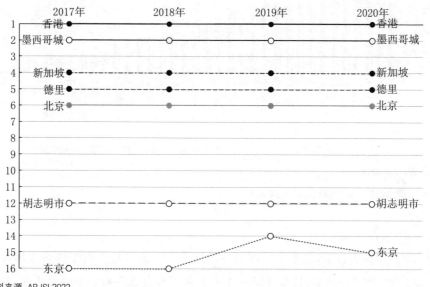

资料来源:AP-ISI 2022。

图 7-6 部分亚太城市生态环境排名(2017—2020)

较大提升空间。在全球生态危机需要共同应对的背景下,降低人类活动对生态环境的影响也成为制约未来产业发展潜力的决定性条件(见图 7-6)。

从具体指标的表现上来看,台北、香港、奥克兰、多伦多、新加坡等城市整体对于终端 CO_2 排放量有着相对较好的控制(见图 7-7)。在 AP-ISI 的观测期内,这些

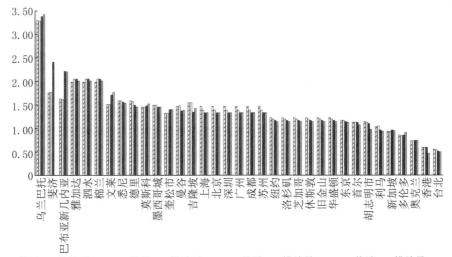

资料来源:AP-ISI 2022。

图 7-7　亚太城市终端 CO_2 排放量(2017—2020)

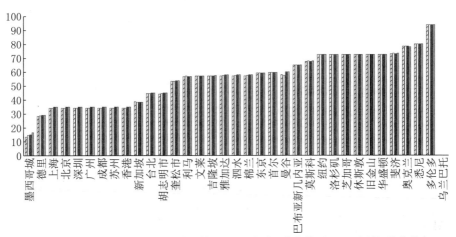

资料来源:AP-ISI 2022。

图 7-8　亚太城市水域污染指数(2017—2020)

城市的终端 CO_2 排放量始终维持在 1.0 以下。其中，台北和香港在 2017 年至 2020 年间的终端 CO_2 排放量始终是 35 个城市当中最低的。在水域污染指数方面，一些发展中国家的水域污染情况相对更小（见图 7-8）。其中，墨西哥城的水域污染水平是 35 个城市当中最低的。而一些发展状态相对成熟的城市则大多需要在未来更加注重海洋水域污染的问题，以实现产业的可持续发展。

（3）社会福祉

2020 年社会福祉指标中排名前十的城市有：奥克兰、台北、悉尼、文莱、吉隆坡、多伦多、苏州、东京、成都、广州。总体看来，各亚太城市社会福祉情况受到疫情冲击影响较大。疫情发生前，一些发展较快的城市其产业发展对社会福祉的改善相对为显著，但在疫情冲击下，产业发展相对更成熟的城市则展现出了更强的社会韧性。从排名上看，2020 年以前，斐济、曼谷、德里等城市在社会福祉单项指标的排名上升明显，表现出这些城市的产业发展对其社会公平进步所产生的正向

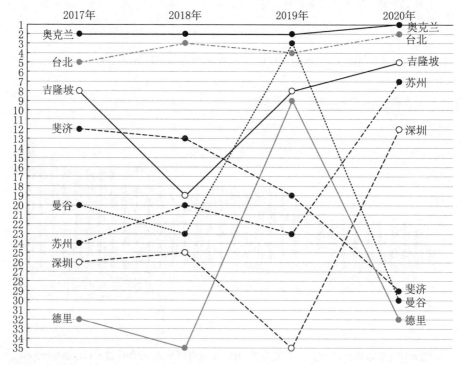

资料来源：AP-ISI 2022。

图 7-9 部分亚太城市社会福祉排名（2017—2020）

带动作用,但这些城市在 2020 年社会福祉指标的排名也均有明显下降,显示出这些城市产业在应对突发事件时的能力仍有一定的提升空间。同样,在冲击中,2020 年一些产业相对更成熟的城市如奥克兰、台北、吉隆坡、苏州、深圳等依靠更充足的风险应对经验和更强大的资源调配能力,在危机中有力地保障了社会经济的稳定运行(见图 7-9)。

从具体指标上来看,发展势头较强劲的城市,其新增就业情况要好于发展情况相对较成熟的城市。如文莱、曼谷两城市在 2019 年的年度新增就业率均达到了 9.9%,是所有 35 个城市当中最高的。但新冠疫情对许多城市的新增就业率产生了极大的冲击,2020 年新增就业率为正的城市仅有东京、悉尼、首尔、多伦多、深圳、奥克兰、广州、成都、吉隆坡、苏州等(见图 7-10)。

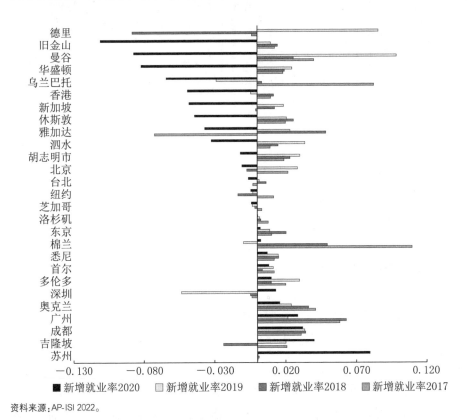

资料来源:AP-ISI 2022。

图 7-10　部分亚太城市新增就业率(2017—2020)

基尼系数体现了一个城市或国家的收入分配公平程度。整体而言,亚太各城市中，台北、奥克兰、文莱、悉尼、吉隆坡等城市的收入分配情况相对更加公平。而一些城市如雅加达、泗水、棉兰等，近年来其收入分配不公平的情况有加剧的趋势，需要提高警惕。但如按照联合国开发计划署划定，以基尼系数0.4为收入分配差距的"警戒线"，则亚太各城市的分配情况均高于该警戒值。为实现发展的可持续性，亚太各城市未来仍需更进一步努力，利用二次分配、三次分配等手段，进一步公平收入分配，使产业发展的成果能够惠及更多人民（见图7-11）。

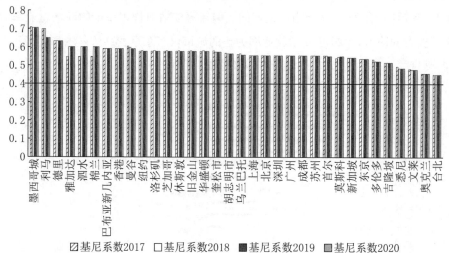

资料来源：AP-ISI 2022。

图 7-11　亚太城市基尼系数（2017—2020）

三、产业发展影响的案例

1. 首尔：城市 B 面的垃圾管理系统

当谈及"城市"时，我们脑海中所浮现出的往往会是类似于光鲜亮丽的高楼大厦、干净整洁的城市大道等这样的意象。随着工业革命以来，城市已成为人类技术、信息、资本、生产活动的汇聚之所，是人类文明的结晶。但在城市车水马龙、流光溢彩的 A 面背后，存在着一个同样重要，却总是被"选择性遗忘"的 B 面：在这里，各种各样的垃圾堆积成山，不仅占用土地资源，其中的有毒有害物质也对城市以及自然生态带来了不小的威胁。城市及其产业的可持续发展，不应仅仅只关注蓬勃发展的 A 面,更应该关注会带来负面影响的 B 面。如何与城市垃圾成山的 B 面相处,现在已经成为很多城市不得不需要去面对的关键难题。而其中,韩国首尔的城市垃圾管理系统,就给其他城市提供了一个可被借鉴的模范。

首尔作为一个人口超过 1 000 万的超大城市,每日会产生超过 9 000 吨的城市垃圾。早在 20 世纪 90 年代,首尔市政府开始调整国家废弃物管理政策,将政策重点放在废弃物减量和回收利用方面。自 1995 年起,韩国政府开始实施垃圾计量收费制度(Volume-based Waste Fee System,VWFS),旨在从源头减少废弃物产生,鼓励公民对垃圾进行回收利用。城市垃圾用合成袋收集,可回收物在回收箱中进行分离和分类。

首尔市的垃圾管理系统依据"谁排放谁付费"原则。首尔下辖的各个区分别使用不同颜色的专用垃圾袋,不同辖区的垃圾袋不能跨区使用。居民需要到附近超市或便利店购买专用垃圾袋,垃圾袋的价格根据容量逐级上调,垃圾运输和处理费用都包含在购买垃圾袋的费用中。

首尔严格且有条理的垃圾管理系统也带来了极好的效果。VWFS 在实施的首年,就减少了约 17.8% 的城市生活垃圾排放,可回收废弃物增加了 21%。

2. 东京：城市建筑与环境共生

生活在城市当中,各种各样的建筑便是人们展开生活画卷的舞台——高耸入云的摩天大厦、设计前卫的购物广场、温馨舒适的住宅小区……毫不夸张地说,建筑早已成了城市里人的生活中不可或缺的重要部分之一。随着城市文化的发展,尽管人们对于建筑形态的新想法层出不穷、令人振奋,但关于如何处理建筑与环境之间共生关系的讨论却远远落后于建筑形态的迭代翻新。城市的二氧化碳排放很大一部分来自建筑,而这部分负面影响,在城市发展的长久历史当中却很少为人所注意。近年来,东京大力推广的"净零能耗建筑"及其背后所代表的一套城市建筑与环境实现共生的解决方案,可以为其他致力于减碳环保的城市带来一定的启发。

调查显示,东京约 70% 的二氧化碳排放来自建筑物。由于东京的人口密度高,建筑的设计也一直倾向于提升容积率,极薄的墙壁、大面积的单层玻璃窗户等设计屡见不鲜。加之日本的住宅建筑大多没有中央供暖系统,因此居民在寒冷天气下需要使用具有加热功能的电器或空调度日。在这种情况下,尽管日本的气候总体而言较德国更为温和，但日本的人均电力消耗量却比德国要高得多。如何让建筑迈向可持续的未来？东京所做出的回应是大力鼓励建设零净能耗房屋（Zero Energy Houses，ZEH），也就是致力于让建筑所消耗的能源量能够与它所使用和创造的可再生能源量相等。

在建设零净能耗房屋的号召下，日本建筑业界不断努力，采用新的技术，让建筑更具可持续性。日本建筑业界所采用的节约建筑内部能源消耗的技术包括：推广应用节能 LED 灯、采用新的隔热保温材料、推广使用双层或三层玻璃、推广应用家庭能源管理系统等。而为了实现零净耗的目标，除了"节流"，另外一个重要的部分是要实现"开源"。例如日本的 Daiwa House Group 所建设的房屋会自带太阳能电池板和锂电池来生产和储存电能。而东京政府也关注到了太阳能对于建设零净能耗房屋的重要意义。2022 年 12 月 15 日，东京都议会通过一项新规定，要求 2025 年起在东京建造的所有新建住宅都必须安装太阳能电池板，而这也使得东京成为日本首座强制要求住宅配备太阳能板的城市。

东京建设零净能耗房屋的努力也取得了一定的成果。Sekisui House 是日本最大的房屋建筑商之一，截至 2015 年 7 月，净零能耗住宅已占到了该公司所有新建独立住宅的 74%。在 2019 年，东京的碳排放量相比基准年份下降了 27%，该成果的获得与零净能耗房屋的推广密不可分。

第8章

产业发展的响应

一、产业发展响应的理论评述

1. 国家发展战略：经济自由还是政府干预？

受金融危机、环境恶化、生物多样性丧失和极端天气频发等因素影响，被城市化浪潮裹挟的每个国家都可能有这样的疑虑，即经济发展的代价是否远超其本身价值。现在对于任何意识形态的经济体而言，实现产业可持续发展都比以往更加重要。为达成产业可持续发展的行为称为响应（Responses），例如企业采取商业措施以应对更为复杂的环境挑战；政府利用各种干预手段创造包容性更强的经济模式以缓解有限资源导致的环境负担。由于各国自然资源，体量和制度差异较大，各国政府应选择不同响应模式，但对于政府在产业转型中应扮演何等角色，如何实现产业可持续性发展"本土化"，乃至各国应选择何种发展战略导向，这些仍是当下各经济体，尤其新兴经济体需要解决的难题。

回顾经济发展历程，作为经济自由主义和国家干预主义争论的核心，政府与市场的关系一直是学者们热议的焦点。19世纪初期，经济自由主义代表人物亚当·斯密在《国富论》中首次指出市场中各利益相关者在追求自身利益的同时也促进着社会利益，市场这只看不见的手可以操纵平衡。自由放任的发展战略也一度在英美国家广泛应用，由于可能限制私人主动性，国家对经济的干预活动甚至一度被认为是危险的，但是德国历史学派先驱弗里德里希·李斯特在《政治经济学的国民体系》中提出了不同观点，各国受资源条件的限制，初始发展水平不均衡，实行自由贸易制度往往对先进国家有利，而落后国家只有寄托于国家政策扶持才可能实现经济增长和社会进步。[1]李斯特基于德、法、美三国发展路线的观察总结,站在落后国家的立场上,率先构建了一个具有指导意义的赶超发展学说,其中涉及自然资源、政治状况、社会条件等 15 个支撑赶超发展学说的因素。[2]至此,与古典经济学分庭抗礼的新范式基本形成。20 世纪 30 年代初经济危机后,凯恩斯进一步批判了自由经济市场下的充分就业只是一种特例,国家的宏观调控才是解决经济活动不稳定性的必要手段。[3]直到 20 世纪 70 年代政府开支增加,导致高通货膨胀和高失业率,使得自由市场理论重新受到青睐,后被称为新古典主义,这也成为了英国在 20 世纪 80 年代经济改革的重要基础,而 1990 年高失业率的持续则进一步促进了新凯恩斯主义的复苏,同时详细化了政府干预策略的着重方向,进一步强调了市场要素的供应政策而不是需求管理。[4]

从工业化历史的进程来看,不少发展中国家后来居上的案例也印证了政府干预理念的成功。自英国工业革命后,多数发展中国家都扩大了政府职能,采取了政府对于社会经济活动干预和控制的策略以试图超越发达国家,后发展为"跨越式发展战略"。1962 年,史学家亚历山大·格申克龙在《经济落后的历史透视》中通过总结德国、苏联、保加利亚等国家实现工业化转型的成功经验,首次提出跨越式发展战略的理论基础,即后发展国家独具后发优势可以克服经济发展"先决条件"的缺乏,而发展中国家通过创造性的方式适应"先决条件"的缺失将为初始产业发展提供更好的基础。[5]跨越式发展模式的核心便在于政府作为激发产业活力的重要"设计者"和"主导者",为实现经济增长最大化从而缩短工业化进程,采取宏观调控的方法,鼓励新兴产业技术创新,配套以国家融资、税收优惠、进口限

---

[1] Sadeh Arik, Radu Claudia Florina, Feniser Cristina, Borşa Andrei. *Governmental Intervention and Its Impact on Growth, Economic Development, and Technology in OECD Countries*. Sustainability. 2021,13 (166);金乐琴:《政府干预西方理论的演进》,载《中国技术经济科学》2001 年第 4 期。

[2] 梅俊杰:《弗里德里希·李斯特学说的德国、法国、美国来源》,载《经济思想史刊》2021 年第 2 期,第 75—104 页。

[3] 金乐琴:《政府干预西方理论的演进》,载《中国技术经济科学》2001 年第 4 期。

[4] Oriana Doval, Elena Doval. *Government Intervention In Economy And Its Impact On Organizations' Development*. Review of General Management. 2011,13(1):76—87.

[5] Alexander Gerschenkron. *Economic Backwardness In Historical Perspective*. The Belknap Press of Harvard University Press. 1962;45—50.

额等措施。[1]1983 年,波兰经济学家奥斯卡·兰格在经济论战中首次提出了社会主义经济的模型:该模型构建了一个公共实体(政府)通过重新分配资源实现帕累托最优的情景,不同行业将受到部门制约,并在中央银行和监管机构的严格规定下,将商品定价为其边际成本,由中央机构调控实现供需动态平衡,避免生产过剩或产能不足。[2]1990 年,哈佛大学教授迈克尔·波特在《国家竞争优势》中将政府的干预作用拓展至帮助创造国家竞争优势的重要手段。[3]随后很多学者认为政府决策对于国家竞争优势的影响更广泛且更多元化,甚至有学者指出政府应该作为钻石理论中第五个决定性因素(决定国家优势的其他四项要素为国家生产要素条件、市场需求条件、相关支持性产业及公司战略调整)。[4]针对发展中国家应如何通过政府干预实践跨越式发展战略,学者们形成以下三种观点:(1)实现跨越式发展的关键在于通过吸纳管理人才,组建高素质政府部门;(2)实现跨越式发展的核心在于干预手段,这并非排斥市场,而是在市场发育不完全或自发机制尚不完善的情况下人为模拟市场;(3)政府能否采取适应于本国国情的产业发展战略是发展中国家能否完成跨越式发展的关键,利用比较优势,最大化利用资源禀赋,加速产业结构升级是可取之道,而盲目赶超他国只会扭曲本国价格体系,导致低效的资源配置体系。

作为保障产业结构升级的基础,改善营商环境一直是各国政策调节的重心。营商环境受制于政策、法律、制度和监管条件的同时又时刻影响着市场上的商业行为,是国家经济长期保持竞争力、持续力的前提之一,优化营商环境也因此成为加速产业可持续性转型的有效政策工具。[5]目前,大部分发展中国家

〔1〕　余新海:《跨越式发展中政府有效干预的经济学解释——现象、理论回顾和新的审视》,载《上海经济研究》2003 年第 2 期。

〔2〕　付才辉:《政策闸门、潮涌通道与发展机会——一个新结构经济学视角下的最优政府干预程度理论》,载《财经研究》2016 年第 42 期,第 4—16 页。

〔3〕　Frans A.J. Van Den Bosch, Ard-Pieter De Man. *Government's impact on the business environment and strategic management*. Journal of General Management. 1994, 19(3):50—59.

〔4〕　Frans A.J. Van Den Bosch, Ard-Pieter De Man. *Government's impact on the business environment and strategic management*. Journal of General Management. 1994, 19(3):50—59; Paul Craig Roberts. *Oskar Lange's theory of Socialist Planning*. Journal of Political Economy. 1971, 79(3):562—577.

〔5〕　Lotte Schou-Zibell, Srinivasa Madhu, *Regulatory Reforms for Improving the Business Environment in Selected Asian Economies—How Monitoring and Comparative Benchmarking Can Provide Incentive for Reform*, http://hdl.handle.net/11540/1963.

的商业环境不利于市场为导向的增长，私营企业普遍遭受过度监管障碍，而政府的监管成本也因此高于发达经济体。[1]加之新冠疫情暴发，很多发展中国家的营商环境改革需求日益紧迫。关闭边境或部分跨境经济活动导致中亚地区政府失去收入来源，在尚未形成框架吸引海外投资的情况下，该地区经济增长势必缺乏更可持续性和包容性的驱动力，同时将持续恶化本地的商业环境，因此为企业建立一个健全的法制化营商环境将成为各国努力的方向。[2]对此，世界银行报告给出了三个创建企业友好营商环境的措施：（1）减少税收，从而减少行政负担，减少企业进入市场的壁垒；（2）明晰监管法规，简化行政程序，帮助企业规避风险；（3）简化许可要求，减少检查次数，鼓励企业改革。[3]据统计，2014—2015年间全球122个经济体实施了231项营商措施的改革以降低监管程序的成本和行政程序的复杂性，其中包括1980年末越南发起的商业登记改革，在联合国工业发展组织的资助下，从技术层面帮助企业家解决面临的障碍，包括企业注册程序、商业、税务、统计和印章登记的难题。[4]中国学者通过中国地级市2011年至2019年的数据进一步印证了在经济体起步阶段，通过改善营商环境促进创新人才聚集的方式将有效提升创新效率，虽然临近区域可能面临着人才流失等问题，但是经济一体化战略将放大营商环境优化的积极作用。这突出表现在京津冀经济圈。[5]同时，由于中小企业往往比大公司在筛选监管环境和处理规范方面面临更大的挑战，政府应帮助初创企业减少行政负担、降低进入市场的法律壁垒和改善中小企业

〔1〕 Simon White, *Supporting Business Environment Reforms*：*Practical Guidance for Development Agencies*，https：//www.fao.org/sustainable-food-value-chains/library/details/en/c/267237/.

〔2〕 Luke Mackle, Amélie Schurich-Rey, Talisa zur Hausen, *Improving the Legal Environment for Business and Investment in Central Asia*，https：//www.oecd.org/eurasia/improving-legal-environment-business-central-asia.htm.

〔3〕 World Bank Group, *Doing Business 2016*：*Measuring Regulatory Quality and Efficiency*：*Measuring Regulatory Quality and Efficiency*，https：//doi.org/10.1596/978-1-4648-0667-4.

〔4〕 World Bank Group, *Doing Business 2016*：*Measuring Regulatory Quality and Efficiency*：*Measuring Regulatory Quality and Efficiency*，https：//doi.org/10.1596/978-1-4648-0667-4；UNIDO, *BUSINESS REGISTRATION REFORM IN VIET NAM*：*A situation analysis of the reform and of UNIDO support*，https：//www.unido.org/sites/default/files/2014-06/Vietnam_BRR_Dec2011_0.pdf.

〔5〕 Wang Xinliang, Wang Yuxin, Liu Fei. *Business Environment Optimization and Regional Innovation Efficiency*：*Concurrent Discussion on the Joint Space Effect with Economic Integration*. SCIENCE & TECHNOLOGY PROGRESS AND POLICY. 2022，39(6)：40—50.

监管条件。[1]上海自贸试验区的尝试展示了改善营商环境的效果可观,"一业一证"改革、推迟税收申报和拓宽融资渠道等措施对于中小企业创新能力和盈利能力具有显著激励作用。[2]此外,为企业提供信贷便利,加强投资者保护,实施明智的税收政策,促进国际贸易,加强合同执行力度,改善投资地点的宜居性等政策导向,均可增强投资者对金融系统的信任,同时提升政府收入,从而提供更好的公共服务。[3]

2. 对外交流: 合作共赢

第二次世界大战后,发展合作逐渐成为新的国际关系模式。[4]在过往的 20 年内,各经济体主要通过外向型政策来带动内需增长,激励公司通过创新对抗开放所带来的更大市场竞争,到如今几乎每个国家都在以某种方式参与国际合作。[5]世界贸易组织(World Trade Organization,WTO)指出,国际合作可以最大化各国追求的目标利益,同时减少国家(地区)政策导致的负面外溢效应。[6]多边贸易体系通过支持全球产业链的崛起极大地促进了全球市场条件的确定性和可预测性,同时商品和服务流动性的增强也促进了创新和技术的传播,通过建立伙伴关系和参加全球价值产业链,进口商品和新技术的效益被进一步放大。[7]新冠疫情的出现再一次强调了数字时代中多边协议实现合作共赢的必要性,例如国际监管合作的达成使得紧急情况下,若一款疫苗已经在其他受信任的成员国家(地区)批准使用,则该疫苗可以快速在当地推进审批程序;各国监管机构通过论坛等线上渠道对统

〔1〕 OECD, *SME Ministerial Conference*. In *Improving the business environment for SMEs through effective regulation*, https://doi.org/10.1787/062487da-en.

〔2〕 Xu Yuqing, Zhao Can, Zhao Shuyu, *Analysis of the impact of optimizing business environment on small and medium-sized enterprises*, https://doi.org/10.2991/aebmr.k.220603.212.

〔3〕 UNIDO, *BUSINESS REGISTRATION REFORM IN VIET NAM*: *A situation analysis of the reform and of UNIDO support*, https://www.unido.org/sites/default/files/2014-06/Vietnam_BRR_Dec2011_0.pdf.

〔4〕 Siitonen Lauri. *Political Theories of Development Cooperation—A Study of Theories of International Cooperation*. WIDER Working Papers (1986—2000). 1990 (086).

〔5〕〔6〕 World Trade Report 2014, *Trade and development*: *recent trends and the role of the WTO*, https://www.wto.org/english/res_e/publications_e/wtr14_e.htm; World Trade Report 2020, *Government policies to promote innovation in the digital age*, https://www.wto.org/english/res_e/publications_e/wtr20_e.htm.

〔7〕 World Trade Report 2020, *Government policies to promote innovation in the digital age*, https://www.wto.org/english/res_e/publications_e/wtr20_e.htm.

一特定的医疗设备制造商进行审计，一旦审计通过，多国均可投入使用；在区域贸易协定或双边协议中，相互承认医疗器械和药品评估的合格性可以最大限度地减少行业负担，提升各国监管机构资源利用率，从而更快地批准新设备、药品的使用，避免重复并且减少不必要的延误。[1]2020 年 4 月 15 日，新西兰和新加坡联合发表了"抗击新冠疫情重要商品宣言"，15 个签署国在宣言中承诺取消所有关税，并承诺不对基本商品，包括医疗产品、卫生产品、医药产品和农产品实施出口禁令或限制。[2]

另一方面，新兴经济体试图通过外国直接投资（Foreign Direct Investment，FDI）为当地可持续发展带来机遇。自 1980 年代初，FDI 在发展中国家增长迅猛。[3]然而，FDI 的好处并不是自动地、平均地在各国、各地区和各部门中产生，FDI 由于其导致的抢夺市场，忽视当地能力，破坏当地生态，加剧地区不平等问题一直饱受争议。[4]鉴于 FDI 在经济增长和转型中发挥的潜在作用，发展中国家采取措施吸引 FDI 成为海外投资者选择投资地点的决定性因素之一。[5]受益于自由化程度的提高和技术的进步，各国已逐渐形成共识，即闭门造车不会为产业可持续性发展带来转机，而鼓励本地供应商与外国跨国公司之间的合作将成为发展集群战略的关键。

---

〔1〕 OECD, *No policy maker is an island：The international regulatory co-operation response to the COVID-19 crisis*, https://doi.org/10.1787/3011ccd0-en.

〔2〕 Ministry of Foreign Affairs Singapore, *Singapore-new zealand declaration on trade in Essential Goods*, https://www.mfa.gov.sg/Overseas-Mission/Geneva/Mission-Updates/2020/04/Singapore-New-Zeal-and-Declaration-on-Trade-in-Essential-Good.

〔3〕 John Howe. *Internationalisation，Trade and Foreign Direct Investment*. International Intergration of the Australian Economy. 1994（06）.

〔4〕 Robert Lipsey. *Home- and Host-Country Effects of Foreign Direct Investment*. National Bureau of Economic Research Inc. 2004：333—379；Thi Thuy Hang Le，Van Chien Nguyen，Thi Hang Nga Phan. *Foreign Direct Investment，Environmental Pollution and Economic Growth—An Insight from Non-Linear ARDL Co-Integration Approach*. Sustainability. 2022，14（13）：8146；OECD，*Foreign direct investment for development：maximising benefits，minimising costs*，https://www.oecd.org/investment/investmentfordevelopment/foreigndirectinvestmentfordevelopmentmaximisingbenefitsminimisingcosts.htm.

〔5〕 OECD，*Foreign direct investment for development：maximising benefits，minimising costs*，https://www.oecd.org/investment/investmentfordevelopment/foreigndirectinvestmentfordevelopmentmaximisingbenefitsminimisingcosts.htm；Padma Mallampally，Karl P. Sauvant. *Foreign Direct Investment in Developing Countries*. International Monetary Fund. 1999，36（1）.

由于 FDI 的生产力外溢效应是非自愿扩散的方式,其作用的不确定性受政策左右,当地政府应采取积极的激励措施以提高本地经济的吸收能力。[1]1995 年,桑加亚·拉尔针在东亚产业战略的研究中将当地政府对于 FDI 干预程度和干预措施分为了四种:(1)被动开放型,没有任何相关产业政策和干预;(2)有选择性地对不同产业制定干预政策以改善供应条件;(3)基于 FDI 的战略目标实施干预;(4)限制性政策。[2]虽然在第(1)种和第(4)种方案下,当地同样拥有学习技术的机会,但对于本地可持续发展最理想的情形是第(2)种,因此政府需要基于自身先决条件,考虑包括当地能力、贸易市场、基础设施水平等诸多因素来制定 FDI 框架。[3]取决于不同类型的 FDI,东道国政府应首先明确 FDI 在其经济发展中所扮演的角色,在引入 FDI 后同时考虑后续相关政策保障的选择和其推进影响。[4]新兴经济体需要解决的问题在于受信息差的影响,部分海外投资者对于未知市场的风险评估较高,因此本地政府应积极开展广告、部门推广等活动,邀请海外公司实地考察,支持可行性研究项目为海外投资者提供信息,打消顾虑,而一家公司的落户本身就具有"带头效应",也为其他企业释放了积极的信号。[5]财政奖励政策,如给与跨国公司补助、减税、提供特别免税期等方式通常效果显著,特别是对于以出口为导向的跨国公司。[6]虽然根据经济合作发展组织(Organisation for Economic Co-operation and Developmen,OECD)报告 2021 年疫情并未对新兴经济体的可持续投资回报率产生严重负面影响,但是在新兴市场和发展中国家资本支出暴跌 46%。[7]

〔1〕 Manuel R. Agosin, Ricardo Mayer, *Foreign Investment In Developing Countries*, *Does It Crowd In Domestic Investment*? https://ideas.repec.org/p/unc/dispap/146.html.

〔2〕〔3〕〔5〕 Dirk Willem te Velde. *Policies towards foreign direct investment in developing countries*: *Emerging best-practices and outstanding issues*. Overseas Development Institute. 2001.

〔4〕 Americo Beviglia Zampetti, Torbjörn Fredriksson, *In The development dimension of FDI*: *Policy and rule-making perspectives*: *Proceedings of the expert meeting held in Geneva from 6 to 8 November 2002*, https://digitallibrary.un.org/record/501223.

〔6〕 Padma Mallampally, Karl P. Sauvant. *Foreign Direct Investment in Developing Countries*. International Monetary Fund. 1999,36(1).

〔7〕 OECD Emerging Markets Network, *POLICY NOTE ON SUSTAINABILITY*: *PATHS TO PROGRESS FOR BUSINESS AND SUSTAINABILITY IN EMERGING MARKETS*, https://www.oecd.org/dev/SDG2017_Better_Business_2030_Putting_SDGs_Core_Web.pdf.

3. 对内治理：监管市场

城市化是 21 世纪决定性特征之一，尤其对于亚洲和非洲发展中国家，城市治理是可持续发展未来的关键。城市中高度密集的人口为生产服务，技术创新带来了活力，也为改变城市发展进程和缓解气候变化提供了巨大潜力，但城市水资源保障、污水处理、交通安全及卫生服务也因此面临着更为严峻的挑战。经历了数十年高速城市化的进程后，越来越多人生活在非正规居住区。据统计，全球大约有 10 亿贫困和边缘化的城市居民正遭受着落后的城市规划和基础设施服务，严重的交通拥堵和污染问题，以及潜在的自然灾害的风险。[1]城市治理是政府和利益相关者共同决定如何规划、资助和管理城市地区的过程，也是释放城市发展潜力的关键。[2]虽然关于城市治理的理论和学术研究目前尚未形成成熟、巩固的研究体系，但是在多数情况下有效的城市治理需要依托完善的政策制度框架。[3]

私营企业是城市经济发展的关键利益相关者之一，不仅涉及创造和提供就业岗位，还会直接参与基础设施建设和维护，对私营企业的监管措施是保障城市公共安全、提升社会福利、缩小贫富差异的重要治理手段。基于监管措施的实施者，治理方法通常被分为三种：（1）直接监管干预；（2）合作治理；（3）资源方案及市场驱动治理。[4]由政府主导的治理工具包括法定监管、直接补贴、税收等其他经济手段；由政府、非营利组织、私企和公民联合实施的工具主要为合作伙伴关系及协契约，而资源方案和市场驱动主要是由非政府组织者启动实施，如三方融资、绿色租赁、可持续采购等商业行为。[5]在大多数国家，随着城市服务被私有化，监管任务被越来越多地分配给独立监管机构以分散中央权力，城市监管也因此依托于多种问责制度管理，如部长问责制、司法问责制、官僚问责制。[6]透明有力的监管制度可以督促政府建设基础设施和提供公共服务，为自由民主国家公民谋取福利，

---

〔1〕 Stepputat Finn, van Voorst, Roanne. *Cities on the agenda*： *Urban governance and sustainable development*. Danish Institute for International Studies (DIIS). 2016 (04).

〔2〕 William Robert Avis, *Urban Governance*： *Topic Guide*, https://gsdrc.org/topic-guides/urban-governance/.

〔3〕 Nuno F. da Cruz, Philipp Rode, Michael McQuarrie. *New urban governance*： *A review of current themes and future priorities*. Journal of Urban Affairs. 2019, 41(1)：1—19.

〔4〕〔5〕 Jeroen van der Heijden, *Governance for Urban Sustainability and Resilience*. 10.4337/9781782548133.

〔6〕 Graeme Hodge, *Regulatory Frameworks for Urban Services*, https://www.oecd.org/gov/regulatory-policy/39218313.pdf.

但独立机构的有效性也取决于多种因素,包括完善的问责制度、监管机构的行为表现以及公开的规则和数据运用于决策中。[1]

在部分其他地区,由于当地政府的多重身份,建立独立监管机构的方式参考意义有限。虽然监管制度的成功与否判断较为主观,但是对于监管改革是否有利于"本土化"选择,决策者从多个视角维度的考量显得尤为重要,包括详细了解现有监管框架的优劣性、独立机构的实践能力、本国监管文化、政府机构间政治关系及其合法性。[2]城市治理措施的有效性和适宜性与当地经济、政治、社会和文化具有强关联性,提升公民参与度、加强对于公民需求的理解是监管措施"本土化"的前提。在1980—2015年间各类有关城市治理的出版物中,公民参与是所有城市治理挑战中讨论最多、涉及维度最广的问题,可见其作为政策工具影响之大。公民参与作为展现自由民主形式的一部分,在城市治理当中更有助于解决决策优先次序的歪曲和公共资源浪费的问题。同时,公民参与也有助于提升公民自身的身份认同、加强自身影响力、促进政府与公众间积极关系,是政府与公民间不可或缺的沟通渠道。为此,欧盟交通项目中心曾专门设计《公民参与指南》以评估交通基础设施项目对于公民的实用度。[3]正如联合国可持续发展目标(Sustainable Development Goals,SDGs)反映的现状,在全球范围内气候变化对于贫困人口更加不利,底层人民对于全球碳排责任最小,但经历着更为严峻的挑战。各国政府在追求产业可持续发展的过程中也理应将消除区域差距、缩小阶层差距、解决性别歧视等社会问题作为城市保障社会、经济、社会福利等多维度发展的目标。

二、 产业发展响应的测量

亚太城市产业可持续性指数(AP-ISI)采用3个二级指标,即营商环境、对外交流、城市治理,来衡量城市产业的响应能力(表8-1)。其中,营商环境由腐败指数和创业活跃度测量,对外交流由签订自贸协定经济体数量和FDI占GDP比测量,

[1] OECD, *Accountability and transparency*, https://doi.org/10.1787/9789264209015-9-en.

[2] Graeme Hodge, *Regulatory Frameworks for Urban Services*, https://www.oecd.org/gov/regulatory-policy/39218313.pdf.

[3] OECD Public Governance Working Paper, *Engaging citizens in cohesion policy*, https://doi.org/10.1787/486e5a88-en.

城市治理则由交通拥堵系数和碳监管得分测量。

表 8-1　产业发展响应的指标结构

二级指标	三级指标	三级指标定义
营商环境	腐败指数	当地公司在其监管环境内开展商业活动的便利程度
	创业活跃度	独角兽企业数，选取在胡润和 CB insights 独角兽企业榜单上榜企业数量
对外交流	签订自贸区协定经济体数量	签订自贸区协定经济体数量，即和一个国家或地区签订自由贸易协定的经济体的数量
	FDI 占 GDP 比	FDI 占国内生产总值的比重
城市治理	交通拥堵系数	以一城市无拥堵状态下 30 分钟行程为基准线，拥堵水平 =（30 分钟行程所实际耗费时间 － 30 分钟）/30 分钟
	碳监管	碳排放交易体系和碳税实施情况、实施时间和层次

资料来源：AP-ISI 2022。

图 8-1 展示了 AP-ISI 2022 的 2017 年至 2020 年的评估结果。2020 年各城市响应能力综合排名前 10 的城市分别为新加坡、北京、多伦多、旧金山、香港、上海、苏州、墨西哥城、深圳和奥克兰（见图 8-1）。图 8-1 中标注的为 2017—2020 年各城市具体排名（二级指标排名标注同理）。四年间城市响应排名较为稳定。新加坡表现优异，连续三年排名第 1。北京、多伦多、旧金山、香港、墨西哥城和奥克兰响

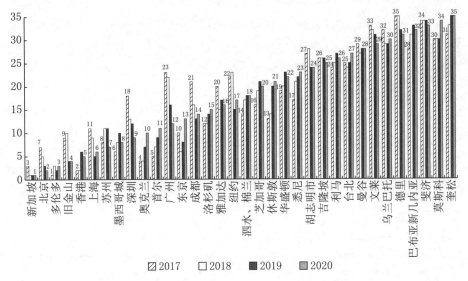

资料来源：AP-ISI 2022。

图 8-1　亚太城市产业响应排名（2017—2020）

应能力优势显著,四年排名稳居前 10。成都、上海、雅加达和纽约排名提升明显,广州、深圳和北京排名持续上涨,北京于 2020 年攀升至第 2 位,剩下大部分城市排名落后较多。

1. 营商环境

营商环境是 AP-ISI 2022 指标体系中的二级指标,由腐败指数和创业活跃度两个三级指标构成。营商环境是影响公司经济效益内外因素的集合,包括管理制度、商业活动、国家(地区)政策和市场趋势等多个维度。市场化、法治化、国际化、便利化的营商环境是解放生产力、提升竞争力、增强市场活力、促进地区产业可持续发展的有效举措。结果显示,2017—2020 年间营商环境总体排名较为稳定,2020 年响应能力排名前 10 的城市分别为北京、旧金山、纽约、上海、奥克兰、首尔、芝加哥、新加坡、香港和洛杉矶(见图 8-2)。北京多年位居榜首,这得益于北京市多年来在深化"放管服"改革和优化营商环境方面的努力,例如创建亲清政商关系专门委员会,在公开、透明的营商环境下促进独角兽企业群与官方形成良性互动。[1]旧金山四年间排名稳定于前 3,纽约也于 2019 年攀升至第 2 位,美国入选的 6 个城市全部进入前 15,优势十分突出。这与 2019 年全球创业指数(GEI)所反映出的信息相一致,在综合当地人口创业意愿、能力、资源和经济"基础设施",如宽带连接与外部市场联系等多方因素后,美国高居榜首,表明美国目前仍是全球商业生态系统最"健康"的区域。[2]营商环境排名大幅提升的城市大多来自中国,以上海、深圳、广州和成都为代表,这是中国不断加大营商环境改革力度的成果。其中,上海在 2018 年至 2020 年间推出专项行动计划,共实施 286 项针对性改革措施,出台 70 多项专项改革政策和配套文件,并于 2019 年实现排名前进 10 名的飞跃,且自此稳定于前 5 位。[3]除此之外,德里的排名多年间也持续提升,这展现了德里政府为打造知识型和高科技产业发展有利环境所制定的 2010—2021 年新工业政策正在发挥作用,该政策旨在通过多管齐下的手段,包括简化及电子化手续

---

[1] 《北京公安"放管服"改革让群众办事更简便》,载《北京日报》2021 年 5 月 17 日。

[2] GEDI, *Global entrepreneurship index*, https://thegedi.org/global-entrepreneurship-and-development-index/.

[3] 《上海优化营商环境的国际对标分析》,载《科学发展》2021 年 7 月 3 日。

为商业提供便利在内六个方面的措施，以帮助德里建立一个反馈迅速、透明高效的咨询机制。[1]

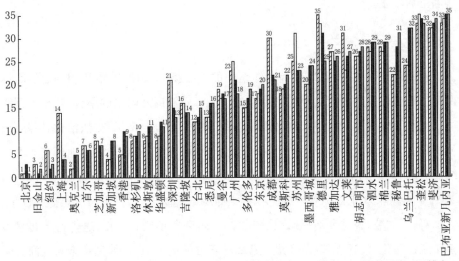

营商环境2017排名 □营商环境2018排名 ■营商环境2019排名 ■营商环境2020排名

资料来源：AP-ISI 2022.

图8-2 亚太城市营商环境排名（2017—2020）

（1）腐败指数

腐败指数（Corruption Perceptions Index，CPI）是政府腐败感知程度的评分指数，用以反映城市整体的商业和投资环境。腐败指标由政策驱动，与反腐战略密切相关，反腐战略被认为是建立和巩固国家市场秩序的关键。[2]学者们普遍认为腐败阻碍经济发展，尤其公共部门的腐败问题更是阻碍提供有效服务的绊脚石。[3]世界银行建立了六个评估腐败治理措施的指标，而 CPI 主要衡量的正是公共部门官僚和政治家滥用公权谋取私利的情况，因此可以很大程度促使政府

〔1〕 Government of National Capital Territory of Delhi，*Industrial Policy for Delhi 2010—2021*，http://industries.delhigovt.nic.in/delhi-industrial-policy-2010-2021.

〔2〕 Debora Valentina Malito，*Measuring Corruption Indicators and Indices*，http://dx.doi.org/10.2139/ssrn.2393335.

〔3〕 Rema Hanna, Sarah Bishop, Sara Nadel, Gabe Scheffler, Katherine Durlacher，*The effectiveness of anti-corruption policy：what has worked，what hasn't，and what we don't know*，https://repository.law.miami.edu/fac_short_works/12/.

关注腐败问题,从而实施新政策或改革以遏制参与腐败的经济活动。[1]CPI 作为潜在反腐败政策工具适用于工业化国家的同时,也对于海外投资的选择具有一定参考价值,因此同样适用于发展中国家。正如 OECD 工商咨询委员会所指出的,本土商业环境治理质量已成为海外投资者决定投资地点的重要因素。[2]虽然透明国际组织明确指出 CPI 只是排名,不能作为国家反腐绩效的衡量标准,但不可否认的是 CPI 对于国家(地区)政策改革、营商环境的改善起到了强烈激励作用。[3]

腐败指数得分越高的城市,腐败程度越低。斐济由于数据缺失,暂不在图 8-3 中展示。结果显示,各个城市腐败指数得分差异性较大,跨度涵盖 30 至 90 分(见图 8-3)。四年间,奥克兰和新加坡分数一直保持领先,分列第 1 位和第 2 位。2020 年奥克兰仍在积极参与本土及国际间反腐败斗争,因此 2020 年分数有所回升。2020 年 8 月新西兰政府和联合国太平洋地区反腐项目达成全新反腐伙伴关系以改善 13 个太平洋岛国人民的生活。[4]多伦多、悉尼、香港和东京表现优异,分数均保持在 70 分以上。首尔作为腐败指数得分持续提升的代表城市之一,2020 年达到 61 分,这得益于首尔为完善国家反腐败制度的多项措施,包括颁布防止公职人员受贿及追求个人利益的多项法案。[5]

(2)独角兽企业数量

独角兽企业数量,指的是至少接受过一轮资本投资且预估市场价值在 10 亿美元以上的私营企业,用来反映第三指标中的创业活跃度,从而展现地区创业环

〔1〕　Hamilton Alexander, Hammer Craig, *Can We Measure the Power of the Grabbing Hand? A Comparative Analysis of Different Indicators of Corruption*, http://hdl.handle.net/10986/29162.

〔2〕　Debora Valentina Malito, *Measuring Corruption Indicators and Indices*, http://dx.doi.org/10.2139/ssrn.2393335.

〔3〕　Debora Valentina Malito, *Measuring Corruption Indicators and Indices*, http://dx.doi.org/10.2139/ssrn.2393335;Hamilton Alexander, Hammer Craig, *Can We Measure the Power of the Grabbing Hand? A Comparative Analysis of Different Indicators of Corruption*, http://hdl.handle.net/10986/29162.

〔4〕　Suva Fiji, *New Zealand boost anti-corruption efforts in the Pacific*, https://www.undp.org/pacific/press-releases/new-zealand-boost-anti-corruption-efforts-pacific.

〔5〕　Nam Hyun-woo, *Improvement on anti-corruption indexes to help Korea attract FDI*, https://www.korea-times.co.kr/www/nation/2022/02/356_324198.html.

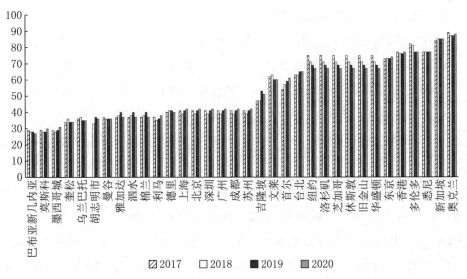

资料来源：AP-ISI 2022。

图 8-3　亚太城市腐败指数得分（2017—2020）

境、政策服务及融资渠道等多种因素影响下的创业意愿。[1]初创公司的成功很大程度上取决于本地生态系统的发展水平，国家刺激初创企业发展的能力也因此决定着该国独角兽企业的数量。[2]中美两国城市的集群效应是独角兽企业汇集的关键，这也是行业生态自我强化的结果，即成功的独角兽企业进一步吸引投资者持续优化本地的创新环境，而环境监管对于独角兽企业的诞生有着直接性影响。[3]结合独角兽企业的成长环境和培育路径，新兴产业、商业环境、平台支持、金融支持的协同作用将为独角兽企业的发育创造最适宜的条件，反过来独角兽企业的数量也可以一定程度反映出该领域营商环境，资金扶持等体系的完善度和成熟度。[4]

　　结果显示，独角兽企业数量呈现出极度区域不均衡化，独角兽企业数量较高

〔1〕〔2〕　Carolin Bock，Christian Hackober. *Unicorns—what drives multibillion-dollar valuations？* Business Research. 2020(13)：949—984.

〔3〕　Zhai Jinzhi，Jon Carrick. *The Rise of the Chinese Unicorn：An Exploratory Study of Unicorn Companies in China*. Challenges and Opportunities Facing Emerging Economies. 2019(55)：3371—3385.

〔4〕　Guo，Kai，Zhang Tiantian. *Research on the development path and Growth Mechanism of Unicorn Enterprises*. Mathematical Problems in Engineering. 2021：1—11.

的地区主要集中在中美两国（见图 8-4）。其中，北京连续四年成为独角兽企业最多的城市，2020 年攀升至 111 个，这受惠于北京得天独厚的地理位置优势，多年来北京一直是百度、小米、联想等国内外巨头企业的研发中心，同时，高校云集，不断为北京产业创新注入活力，而 2019 年北京研发经费投入强度（占 GDP 比重）已达到 6.31%，遥遥领先中国其他城市。[1]旧金山、纽约和上海都呈现出了独角兽企业不断涌现的趋势。此外，首尔是独角兽企业数量增长最迅速的城市之一，2020年增长至 11 个，至此韩国通过创立专项资金方案、组建"独角兽基金"、完善监管沙盒系统等多项措施以培育 10 个新独角兽企业的计划已初步达成，而剩下城市独角兽企业数量极少。[2]

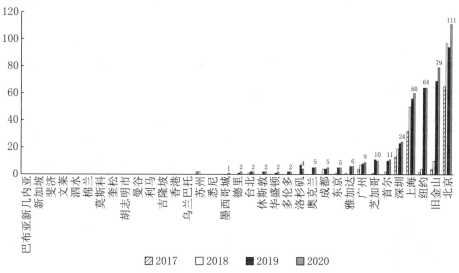

资料来源：AP-ISI 2022。

图 8-4 亚太城市独角兽企业数量（2017—2020）

2. 对外交流

对外交流是 AP-ISI 2022 指标体系中的二级指标，由签订自贸协定经济体数

〔1〕《同为一线城市北京到底赢在哪了？独角兽企业数量比上海、深圳加起来还要多！》，载《胡润百富》2020 年 9 月 11 日。

〔2〕 Nathan Millard，*Seoul seeks to become a stud farm for Unicorns*，https://asiatimes.com/2020/03/seoul-seeks-to-become-a-stud-farm-for-unicorns/.

量和 FDI 占 GDP 比两个三级指标组成。对外交流包含多种与外部受众共享、交流公共信息的途径,有利于创造高质量就业机会、引入现代化生产方法、促进本土企业技术创新,是城市产业可持续发展的助推器。结果显示,2020 年对外交流最活跃的 10 个城市分别为新加坡、香港、棉兰、泗水、雅加达、首尔、胡志明市、墨西哥城、多伦多和利马(见图 8-5)。新加坡是四年间对外交流最活跃、贸易伙伴关系覆盖范围最广的城市。对外交流排名前 5 的城市中 3 个来自印度尼西亚。印度尼西亚庞大的人口规模、丰富的自然资源、快速的经济增长和鼓励性投资政策使得其制造业额外受跨国公司青睐。[1]多伦多是对外交流排名稳定前 10 的代表城市之一,这得益于加拿大高度重视引入外商投资。2018 年,加拿大进一步出台强化外国直接投资多样化的白皮书,FDI 成为加拿大高增长部门。[2]香港受惠于中国粤港澳经济发展战略,约一半的 FDI 来源于中国内地。[3]首尔通过 1997 年至 2010 年间持续对 FDI 实施针对性改革措施,排名始终保持于前 10。[4]2019 年起,胡志明市通过签订多项自贸协定,包括《全面与进步跨太平洋伙伴关系协定》《越南与欧盟自由贸易协定》以及《越南与英国自由贸易协定》扩大出口市场,对外交流排名一跃进入前 10。[5]2018 年东京的对外交流排名提升 20 名,这是日本通过建立区域全面经济伙伴关系(RCEP)、主导东亚经济一体化从而促进日本贸易总额增长的成果展现。[6]2022 年 1 月,东盟 RCEP 的生效也将进一步完善东亚

[1] OECD, *OECD Investment Policy Reviews:Indonesia 2020*,https://doi.org/10.1787/b56512da-en.

[2] Ye Zhenzhen, *Shifting Foreign Direct Investment(FDI)to High-Growth Sectors in Canada:The Role of Investment Climate in FDI Diversification*, https://www.ictc-ctic.ca/wp-content/uploads/2018/10/ICTC_FDI-Report_Oct-2018.pdf.

[3] Xiao Geng, *Round-Tripping Foreign Direct Investment in the People's Republic of China*,http://hdl.handle.net/11540/4165.

[4] Françoise Nicolas, Stephen Thomsen, Mi-Hyun Bang, *Lessons from Investment Policy Reform in Korea*,http://dx.doi.org/10.1787/5k4376zqcpf1-en.

[5] Ministry of Industry and Trade Web Portal(MOIT), *Establishment of Viet Nam Domestic Advisory Group(DAG)under Chapter 13 of Viet Nam-UK Free Trade Agreement(UKVFTA)*, https://moit.gov.vn/en/news/latest-news/establishment-of-viet-nam-domestic-advisory-group-dag-under-chapter-13-of-viet-nam-uk-free-trade-agreement-ukvfta-.html.

[6] Mie OBA, *Japan and the Regional Comprehensive Economic Partnership(RCEP)*, https://www.eria.org/uploads/media/discussion-papers/FY22/Japan-and-the-Regional-Comprehensive-Economic-Partnership-(RCEP).pdf.

生产及供应网络。[1]与此同时,中美两国作为贸易大国 FDI 总额领先其他国家一个数量级,但各城市对外交流排名并不理想,主要原因在于 FDI 占 GDP 比重较低,一方面外商直接投资并非两国产业发展主要驱动力,另一方面受监管干预和贸易摩擦影响,成都、北京等城市 2019 年 FDI 总额急剧下滑,加之疫情的暴发,投资者信心下降,2020 年继续缩紧投资计划。上述原因也同时改变着美国 FDI 格局,其中纽约和芝加哥受冲击影响最为明显。

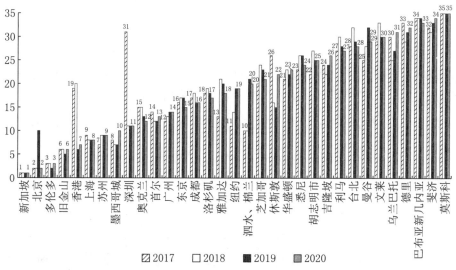

资料来源:AP-ISI 2022。

图 8-5　亚太城市对外交流排名（2017—2020）

（1）签订自贸协定经济体数量

自贸协定,即双方或多方为减少投资壁垒,加强贸易连接所签署的条约,可以充分展现区域间开放合作所创造出的产业发展机遇和潜能。自 1995 年 1 月 1 日 WTO 成立以来,贸易规则被扩展到许多服务领域,双边或多边协议的目的在于促进签署国之间的资源配置效率、改善成员国家（地区）对非成员国贸易条件以及促进多边贸易活动。[2]通过自由贸易协定,国际合作进一步促进经济一体化、区域

---

[1]　Kazushi Shimizu, *RCEP's great impact on Japan and East Asian economies*, https://www.jiia.or.jp/en/ajiss_commentary/rceps-great-impact-on-japan-and-east-asian-economies.html.

[2]　Gene M. Grossman, *The Purpose of Trade Agreements*, http://www.nber.org/papers/w22070.

自由化发展。自由贸易协定将有效弱化贸易壁垒、降低物流成本、促进技术进步、实现具有成本效益的区域扩散转移，激发区域内产业潜能。[1]长远角度来看，自由贸易协定可以使经济体在遭遇经济危机时保持贸易和 FDI 的流动性，改善区域商业环境，甚至有助于打破以往地缘政治的僵局，因此自由贸易协定经济体数量可以有效反映经济体全球贸易战略的开放性及区域内产业联动所带动的发展可能。[2]

结果显示，各城市签订自贸协定经济体数量差异较大（见图 8-6）。2020 年自贸协定数量最多的 10 个城市分别是新加坡、首尔、棉兰、泗水、雅加达、利马、多伦多、墨西哥城、胡志明市和东京。2018 年，新加坡自贸协定经济体数量翻了近 1 倍，一跃成为签订自贸协定经济体数量最多的城市并保持至 2020 年，进一步展现了新加坡贸易政策的主要目标便是通过确保自由和开放的国际贸易环境来保护其贸易利益。[3]2019 年起，首尔、棉兰、似水和雅加达的自贸协定经济体数量均达到 60 个，跻身整体排名前 10 位，这反映出签订自贸协定的方式已成为印度尼

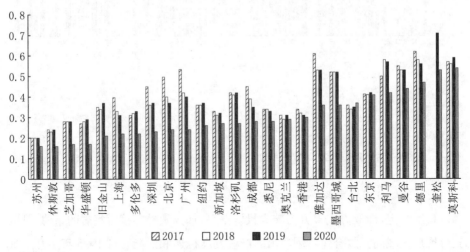

资料来源：AP-ISI 2022。

图 8-6　亚太城市签订自贸协定经济体数量（2017—2020）

〔1〕〔2〕　Kawai Masahiro, Wignaraja Ganeshan, *Free Trade Agreements in East Asia: A Way toward Trade Liberalization?* https://www.adb.org/sites/default/files/publication/28490/adb-briefs-2010-1-free-trade-agreements.pdf.

〔3〕　International Trade Administration, *Singapore-Country Commercial Guide: Trade Agreements*, https://www.trade.gov/country-commercial-guides/singapore-trade-agreements.

西亚多个城市发展战略的侧重点,例如与欧洲签订自贸协定将免除印度尼西亚棕榈油、纺织品和电器机械等农产品的出口关税。[1]

(2) FDI 占 GDP 比

外国直接投资(FDI)指的是为获得其他地区企业中10%或以上股票权益而进行的投资净流入。[2]外国投资者在经济体中的净流入量除以 GDP 用以展现外国投资为东道国产业可持续性发展所带来的机遇。OECD 报告指出,FDI 在实现可持续发展目标的过程中影响巨大,因此决策者需利用政策工具以调动 FDI,最大限度地实现本地包容性和可持续性增长,而 FDI 的影响不仅仅取决于其绝对贡献,还包括其占固定资本的总额比例。[3]FDI 是经济增长的重要因素,也是决定GDP 的动态因素,所以 FDI 占 GDP 比例愈大意味着 FDI 对于该地经济增长影响愈加显著,也侧面印证出东道国对于 FDI 的高度重视,并所做出多方努力以吸引现有资金的流动。[4]

结果显示,由于产业结构不同,各城市 FDI 占 GDP 比差距较大(见图8-7)。2020 年 FDI 占 GDP 比最高的 5 个区域分别是香港、新加坡、乌兰巴托、文莱和胡志明市。2020 年香港 FDI 占 GDP 比高达 34%。数据显示新冠疫情并未对香港海外投资积极性造成严重打击,但其他城市受新冠疫情所导致的供应中断、需求萎缩和不确定性因素增加的冲击,FDI 整体大幅度下降,甚至导致负的 FDI 占比出现,例如曼谷。[5]

3. 城市治理

城市治理是 AP-ISI 2022 指标体系中的二级指标,由基础设施建设和碳监管两个三级指标构成。城市治理指的是政府及利益相关者们集体决定如何规划和

[1] Piet Flintrop, *Indonesia's FTA with the European Free Trade Association：Salient features*, https://www.aseanbriefing.com/news/indonesias-fta-european-free-trade-association-salient-features/.

[2] The World Bank, *Metadata Glossary*, https://databank.worldbank.org/metadataglossary/jobs/series/BX.KLT.DINV.WD.GD.ZS.

[3] OECD, *FDI Qualities Indicators Measuring the sustainable development impacts of investment*, https://www.oecd.org/investment/fdi-qualities-indicators.htm.

[4] Carlos Encinas-Ferrer, Eddie Villegas-Zermeño. *Foreign direct investment and Gross Domestic Product Growth*. Procedia Economics and Finance. 2015(24)：198—207.

[5] OECD, *OECD Investment Policy Reviews：Thailand*, https://doi.org/10.1787/c4eeee1c-en.

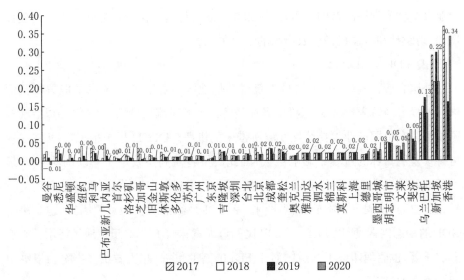

资料来源：AP-ISI 2022。

图 8-7　亚太城市 FDI 占 GDP 比（2017—2020）

管理城市的过程。强有力的城市治理水平有利于实现科学的产业规划和资源的有效配置，为产业可持续发展提供良好的孵育环境。结果显示，2020 年排名前 10 的城市分别为多伦多、苏州、墨西哥城、旧金山、上海、深圳、北京、广州、洛杉矶和成都（见图 8-8）。四年间，多伦多始终位列第 1，这得益于除数字化基础设施建设外，多伦多多年间开展的专项行动以针对性地缓解包括堵车压力在内的社会问题，并积极实施碳监管等措施以在 2040 年达成《多伦多净零排放战略》目标。[1]城市治理排名前 10 的城市中 6 个来自中国，且四年间均得到较大幅度提升，这得益于中国逐步建立智能交通系统（ITS）及智能监控系统监测体系，通过实时信息集中调整高峰期交通流量，同时通过道路配备 LED 引导屏等措施以有效减少道路网络拥堵状况。[2]加之疫情期间管控措施有效降低出行人数和频次，中国各城市拥堵情况在 2020 年取得极大改善。同时，墨西哥城通过率先推行碳税和全国碳市场试点在城市治理榜中表现优异。

---

〔1〕　The City of Toronto，*Transform TO Net Zero Strategy：A climate action pathway to 2030 and beyond*，https://www.toronto.ca/legdocs/mmis/2021/ie/bgrd/backgroundfile-173758.pdf.

〔2〕　World Bank Group，*Reducing traffic congestion and emission in Chinese cities*，https://www.worldbank.org/en/news/feature/2018/11/16/reducing-traffic-congestion-and-emission-in-chinese-cities.

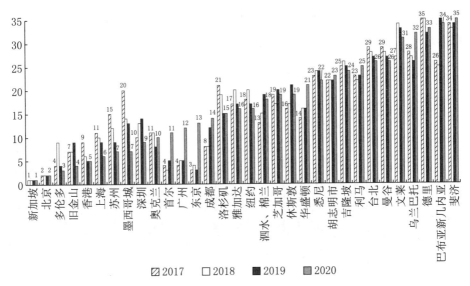

资料来源：AP-ISI 2022。

图 8-8　亚太城市城市治理排名（2017—2020）

（1）交通拥堵系数

交通拥堵系数，即交通拥堵状况的评估，是反映城市基础设施建设水平的重要指标。为应对城市化产生的新的生活方式及活动空间的扩大化，城市治理是解决城市转型多样性、复杂性和不确定性的关键手段之一。[1]自古以来，交通系统和城市发展并进的特点决定了管理交通拥堵是城市治理不可避免的难题，随着人口规模的增长和汽车拥有量的增加，城市化带来的交通拥堵问题日益严重，低交通拥堵指数是当地政府实施有效治理措施的表现。[2]

交通拥堵指数越高的城市，拥堵状况越严重。受数据可得性因素影响，结果仅展示 27 个城市的交通拥堵系数。结果显示，受新冠疫情影响，出行频次下降，所有城市交通拥堵状况在 2020 年都有所缓解（见图 8-9）。交通拥堵系数最低的 10 个城市分别为苏州、休斯敦、华盛顿、旧金山、上海、多伦多、深圳、北京、广州和纽约。交通拥堵程度与城市发展水平相关联，交通拥堵系数前 10 名均来自中美

〔1〕　Martin Dijst，Walter Schenkel. *Urban governance and infrastructure：Coping with diversity，complexity and uncertainty*. Governing Cities on the Move：Functional and Management Perspectives on Transformations of European Urban Infrastructures. 2018：289—301.

〔2〕　OECD，*Managing Urban Traffic Congestion*，https://doi.org/10.1787/9789282101506-en.

两国,而其他部分城市,如莫斯科、奎松和德里仍需实施有效措施以缓解交通拥堵状况。

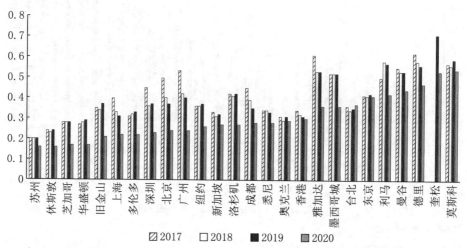

资料来源:AP-ISI 2022。

图 8-9 亚太城市城市交通拥堵系数(2017—2020)

(2)碳定价机制得分

碳监管机制,包括给碳定价、征收碳税、建立碳交易市场是政府为降低城市温室气体排放的重要手段,碳监管机制得分是反映城市治理能力及政府减排意愿的指标之一(见图 8-10)。城市消耗了全球绝大部分的能源,也是温室气体的主要排放源。评估城市政策在减少全球碳排的潜在贡献意义重大,包括财政政策"绿色化"或碳监管等手段。[1]其中,碳定价时常被认为是应对气候变化的最佳政策工具。[2]引入碳市场机制将加速实现各部门碳减排,而合理的碳定价收入也可以充盈财政,用以资助技术创新或基础设施建设。虽然碳定价的方式一直饱受争议,甚至曾在 2009 年联合国气候变化大会上被否决,但是碳定价可以产生前所未有的环境效益。[3]相较而言,依靠非价格政策工具则可能导致减排

〔1〕 Kamal-Chaoui Lamia. Alexis Robert, *Competitive Cities and Climate Change*. OECD Regional Development Working Paper. 2009.

〔2〕〔3〕 Felix Chr. Matthes. *Pricing carbon An important instrument of ambitious climate policy*. Brussels: Heinrich-Böll-Stiftung Ecology. 2020(48):1—52.

成本过高。[1]同时,也只有碳价格机制可以很大程度上与技术政策产生互补机制,高能源价格将有效刺激碳减排技术的研发与创新,从而进一步推动技术变革转向更清洁的商品和生产方式。[2]

碳定价机制得分依据碳定价体系年份及地区层次赋权。根据《巴黎协定》的时间,实施碳监管越早的地区得分越高,覆盖范围广的碳定价得分高于仅地区试点的城市。结果显示,目前已有 19 个城市出台相关碳定价机制(见图 8-10)。碳价格体制得分最高的城市是墨西哥城。为提高人们对于碳排放的认识,墨西哥自 2014 年起便开始对除天然气外的化石燃料征收 3.5 美元/吨二氧化碳的碳税。[3]同时,多伦多和东京碳定价机制得分较高,其中日本自 2012 年便设立了 2.65 美元/吨二氧化碳的碳税,此政策效果显著,使得日本碳排放量水平远低于 20 世纪 90 年代。[4]剩下地区尚未出台具体的碳定价机制。

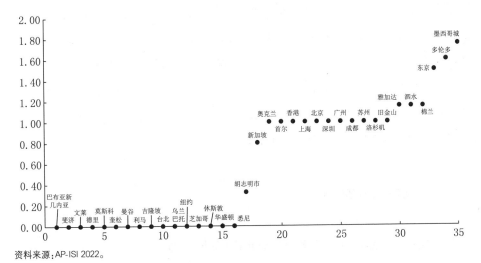

资料来源:AP-ISI 2022。

图 8-10 亚太城市碳定价机制得分(2020)

〔1〕〔2〕 Andrea Baranzini, Jeroen van den Bergh, Stefano Carattini, Richard Howarth, Emilio Padilla, Jordi Roca, *Seven reasons to use carbon pricing in climate policy*, https://www.lse.ac.uk/granthaminstitute/wp-content/uploads/2016/02/Working-Paper-224-Baranzini-et-al.pdf.

〔3〕 SEMARNAT:SECRETARÍA DE MEDIO AMBIENTE Y RECURSOS NATURALES, *CARBON TAX IN MEXICO*, https://www.thepmr.org/system/files/documents/Carbon% 20Tax% 20in% 20Mexico.pdf.

〔4〕 Hemangi Gokhale. *Japan's carbon tax policy:Limitations and policy suggestions*. Current Research in Environmental Sustainability. 2021(3).

总之，亚太城市需要依据自身经济发展性质和特点，采取因地制宜的响应政策，积极回应产业发展本身及其一系列影响的问题和挑战。以北京、上海、旧金山和纽约为中心的城市群不断优化营商环境，利用财政激励、低税收、拓宽融资渠道等措施加速完成资本积累。雅加达、泗水、棉兰和胡志明市着重加强对外交流，试图利用区域合作推动城市可持续发展。新加坡和奥克兰结合多种响应方式，大力发展本地优势，可持续发展模型已基本成形。

地区原始条件一定程度上决定着响应要素的发挥潜能。一方面，市场规模的大小决定了经济增长的上限，同时也影响着响应措施的规划与强度。拥有人口红利的地区，如北京、上海、广州、德里、雅加达，市场规模巨大，容易形成经济区，产业发展上限较高，而人口较少的区域则可能面临着人才供给不足与企业发展动力不足等问题。另一方面，外部条件的不确定性将进一步激发区域发展潜能。自2019年开始，新冠疫情、俄乌冲突、能源和农产品价格飙升，以及高通胀率等问题持续影响着外国投资者的资金流向，并日渐倾向于政治稳定与外商服务开放的地区。综上所述，响应机制在不同城市尚处不同阶段，响应措施在资源迥异的各地所发挥的作用大相径庭。响应方向的偏颇可能导致产业发展瓶颈，而更好地"本土化"响应措施可以为创新发展争取更多机遇。

三、产业发展响应的案例

1. 雅加达：适应气候变化，提升城市抗风险能力

城市的可持续性和复原力不仅包括环境和资源的可持续性，还包括抗灾能力及构筑城市抵御风险的韧性。作为印度尼西亚的首都，雅加达是东南亚最大的城市群，全市居民数量已超过 1 000 万，人口密度高达 13 000 每平方公里。[1]雅加达是全球范围内最易受气候变化所带来的风险影响的城市之一，由于特殊的地理位置，密集的人口，薄弱的土地管理，过度的商业扩张，被垃圾堵塞的运河排水

---

〔1〕 Rafael Martinez, Irna Nurlina Masron. *Jakarta*：*A city of cities*. Cities. Elsevier Public Health Emergency Collection. 2020（106）.

系统,雅加达面临洪水灾害风险与日俱增。[1]2013 年,大规模洪水导致 117 人伤亡,超过 10 万人生活受到影响,1 万多间房屋遭到破坏。[2]同时,雅加达拥有全球最长,涵盖面积最广的快捷公交系统(Bus Rapid Transit,BRT),但由于车队质量差、维护不力、更新不及时等原因,导致这一系统的潜力未能全面发挥,反而一度导致显著环境负外部性,据统计,BRT 交通系统占雅加达总温室气体排放量的 36%。[3]

为加速城市适应气候变化,2010 年雅加达政府颁布了 2010—2030 年总体规划,该规划具体包括拓宽、加深、疏通城市河流,修建水坝,开发海岸保护等战略以缓解自然灾害影响,以及通过发展公共交通减少碳排放。[4]政府将启动多项适应性项目,如建立减灾机构,在 245 个关键基础设施场所安装水闸及闭路摄像头,通过建立数据系统的方式提升城市灾害响应能力。[5]雅加达市政府通过多项国际合作推进政府总体规划,保障新兴防洪项目及零碳排目标的顺利完成。2006 年,雅加达政府向日本国际合作署贷款以进一步通过 BRT 连接雅加达南北部,鼓励公民选择公共交通出行。[6]2014 年,雅加达政府灾害管理机构与澳大利亚卧龙岗大学及社交媒体公司推特(Twitter)合作开发开源平台 Petajakarta.org 用于自动化报告洪水情况以帮助民众避免或安全通过洪水区,同时民众也可通过该平台报告洪水信息,从而提升城市对于灾害的适应性。[7]2021 年,在英国政府帮助下,雅加达进一步推进碳减排进程,计划到 2030 年实现 1 万辆 BRT 公交电动化,

[1] Yenny Rahmayati, Matthew Parnell, Vivien Himmayani, *Understanding Community-led resilience: The Jakarta Floods Experience*, https://knowledge.aidr.org.au/resources/ajem-oct-2017-understanding-community-led-resilience-the-jakarta-floods-experience/.

[2] OCHA, *Indonesia: Floods-jan 2013*, https://reliefweb.int/disaster/fl-2013-000006-idn.

[3] Jayanty Nada Shofa, *UK to help electrify TransJakarta Bus Fleet for Cleaner Air*, https://jakartaglobe.id/business/uk-to-help-electrify-transjakarta-bus-fleet-for-cleaner-air.

[4][5][6] Japan International Cooperation Agency, *The First Subway in Indonesia Starts Operation: Opening Ceremony for Jakarta Mass Rapid Transit (the Jakarta MRT South-North Line)—Subway opens with national support from Japan*, https://www.jica.go.jp/english/news/press/2018/190328_01.html.

[7] Tomas Holderness, Etienne Turpin, *White Paper—PetaJakarta.org: Assessing the Role of Social Media for Civic Co-Management During Monsoon Flooding in Jakarta, Indonesia*, https://petajakarta.org/banjir/en/research/index.html.

此项为期 1 年的合作项目还将包括摩托车和出租车的电动化。[1]

2. 苏州：公民参与，建立智慧交通城市

苏州位于中国长江三角洲城市群，也是中国政府打造具有全球影响力的世界级城市群愿景的一部分。2019 年，苏州的 GDP 增长上升至全中国第 7 位。[2] 2022 年，苏州机动车保有量突破 500 万辆，居全江苏省首位，全国大中城市中第四。[3] 苏州的发展同时也面临着阶段性难题，即如何解决汽车拥有量增加所导致的交通拥堵及空气污染等环境外部性问题。依托于多家科技公司在苏州建立创新中心，苏州政府寻找到了基于技术的解决方案，通过建立智能化城市系统，充分利用大数据应用提升公共安全及城市响应能力。苏州从建立中心城区交通拥堵发布制度开始，通过实现主要路口，拥堵路段交通信息自动采集的方法，利用电子诱导屏、广播电视、手机、车载终端等渠道引导市民合理化选择出行路线。2019 年，苏州公安发布"5A"计划，旨在大数据智能化的带动下，进一步精细化城市交通治理，打造智能化交通管理体系，包括跨区协调的智能交通信号控制系统、利用图像分析和深度学习等 AI 技术的智慧车驾管系统等，实现事故隐患从发现到治理评估全流程管控、交通违法行为精准打击、路口交通最佳管控及路网运行最优化的状态。[4] 2021 年，苏州建立交通运输应急指挥中心（Transport Operation Coordinate Command，TOCC）的数据平台。实时监控全市交通通行情况，并进行数据分析，针对反复拥堵路段，制定长期管理措施。[5]

与此同时，苏州政府加强交通基础设施建设，引导"绿色出行"方式。多项交通基础设施建设项目正在加速推进，意图连接公路网，缓解主流干道交通压力。[6] 苏州大力推行"公交优先"、公交、轨交"两网融合"战略，截至 2021 年，全市城乡公交线路和公交车辆总数分别较 2012 年增长 25% 和 19%，苏州公共交通分

〔1〕〔3〕 苏州发布：《突破 500 万辆！车多而有序，苏州有硬招！》，载《澎湃新闻》2022 年 10 月 16 日。

〔2〕 Z. H. STUDIO, *Smart city suzhou——Eastern Chinese metropolis uses A. I. and others to forge ahead*, https://www. globenewswire. com/news-release/2019/05/16/1826246/0/en/Smart-City-Suzhou-Eastern-Chinese-Metropolis-Uses-A-I-and-Others-to-Forge-Ahead.html.

〔4〕 《苏州公安发布"5A 计划"依靠智能化管控破解城市交通拥堵》，载《中国江苏网》2019 年 12 月 19 日。

〔5〕 《全力当好苏城交通"指挥家"》，载《苏州日报》2022 年 12 月 13 日。

〔6〕 《让"大交通"撑起经济社会发展"硬脊梁"》，载《苏州日报》2022 年 12 月 20 日。

担率已超 50%。〔1〕另一方面,为动员群众力量,加大公众参与度,苏州政府定期公布拥堵节点,鼓励市民提出缓解拥堵建议。2021 年 9 月初,苏州公安交警部门发布了《关于姑苏区古城内部分区域、路段拟实施单向交通组织的征求意见稿》,对部分区域道路实行单向微循环交通组织方案广泛征求社会意见,在充分听取了群众意见和建议基础上,公安交警部门完善优化了单向微循环方案,并从 9 月起启动相关治堵措施。〔2〕

---

〔1〕〔2〕 苏州发布:《突破 500 万辆! 车多而有序,苏州有硬招!》,载《澎湃新闻》2022 年 10 月 16 日。

展望篇

第9章

评估结果：亚太城市产业可持续性

一、 亚太产业发展现状

1. 亚太多样化产业背景

亚太地区是全球发展的引擎，产业结构和发展道路多样化。以中国、美国、日本、澳大利亚和加拿大为代表的经济体生产总值巨大，具有完整的产业链和工业体系，技术成为经济发展核心驱动因素，是在国际市场上具有较高定价和议价能力的经济体。其生产能力和国内市场等产业发展的各个方面都对全球经济发展具有极其重要的作用。相对完整和多样化的产业链使得主要经济体具有较强的抗击国际政治和经济波动冲击的能力，经济韧性较强。以韩国、中国香港、中国台北、泰国、越南、印度尼西亚、马来西亚等为代表的经济体，则凭借自身的劳动力和资源优势，吸引了一批外商投资和产业转移，正在经历快速的工业化和城市化，拥有成为成熟市场的潜力和部分条件，有一定的工业基础及一定程度上规范的商业市场机制。以新加坡、新西兰、斐济、文莱、巴布亚新几内亚为代表的经济体的经济活动建立在岛屿之上，则往往经济规模小，产业结构单一但是高度专业化，国内市场较小，高度依赖国际市场，使其往往容易受到国际和区域政治经济周期的影响。

亚太地区不同经济体之间差异巨大，为了对各个经济体的产业发展绩效进行有效的比较，同时为了更好地理解的展示，有必要提出一个地区产业发展的类型学，总结归纳不同类型的经济体的产业发展道路和经验，为实现可持续发展的政策制定者提供决策支持工具。[1]

2. 亚太地区三类经济体概况

主流的经济体的分类方法包括人口特征、经济总量、收入变量、借贷资格分类和跨区域组织分类等。[2]考虑到城市产业的可持续发展，我们将经济体的产业链完备性作为划分经济体的主要分类标准。我们将选取的城市所在经济体分成主要经济体、新兴经济体和岛屿经济体三类(见图9-1)。

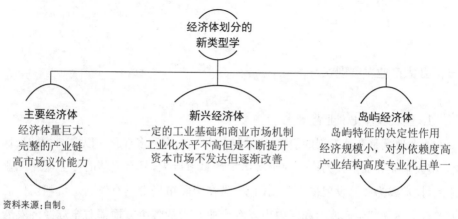

资料来源：自制。

图 9-1　三类经济体及其主要特征

主要经济体是指经济体量巨大，具有完整的产业链和工业体系，在国际市场上具有较高定价和议价能力的经济体。国际上就"主要经济体"的概念并无明确定义，主要经济体的划分标准通常为国内生产总值(GDP)、国民生产总值(GNP)等宏观经济指标。本研究中的主要经济体指美国、中国和日本。这三个国家是全球 GDP 排名前三的国家，其生产能力和国内市场等产业发展的各个方面都对全球经济发展具有极其重要的作用。相对完整和多样化的产业链使得主要经济体具有较强的抗击国际政治和经济波动冲击的能力，经济韧性较强。

---

[1] Roberta Arbolino, Luisa De Simone et al. *Towards a sustainable industrial ecology：Implementation of a novel approach in the performance evaluation of Italian regions*. Journal of Cleaner Production. 2018：220—236.

[2] World Bank，*How does the World Bank classify countries*? https://datahelpdesk.worldbank.org/knowl-edgebase/articles/378834-how-does-the-world-bank-classify-countries.

　　新兴经济体指的是具有发达经济体的一些特征,但是并未完全达到发达经济体的标准的经济体。新兴经济体的特征是人均年收入处于中下等水平,资本市场不发达、股票市场价值只占 GDP 很小部分,工业化程度不高,但是这些国家或地区却拥有成为成熟市场国家或地区的潜力和部分条件,有一定的工业基础及一定程度上规范的商业市场机制。[1]从产业发展角度看,新兴经济体通常处于产业扩张和产业结构调整的双重阶段,各国加大对新兴产业和科技的投入,与此同时产业发展和城市扩张造成的环境压力、资源消耗和社会矛盾。就产业结构和在全球产业链的地位而言,新兴经济体往往并不具备完整的产业链,但是具有部分突出的优势产业。例如印度的外包产业,中国台北的半导体产业。此外,新兴经济体往往处在产业链的中低端,其产业也往往由劳动密集型产业为主,容易受到全球经济的波动的冲击,经济韧性较差。

　　岛屿经济体是指全部的区域边界线都由海岸线组成的岛屿构成的经济体和临近的大陆通过大桥或者堤道连接起来的岛屿(例如新加坡)。[2]岛屿经济体,意味着岛屿的特征对于整个经济体的主要形态、资源禀赋、国际政治经济地位和发展策略等有着决定性作用。由于远离陆地经济核心,岛屿经济的规模较小,经济性较差,容易出现不完善的市场竞争,同时具有较高的贸易和运输成本;此外,岛屿经济的自然资源通常缺乏多样性,易造成进口依赖;在自然灾害面前具有较高的脆弱性,且难以依靠岛屿自身的自然资源进行复原。[3]同时,岛屿经济面对气

---

〔1〕 该概念在 1981 年由世界银行的 Antoine van Agtmael 提出,主要是为了满足国际投资者在当时对于巴西、印度和韩国等经济发展程度差异巨大,但是都表现出巨大的发展潜力的国家的投资需求。当前最有影响力的专注于该概念的股票基准(Equity Benchmark)指数是摩根士丹利资本国际开发的包括 24 个国家的新兴市场指数(MSCI Emerging Market Index)。新兴经济体在全球的 GDP 中占比,新兴经济体国家或地区中又以亚洲国家或地区占比最多,亚洲新兴经济体占新兴经济体 GDP 总量的 70%左右(资料来源: Morgan Stanley Capital International, *MACI Emerging Market Index*, https://www.msci.com/documents/10199/c0db0a48-01f2-4ba9-ad01-226fd5678111.)。新兴经济体包括:巴西、智利、中国、哥伦比亚、捷克共和国、埃及、希腊、匈牙利、印度、印度尼西亚、韩国、科威特、马来西亚、墨西哥、秘鲁、菲律宾、波兰、卡塔尔、沙特阿拉伯、南非、中国台北、泰国、土耳其和阿拉伯联合酋长国(资料来源:Morgan Stanley Capital International, MACI Emerging Market Index.)。

〔2〕 Geoffrey Bertram and Bernard Poirine, *Island political economy*. University of prince Edward Islands (PEI): University of Malta, 2007.

〔3〕 Clement A Tisdell. *Economic challenges faced by small island economies: An overview*. Economic Theorg, Applications and Issues Working Paper 2009.

候变化具有结构性的脆弱性，包括气候变化导致的不可逆的岛屿自然环境改变、气候变化对岛屿产业造成的经济影响等。但是，基于上述定义的岛屿经济体中，有8个（印度尼西亚、日本、菲律宾、中国台北、澳大利亚、斯里兰卡、马达加斯加和古巴）是拥有超过一千万人口的较大规模大经济体。我们将人口少于一千万的经济体划分为岛屿经济体。就产业结构和在全球产业链的地位而言，岛屿经济体往往资源禀赋单一和不足，对外依赖度较大，产业结构单一，容易受到国际产业链波动的影响，经济韧性较差。

综上所述，由于三类经济体在资源禀赋和产业结构等方面存在显著的差异，三类经济体的产业可持续发展有不同的形态和需求，对于地方政府、产业投资者（企业）和居民的影响和要求也不同。

根据亚太地区不同经济体的特性，我们将亚太经济体分为主要经济体、新兴经济体和岛屿经济体三类。主要经济体包括中国、美国、日本、加拿大和澳大利亚；新兴经济体包括印度、印度尼西亚、墨西哥、菲律宾、越南、韩国、秘鲁、马来西亚、中国台北和中国香港；岛屿经济体包括巴布亚新几内亚、新西兰、新加坡、斐济和文莱等。

二、亚太产业可持续性解读

1. 综合表现

亚太城市产业可持续发展指数报告选取经济体 GDP 首位圈城市进行评估。考虑数据可得性、时效性和可比性，人口超过 2 亿的国家选择 2—3 个城市，人口在 1 000 万与 2 亿之间的国家选择 1 个中心城市，人口低于 1 000 万的国家将以国家为样本，从初步筛选的 60 个地区中最终选取 30 个左右的亚太国家、地区与城市进行测算和排名。

亚太城市产业可持续性指数（AP-ISI）构建了包含驱动力、承载力、状态、影响和响应（DPSIR）5 个一级指标、12 个二级指标、25 个三级指标的综合指标体系。亚太城市产业可持续性指数 2022 选取了亚太地区 35 个城市，[1] 覆盖主要经济

---

〔1〕 本报告的分析单位是城市，但是在分析巴布亚新几内亚、斐济和文莱三个经济体的时候，使用的数据由所在经济体数据替代。由于这些地区主要城市人口数量远低于其他样本、城市数据收集困难，报告采用整个经济体作为分析对象。

体、新兴经济体和岛屿经济体,对其2017—2020年的产业可持续性表现情况进行评估。

图9-2展示了2020年的评估结果。总体而言,主要经济体的城市产业可持续性综合表现较佳,太平洋西岸的城市尤为突出。2020年,主要经济体城市综合排名显著高于新兴经济体和岛屿经济体。主要经济体的城市大多有着较强的产业驱动力,也更倾向于对产业发展所带来的影响做出积极的响应。

新兴经济体城市日益关注调节产业发展所带来的影响,产业可持续性上升空间最大。从整体排名上看,新兴经济体城市中首尔、香港、台北等的综合表现相对较优,雅加达、胡志明市和利马等城市近年来在综合排名中上升势头明显。数据中显示,近年来,很多新兴经济体中的城市正逐步加强对产业可持续性问题的关注。如墨西哥城、香港等城市2020年在"响应"指标的单项排名中位列前十;胡志明市和雅加达等城市2020年"响应"一项的排名相比2017年有了明显提高。新兴经济体中的城市对产业可持续性关注的提升,将有助于这些城市构建出更具可持续性的产业发展模式。

岛屿经济体城市亚太城市产业可持续性指数排名情况参差不齐,未来可结合自身优势,进一步探索可持续发展之路。新加坡和奥克兰作为典型的岛屿经济体城市,在亚太城市产业可持续性指数排名靠前,2020年分别位列第4名和第11名。而同属岛屿经济体的文莱、巴布亚新几内亚和斐济则分别位列第20名、第31名和第32名。可见,岛屿经济体内不同城市的排名差距较大。岛屿经济体城市所共有的优势在于产业发展带来资源和环境压力较轻。在2017—2020年,斐济和巴布亚新几内亚在"承载力"一项的排名始终位列前3名,奥克兰排名维持在第7,新加坡则保持在第9到11名。岛屿因其特殊的地理位置和自然条件,无法全然借鉴大陆城市的发展模式和发展经验,面临着严峻的可持续发展挑战。但未来这些来自岛屿经济体的城市可以考虑充分发挥自身资源和环境优势,进一步探索具有地区特色可持续发展之路。

从亚太城市产业可持续性2017—2020年的趋势看(见图9-3),主要经济体城市排名稳定,新兴经济体城市和东亚城市产业可持续性改善明显。如东京、北京、深圳、上海、首尔等城市曾在2017年至2020年间一次或多次登上亚太城市产业可持续性指数前十之列。近年来产业可持续性排位上升明显的城市,如北京、深圳、上海、成都、苏州和广州等也均位于太平洋西岸。

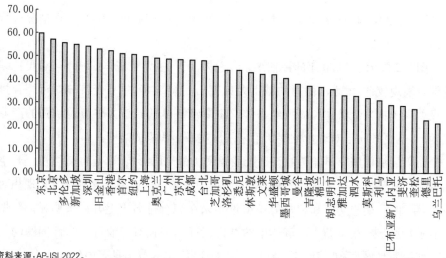

资料来源：AP-ISI 2022。

图 9-2　亚太地区城市产业可持续性得分（2020）

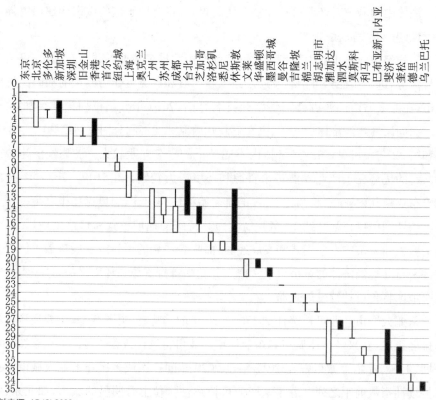

资料来源：AP-ISI 2022。

图 9-3　亚太地区城市产业可持续性排名箱线图（2017—2020）

2. 主要经济体城市

图 9-4 展示了主要经济体城市的总分和在亚太城市中的相对排位。主要经济体的城市产业可持续性综合表现较高，综合排名显著高于新兴经济体和岛屿经济体。主要经济体的 15 个城市，其中 6 个城市来自中国，6 个城市来自美国，其余三个城市分别为日本东京、加拿大多伦多和澳大利亚悉尼。15 个城市在 2020 年城市产业可持续性得分均位于前 21 名。东京连续 4 年排名第一，北京、多伦多和深圳分别排名第 2、第 4 和第 5。结合地理位置来看，位于太平洋西岸的主要经济体城市表现尤为突出。如东京、北京、深圳、上海等城市曾在 2017—2020 年间一次或多次登上亚太城市产业可持续性指数前十之列。近年来产业可持续性排位上升明显的城市，如深圳和上海等也均位于太平洋西岸。

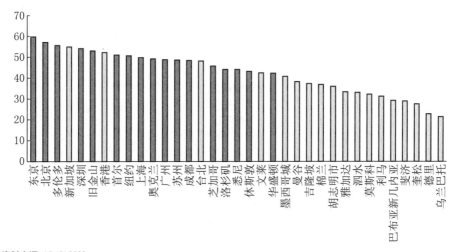

资料来源：AP-ISI 2022。

图 9-4　主要经济体城市产业可持续性得分（2020）

从 DPSIR 五大维度的表现看（见图 9-5），主要经济体城市一方面在驱动力、影响和响应上优势明显，另一方面产业发展状态则差异较大，在承载力方面则表现出明显的劣势。

主要经济体城市具有较强的产业驱动力。主要经济体经济体量巨大，劳动力和资本要素较为充足，具有完整的产业链和工业体系，在国际市场上具有较高定价和议价能力。主要经济体的生产能力和国内市场等产业发展的各个方面都对全球经济发展具有极其重要的作用。相对完整和多样化的产业链使得主要经济体具有较强的抗击国际政治经济波动的能力,主要经济体在中美贸易战和新冠疫情等外部冲击下,表现出较强的经济韧性。

主要经济体城市具备较强的促进经济、社会和生态平衡发展的能力。这体现在其较强的技术能力和较为完备和成熟的产业链,经济增长稳定。较好的经济基础提供了稳定的财政来源,主要经济体政府具有资源和能力通过一系列的社会福利计划和政策来应对产业发展带来的社会不平等问题。

主要经济体城市有更加强烈的能力、需求和倾向对产业发展的影响做出积极响应,推动产业结构转型。主要经济体对于传统化石能源的依赖较强,碳排放量也较高,对于推动产业低碳转型的需求也较为迫切。同时,主要经济体具有较高的技术能力和组织能力来应对产业发展带来的问题。近年来中国、美国、日本、澳大利亚、加拿大等经济体城市政府都积极采取一系列政策措施,应对城市交通拥堵和产业结构单一等一系列产业发展带来的问题。

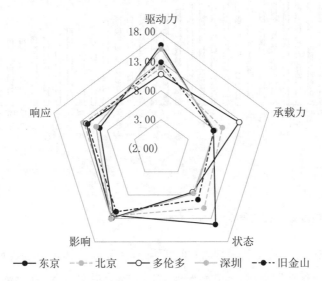

资料来源:AP-ISI 2022。

图9-5　部分主要经济体城市一级指标得分（2020）

长期持续的发展,影响了主要经济体城市的环境承载力,限制了主要经济体城市的进一步发展。尽管主要经济体具备较高的技术能力和资源基础,来应对和减弱产业发展对于环境的影响。但是,环境承载力的减弱往往是不可逆的和难以修复的。主要经济体城市空间开发程度较高,资源利用程度也较高,长期的产业发展和密集的人口为环境带来了巨大的压力。

就主要经济体城市的产业可持续性变化趋势看(见图9-6),在主要经济体排名前5的城市中,东京始终保持排名第1;中国的三个城市中北京和深圳都实现了排名分别上升3个和2个位次;多伦多和旧金山的排名则有小范围的波动。

大部分主要经济体城市在2017—2020年都保持了稳中有进的产业可持续性。东京持续保持城市产业可持续性排名第一,这主要得益于东京具有较强的驱动力、状态和影响。近年来,中国城市产业可持续性不断进步,北京、深圳、上海、成都、苏州和广州等中国城市排名上升明显。这主要得益于3方面。第一,中国经济持续增长。作为主要经济体,中国拥有完备的工业体系和产业链,具有较强的生产制造能力,近年来产业持续发展,是新冠疫情冲击下少有的依然保持经济持续较快增长的经济体。第二,中国政府持续推动产业转型升级,中国产业发展的环境影响逐渐减弱,生态环境不断改善。第三,中国政府持续推动城市的公共基础设施建设,推进营商环境改革,中国的政府的响应能力在最近几年取得了显

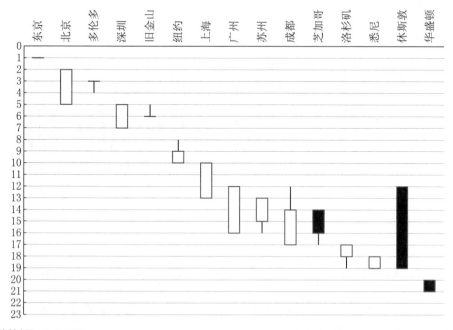

资料来源:AP-ISI 2022。

图9-6 主要经济体产业可持续性排名变化(2017—2020)

著的进步。此外，部分北美城市的产业可持续性出现了一定下降，芝加哥、休斯敦和华盛顿的排名 2017—2020 年分别下降 2、5 和 1 名。

3. 新兴经济体城市

图 9-7 展示了新兴经济体城市的得分和在亚太城市中的相对位置。新兴经济体城市整体排名中后段，但是近四年间有整体产业可持续性有所上升。同时，新兴经济体日益关注调节产业发展所带来的影响，产业可持续性上升空间最大。从整体排名上看，新兴经济体中东亚的 3 个经济体中国香港、韩国和中国台北的综合表现较强，2020 年排名分别为第 7、第 8 和第 15；雅加达、胡志明市和利马等城市近年来排名明显上升。数据显示，很多新兴经济体中的城市正逐步加强对产业可持续性问题的关注。如墨西哥城、香港等城市 2020 年在"响应"指标的单项排名中位列前十；胡志明市和雅加达等城市 2020 年"响应"一项的排名相比 2017 年有了明显提高。新兴经济体中的城市对产业可持续性关注的提升，将有助于这些城市构建出更具可持续性的产业发展模式。

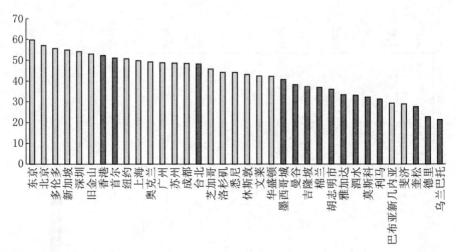

资料来源：AP-ISI 2022。

图 9-7　新兴经济体城市产业可持续性得分（2020）

从产业可持续性的五大维度看（见图 9-8），新兴经济体的在产业发展的驱动力和状态上展现出明显的优势。

从驱动力看，新兴经济体具有明显的劳动力和资源优势。新兴经济体劳动力结构较为年轻,劳动力价格较低,近年来随着教育事业的推进,劳动力素质也在逐步提升,人口红利显现,其中尤以泰国、越南、印度等经济体为代表。从资源看,部分新兴经济体具有丰富的化石能源和矿产资源,例如文莱石油资源储量和印度尼西亚非金属矿藏均居世界前列。劳动力者和资源的优势,使得新兴经济体吸引了国际资本的投入。从状态看,新兴经济体基于自身的劳动力和资源优势,承接了来自发达经济体的产业转移,实现了产业的增长。新兴经济体的产业规模在过去几十年间持续增长。

　　但是,新兴经济体的驱动力和产业发展状态的优势,面临着严峻的国际政治经济格局波动和外生性冲击的影响。尽管新兴经济体凭借劳动力和自然资源的优势,吸引了一批外资,但是新兴经济体本身工业基础并不成熟,缺乏完整的产业链,在国际产业链分工中往往处于中低端,对于国际产业链依赖较高,因而对于国际政治经济局势变化和其他全球外生冲击导致的产业链短期和长期波动,抵抗力较弱。其中,新冠疫情对于新兴经济体的产业发展产生了较高的波动。此外,新兴经济体也往往缺乏发达经济体的较为完善的金融体系和市场体系来吸收周期性波动带来的风险,政府由于财政能力有限对于中小企业的扶持也有限,这也是导致新兴经济体产业韧性和抗风险能力较低的原因。此外,新兴经济体的承载力

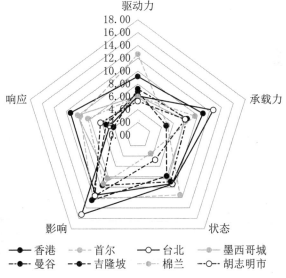

资料来源:AP-ISI 2022。

图 9-8　部分新兴经济体城市一级指标得分(2020)

也较为有限。新兴经济体经历着较为快速的工业化，资源消耗快，环境开发速度快，同时资源利用和环境保护的制度也尚不完善，环境承载力也在逐渐恶化。新兴经济体需要完善法律制度，在推动产业发展的同时，提升资源利用效率，促进环境保护，以维护和改善产业发展的环境承载力，避免走某些主要经济体"先污染后治理"的老路。

从趋势上看（见图 9-9），新兴经济体城市中综合表现最好的三个城市香港、首尔和台北中，首尔排名较为稳定，香港和台北则都经历了明显的排名下降。香港在 2019—2020 年间经济增长和就业等都受到较为严重的冲击。在排名中后段的新兴经济体城市中，大部分城市排名较为稳定，印度尼西亚和雅加达市排名稳步上升。印度尼西亚的雅加达市，是其政治、经济和文化中心，金融业发达，拥有国内主要的金融和工商机构，石油化工行业分布在郊区，产业结构多元化，近年来经济持续增长，受到新冠疫情冲击较小。

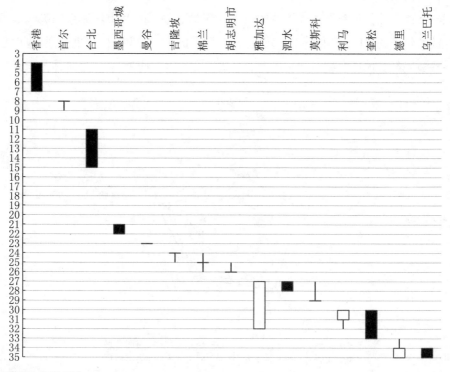

资料来源：AP-ISI 2022。

图 9-9　新兴经济体产业可持续性排名变化（2017—2020）

4. 岛屿经济体城市

图 9-10 展示了岛屿经济体城市的得分和在亚太城市中的相对位置。岛屿经济体城市亚太城市产业可持续性指数排名情况参差,未来可结合自身优势,进一步探索可持续发展之路。新加坡和奥克兰作为典型的岛屿经济体城市,在亚太城市产业可持续性指数排名靠前,2020 年分别位列第 4 名和第 11 名。而同属岛屿经济体的文莱、巴布亚新几内亚和斐济则分别位列第 20 名、第 31 名和第 32 名。可见,岛屿经济体内不同城市的排名差距较大。岛屿经济体城市所共有的优势在于产业发展带来资源和环境压力较轻。在 2017—2020 年,斐济和巴布亚新几内亚在"承载力"一项的排名始终位列前 3 名,奥克兰排名维持在第 7,新加坡则保持在第 9 到 11 名。岛屿因其特殊的地理位置和自然条件,无法全然借鉴大陆城市的发展模式和发展经验,面临着严峻的可持续发展挑战。但未来这些来自岛屿经济体的城市可以考虑充分发挥自身资源和环境优势,进一步探索具有地区特色可持续发展之路。

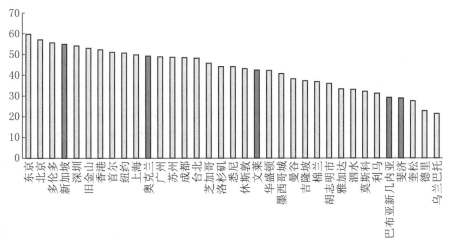

资料来源:AP-ISI 2022。

图 9-10 岛屿经济体城市产业可持续性得分(2020)

从城市产业可持续性的五个维度看(见图 9-11),岛屿经济体响应、影响和状态差距较大,承载力优势明显,但是驱动力较弱。

岛屿经济体具有显著的承载力优势。岛屿经济体一般自然资源相对不足,环境可开发空间较小,但是正因为如此岛屿经济体城市内部的开发力度较小,主要

发展外向型经济体和对于资源环境依赖和破坏较小的行业，同时岛屿经济体难以
发展出大规模的工业，因而总体来说产业发展的资源消耗和环境破坏较小，环境
承载力仍然较高。

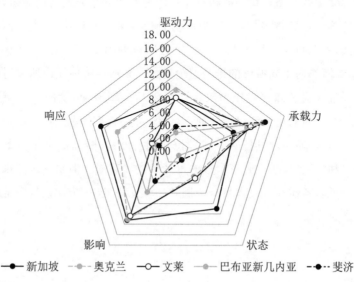

资料来源：AP-ISI 2022。

图 9-11　部分岛屿经济体城市一级指标得分（2020）

　　岛屿经济体的产业发展状态、影响和响应内部差异大。岛屿经济体主要发
展外向型经济，经济发展高度依赖国际市场，尤其是临近市场。同时岛屿经济
体由于资源相对匮乏，往往根据自身资源禀赋发展特定产业，产业结构单一和
高度专业化，在特定市场往往具有较高的比较优势。因此，地理位置和资源禀
赋对岛屿经济体的产业发展影响重大。在亚太地区城市中，新加坡地处东南亚
交通要道，邻国资源丰富，市场也较为开阔，为新加坡经济发展提供了资源支撑
和产品市场，产品运输条件也较好，因此新加坡产业规模相对较大，产业结构也
较为多元化，高度发展的经济也为政府平衡社会和生态发展提供了经济基础；
同时，新加坡政府治理水平较好，法治化程度高，金融市场较为完善，商业环境
也较为优越。文莱石油资源丰富，石油化工行业是国民经济的支柱行业，但政
府也同时积极推进产业结构转型，在新冠疫情的冲击下，依靠非石油化工部门
和私营部门维持了经济的稳定发展。相比之下，斐济、巴布亚新几内亚等地则

距离东亚、东南亚和澳洲市场较远，同时自然资源较为匮乏，以经济发展以旅游业为主。

　　从排名的变动看（见图 9-12），岛屿经济体城市的排名均较为稳定。其中，新加坡排名持续维持在前 4。文莱排名不断上升，主要是因为积极推动经济多元化战略，通过降低税率与国内外企业建立战略合作关系，促进私营部门发展，提升了产业韧性和竞争力。巴布亚新几内亚排名上升明显，主要得益于其城市产业相对其他城市受到的新冠疫情的经济冲击更小。斐济的排名下降明显，主要是因为产业机构单一，同时受到新冠疫情等外生冲击的影响，经济下滑，就业环境恶化。新西兰奥克兰排名明显下降，主要是由于其他新兴经济体城市的迅速崛起导致的排名相对下降，奥克兰的响应能力相对下降最为剧烈。

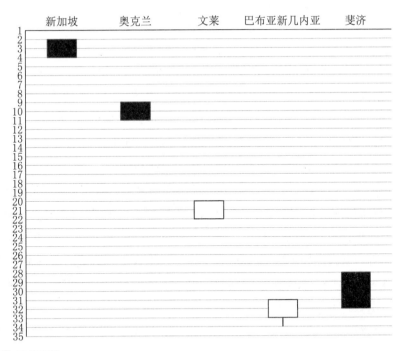

资料来源：AP-ISI 2022。

图 9-12　岛屿经济体产业可持续性排名变化（2017—2020）

第 10 章

聚焦：亚太产业链与贸易比较优势

一、 亚太产业的全球定位和角色

随着亚太地区经济的高速发展，区域在全球经济、产业布局中的影响也不断加深。截至 2018 年，亚太经济合作组织 21 个成员经济体占全球经济总量的 60%，以及全世界总贸易的 48%。[1]亚太地区面积大、人口多、覆盖众多国家，各个国家经济发展水平不尽相同，同时拥有着不同的资源禀赋，在全球产业链中的位置和角色也有所不同。总体而言，亚太地区尤其是亚洲地区的制造业在全球范围内拥有较大优势，这得益于其较低的成本、丰富的劳动力资源、地区内较多的自由贸易协定签署，以及亚洲过去几十年内的不断的努力为其在全球制造业领域内打下了很好的基础，是名副其实的全球制造业中心。[2]此外，亚太地区还拥有巨大消费者市场、劳动力成本较低的同时熟练劳动力充足、基础设施发展稳健、投资环境优良等一系列优势，使亚太地区在全球范围内吸引投资拥有很强的竞争力。近年来亚太地区各行业的外商直接投资和并购活动持续增加，以印度为例，2020年一年制造业外商直接投资就达到 82 亿美元，创造历史新高。[3]此外，亚太地区内不同经济体也有自己的优势和特色。例如中国香港利用其独特的经济地

〔1〕 United States Trade Representative. *U. S.-APEC Regional Trade and Investment*. https://ustr.gov/countries-regions/japan-korea-apec/apec/us-apec-trade-facts.

〔2〕〔3〕 KPMG. *Rethinking supply chains in Asia Pacific：A study on supply chain realignment and competitiveness across high growth markets*. 2021. https://assets.kpms.com/content/dam/kpmg/xx/pdf/2021/rethinking-supply-chains-in-asia-pacific.pdf.

位、优良的营商环境、先进的交通基础设施，成为全球金融中心与交通中心，并正向着电子供应链中心发展。越南的电子制造业、中国台北的半导体产业、泰国的汽车产业、印度的特殊化学品产业等都是亚太区域内具有一定规模和竞争力的产业。

亚太地区制造业产业规模大、涵盖领域丰富、新兴产业蓬勃发展，但是具体到产业内部价值链中定位，亚太地区一些发展中国家，仍然面临产业升级困难和挑战，需要进一步探索路径。本章首先总体介绍亚太地区几个突出和有代表性的产业在全球产业链中的分布，其次，通过案例介绍亚太地区在可持续发展方面的资源优势。

1. 亚太地区在全球产业价值链中的角色和定位

亚太地区是全球制造业的中心。根据世界银行提供的数据进行测算，到 2019 年 APEC 成员经济体（不含中国台北）制造业增加值约占全球 63%，工业增加值（含建筑业）约占全球 59.5%。[1]亚太地区如中国、美国、日本、韩国等国都在全球制造业分布中占比较高。APEC 成员经济体在全球制造业和工业布局中的重要性得益于其内部的多样性。APEC 成员经济体要素禀赋存在一定差异，因此区域内区域合作和贸易互补程度较高，为区域内形成完整、成规模的制造业产业提供了良好的基础。

随着全球贸易动态和新冠疫情继续引发国际供应链的迁移，亚洲和东盟地区已经成为对公司有吸引力的替代方案。由于成本较低，劳动力的可用性和其成熟的制造业地位，亚洲和东盟地区已经成为对企业有吸引力的选择。一些公司已经宣布在越南、泰国和印度等国家的各个部门建立制造业务。该地区几个国家的政府也在积极寻求机会，通过提供土地、税收优惠和其他激励措施来吸引制造商。该地区的经济体也已经签订了若干自由贸易协定和伙伴关系。该地区还拥有一些最繁忙的港口，以促进制造商便捷的贸易流动。东盟地区拥有另一个巨大的人口红利，劳动适龄人口的持续供给、不断增长的工业存量和快速增长的经济推动

〔1〕 World Bank. *World Bank national accounts data , and OECD National Accounts data files*. https://data. worldbank.org/indicator/NV.IND.MANF.CD? locations＝1W-CA-MX-PE-CL-KR-JP-RU-CN-HK-VN-TH-PH-MY-BN-PG-SG-ID-NZ-AU-US; World Bank, *World Bank national accounts data , and OECD National Accounts data files* , https://data.worldbank.org/indicator/NV.IND.MANF.CD? locations＝1W-CA-MX-PE-CL-KR-JP-RU-CN-HK-VN-TH-PH-MY-BN-PG-SG-ID-NZ-AU-US.

了该地区的制造业发展。[1]

在 1996—2017 年之间，APEC 区域内制造业产品贸易以年均 6% 的增速快速增长。[2] 这一数据一定程度上反映了 APEC 地区在贸易、制造业产业方面存在的优势。然而 APEC 地区制造业发展也存在一定的问题，例如区域内发达国家在多数产业牢牢占据价值链顶端，发展中国家在国际贸易中较难获得与其在劳动力、自然资源等方面的贡献相匹配的公平的回报。接下来我们将从服装业和半导体行业两个有代表性的产业进行分析。在本章的第二部分，我们通过案例分析近年来亚太地区一些发展中国家如何通过积极的区域合作进行产业升级，逐步摆脱处于在价值链最底端的局面，并在国际贸易中获得更加公平的回报。

2. 亚太地区的突出领域案例

（1）服装业

亚太地区在全球服装产业中发挥着重要作用。服装行业作为典型的劳动密集型产业，发展中国家相较发达国家通常拥有比较优势，因此服装业制造被视作是很多发展中国家工业化的第一步。图 10-1 表明，从供给端来看，2020 年，全球前 10 个主要服装出口国或地区中，亚太地区占据一大半。中国是全球服装产业最大的出口国，其他一些亚太地区，如印度、越南、孟加拉等也在全球服装业中占有重要的比重。从需求端来看，发达国家在服装行业进口中仍然非常重要，美国等一些亚太地区发达国家在服装全球服装进口中占据较高比重。

服装产业虽然常被认为是较底端的产业，但是由于广大发展中国家的广泛参与，同样也是全球化程度最高的产业之一。现代服装产业拥有较长历史，全球化起步也较早。近代的工业化纺织起源于第一次工业革命，英国成为当时全球纺织业中心，美国于 19 世纪末 20 世纪初逐步取代英国成为全球纺织业主要国家。第二次世界大战后，纺织服装业的重心逐渐向亚太地区，尤其是亚洲地区转移。日本是亚洲地区第一波接受美国纺织业转移的国家，并于 20 世纪 50 年代末期成为

〔1〕 KPMG. *Rethinking supply chains in Asia Pacific*：*A study on supply chain realignment and competitiveness across high growth markets*. 2021. https：//assets.kpms.com/content/dam/kpmg/xx/pdf/2021/rethin-king-supply-chains-in-asia-pacific.pdf.

〔2〕 APEC Secretariat, *Fostering an Enabling Policy and Regulatory Environment in APEC for Data-Utilizing Businesses*. APEC Policy Support Unit. 2019.

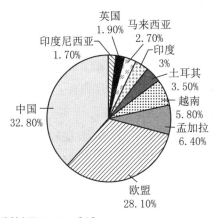

图 10-1　全球主要服装出口国家或地区占比（2021）

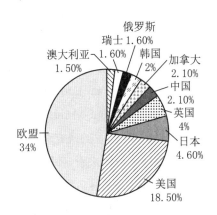

资料来源：Statista。[2]

图 10-2　全球主要服装进口国家或地区占比（2021）

了全球主要纺织品出口国之一。从 70、80 年代起，纺织服装业的重心开始转向韩国、中国台北地区等当时开放程度较高、劳动力成本较低的地区。随着中国大陆改革开放和加入世界贸易组织等一系列政策，中国大陆服装产业从 20 世纪 90 年代起高速发展，成为了全球纺织制造中心。2012 年后，随着中国劳动力成本上升、环保政策完善等因素影响，国内服装业增长放缓。与此同时，东南亚地区如越南、柬埔寨等国家纺织业开始较快增长。[3]

　　正由于服装产业在发展中国家追赶过程中，尤其是亚太地区，具有一定普遍性，不少早期研究国际贸易和产业价值链升级的文章会选用服装产业作为研究对象。例如，著名价值链领域专家 Gary Gereffi[4] 在 1999 年以服装业为研究对象对发展中国家在产业价值链的升级进行了分析。在这篇文章中，Gereffi 指出，传统经济学理论中发展中国家在经历了早期的劳动力密集产业的发展和资本积累后，随着资本相对于劳动力的增加要素禀赋更加偏向资本密集型产业的简单理论不足以解释亚洲地区一些经济体的转型升级。产业的转型升级更多时候只会发

〔1〕〔2〕　Sabanoglu，T. *Share in world exports of the leading clothing exporting countries 2021*. Statista. 2022.

〔3〕　糜韩杰、赵颖婕：《解读全球纺织产业中心转移历史，探索中国纺织制造企业未来方向》，广发证券行业专题研究，2019 年 2 月 24 日。

〔4〕　Gereffi G. *International trade and industrial upgrading in the apparel commodity chain*. Journal of international economics，1999，48(1)：37—70.

生在产品系统的围绕在全球商品链中主导公司的产业和地区。他的研究反映了在服装行业以及其他一些行业,融入全球价值链对于产业发展的不可或缺的作用。他在文中提到了亚洲发展中国家的巨大优势在于亚洲服装行业较快实现了原始设备生产(Original Equipment Manufacturing,OEM),并且拥有了向原始品牌生产(Original Brand Manufacturing,OBM)继续发展的能力。

尽管 Gereffi 当时的研究对东亚地区几个经济体服装行业的发展较为乐观,但是从亚太地区整体来看,韩国、中国香港、中国台北等几个产业升级较为成功的经济体并不具有普遍性。在文章发表了 20 年后的今天,亚太地区一些新兴经济体仍未达到 OEM 模式,或者仍处于 OEM 模式无法有效突破的状况。目前全球服装行业的上市公司中,无论从市值、利润还是销售额来看,西方发达国家公司都占据了绝对优势,[1]排名前十的公司中,美国两家、日本和加拿大各一家,其余六家均来自欧洲。亚太地区,尤其是亚太发展中国家,仍然处于服装业价值链的中下游。亚太发展中国家虽然作为全球服装业主要生产国,但是并没有从这些国际贸易中获得太多利润,研究显示,在服装行业价值链中,原材料和加工附加值占零售价格比率仅为 15.7% 和 7.4%,而批发和零售附加值占零售价格比率则为 22.3% 和 54.5%。

服装业价值链大致由原料生产、面料生产、产品设计、纺织品制造和销售等几个部分构成(图 10-3)。在价值链中,产品设计和终端销售网络是高附加值环节,而纺织品和服装制造环节属于劳动密集型环节,在价值链中利润低、竞争激烈的部分。[2]目前全球服装业价值链大致的分工为:部分发达国家占据了设计、销售等高端环节;一些发展中国家为主要原材料供应国;另一些发展中国家,如中国、越南、孟加拉等则占据了产品制造环节。图 10-4 展示了部分西欧发达国家和东亚国家的纺织业出口复杂度(Sophistication of Exports,EXPY)。结果表明,意大利、德国的出口复杂度高于其他东亚发展中国家,反映了其纺织服装业在全球价值链中的地位更高。其中,2015 年以来,中国、意大利和德国等发达经济体的纺织业出口复杂度差距迅速缩小,在 2020 年已经相当接近;越南、印度尼西亚和印度等新兴经济

---

〔1〕 CompaniesMarketCap.com, *Largest clothing companies by market cap*, https://companiesmarketcap.com/clothing/largest-clothing-companies-by-market-cap/.

〔2〕 詹小琦:《全球价值链视角下中国纺织服装业国际竞争力的比较》,载《江苏海洋大学学报(人文社会科学版)》2021 年第 6 期 19 卷,第 98—109 页。

体和出口复杂度也在上升，但是和中国、德国与意大利仍然有明显差距。

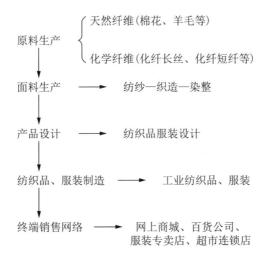

资料来源：詹小琦：《全球价值链视角下中国纺织服装业国际竞争力的比较》，2021。

图 10-3　纺织服装业价值链

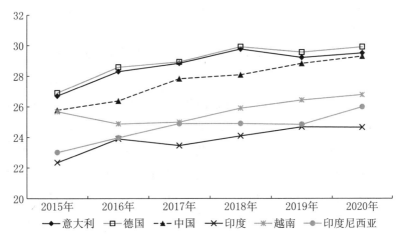

资料来源：詹小琦：《全球价值链视角下中国纺织服装业国际竞争力的比较》，2021。

图 10-4　纺织服装业的出口复杂度比较（2015—2020）

杜克大学 2011 年一篇关于全球服装产业价值链的报告[1]指出，一个地区想

---

〔1〕　Fernandez-Stark K.，Frederick S.，Gereffi G. *The apparel global value chain*. *Duke Center on Globalization*. Governance & Competitiveness. 2013.

在全球服装产业价值链往上移动需要经历四个阶段：一是最简单的加工缝纫；二是完整的生产服装的能力，包括原材料购买加工等上游能力；三是设计能力；四是品牌能力。文章中引用了孟加拉作为例子，认为孟加拉的服装产业处于第二阶段，仍处于价值链较低水平。

当前，亚太地区发展中国家服装业主要采用以满足海外需求进行生产导向的OME模式。虽然对该模式的运用已然具备了较高的国际化水平，并在国际价值链中发挥了提升效率的重要作用，但这些国家并没有获得足够公平的利润。

总的来看，亚太地区虽然广泛参与服装产业这一高度全球化的产业，但是在整个产业价值链中仍处于较低端水平。欧美等国家依靠先发优势和品牌资源，掌握了价值链中附加值最高的设计、零售等环节。日本也通过专注高附加值产品研发，通过发展如纤维面料等技术在服装产业中获得了高附加值。中国目前仍然是全球纺织服装业的中心，在面料和成衣制造方面处于领先地位，虽然该环节附加值低于设计、零售等环节，但是中国通过小企业逐步淘汰、行业集中度逐渐提升，规模以上企业总体情况处于乐观状态，利润整体呈上升趋势。东南亚国家纺织服装业发展迅速，但仍然处于产业链最底端。

（2）半导体行业

与服装行业不同，半导体行业是新兴高端产业的代表。亚太地区在全球半导体行业也拥有着非常重要的作用。然而值得注意的是，半导体行业在不同区域和国家间有着比较明确的分工。从产业链的角度来看（见图 10-5），半导体行业主要有研究（Research）—设计（IP、EDA design）—制造（Manufacturing）—封装测试（Assembling，Testing & Packaging）—销售（Distribution）等这几个主要环节。此外，如原材料（晶圆片）生产、装备生产等也是产业链重要部分。

从半导体公司商业模式的角度来看，半导体行业主要有三种商业模式：一是整合元件制造（IDM）模式，这种模式下的厂商设计并且自己生产集成电路产品，这类厂商从事集成电路设计、生产和销售的全链条活动。二是无厂半导体公司模式，即 Fabless 模式，这类厂商只负责设计和销售。三是晶圆代工，即 Foundry，晶圆代工厂商受无厂半导体公司委托生产集成电路。这三种模式中，IDM 和 Fabless 模式通常会被认为处在价值链最顶端，因为他们负责了芯片的设计工作。然而半导体行业中的晶圆代工本身也属于高附加值、高资本密集度产业，且芯片设计公司通常与晶圆代工公司关系密切，存在一定相互依存的关系，因此晶圆代

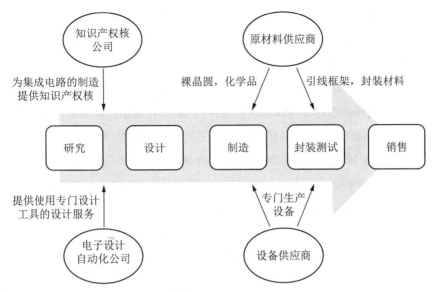

资料来源:Semiconductor Industry Association。〔1〕

图 10-5　半导体行业生态/产业链

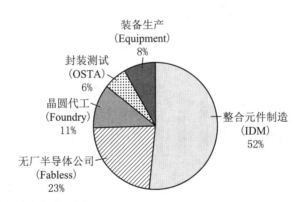

资料来源:Semiconductor Industry Association。

图 10-6　半导体行业不同模式收入情况(2015)

工在整个产业链中拥有非常重要的、不可替代的地位。此外,半导体封装测试 OSTA (Outsourced Semiconductor Assembly and Test)是也是产业链中的一环,封装测试被更多视为半导体行业内劳动密集型、附加值较低的部分,处于价值链底

---

〔1〕 Semiconductor Industry Association. *Beyond Borders*:*How an Interconnected Industry Promotes Innovation and Growth*. 2016.

端。如图 10-6 所示，半导体行业收入主要集中于 IDM 模式、Fabless 模式。之后是晶圆代工和装备生产，最低的是封装测试。

美国目前在全球半导体行业处于绝对领先状态。如图 10-7 所示，2021 年看在全球销售额超 100 亿美元的半导体公司中，美国占 9 家。根据 Business Insider 的报道，[1]美国在全球半导体市场份额占到 54%，排名第二的是韩国占 22%，排名第三的中国台北占 9%。但是如果我们仅关注晶圆代工，则结果完全不同。如图 10-8 所示，全球晶圆代工市场份额前五的企业占据总市场份额的约 90%。其中中国台北的台积电就占全球晶圆代工市场份额的 50% 以上。另外四家分别是韩国的三星（Samsung）、中国台北的联华电子（United Microelectronics Corporation，UMC）、中国大陆的中芯国际（Semiconductor Manufacturing International Corporation，SMIC）和美国的 Global Foundries。

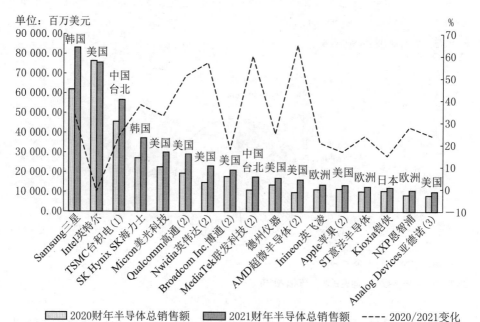

注：(1)晶圆代工；(2)无厂半导体公司；(3)包括 2020/2021 收购公司数据；* 产品用于公司内部使用。
资料来源：IC Insights。

图 10-7 全球年营业额超 100 亿美元半导体公司模式及地区分布（2020—2021）

---

[1] Verma，B. *US companies seize worldwide semiconductor trade with over thirteen times more market share than China*. Business Insider. 2022.

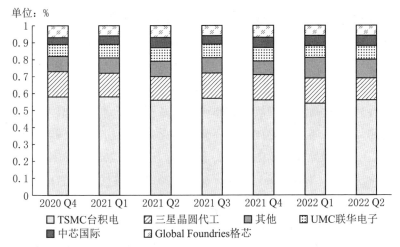

单位:%

2020 Q4　2021 Q1　2021 Q2　2021 Q3　2021 Q4　2022 Q1　2022 Q2

□ TSMC台积电　▨ 三星晶圆代工　▨ 其他　▦ UMC联华电子

■ 中芯国际　▨ Global Foundries格芯

资料来源:COUNTERPOINT。[1]

图 10-8　全球晶圆代工市场份额(2020—2022)

除了芯片设计和晶圆代工之外,晶圆片生产、装备生产(Semiconductor Manufacturing Equipment,SME)、封装测试等都是半导体价值链的一部分。其中装备生产和晶圆代工是高附加、资本密集型产业,而封装测试则相对低端。研究发现,[2]在半导体制造装备方面,前五大主要企业分别为美国的 AMAT、LAM 和 KLA,此外,还有荷兰的 ASML 和日本的 TEL。晶圆片生产通常由晶圆代工厂生产,在晶圆片生产方面,韩国、中国台北、美国、日本处于领先状态。在劳动力更为密集、附加值最低的封装测试阶段,中国台北市场份额超过全球的 50%,排名第二第三的分别是中国大陆和美国。

总体而言,亚太地区在半导体这一高端产业中占据了全球的主导地位,但是如果细分,则会发现,美国在半导体行业内处于价值链上端,而亚太其他地区如中国台北,则更偏向于晶圆代工。半导体行业符合日本经济学家赤松关于全球价值链的"雁形模型",即领域内最发达的国家(美国)处于价值链顶端,而其他国家和地区依照发展阶段在两边排列的产业价值链发展过程。[3]

[1] McClean,B. *The McClean Report Research Bulletin*,*IC insights*. *Acquired by TechInsights*. 2021.

[2] Kleinhans,J. & Baisakova,N. *The global semiconductor value chain:A technology primer for policy makers*. Stiftung Neue Verantwortung(SNV). 2020.

[3] 雷瑾亮、张剑等:《集成电路产业形态的演变和发展机遇》,载《中国科技论坛》2013 年第 7 期,第 34—39 页。

需要注意的是,随着国际政治形势的变化,未来全球半导体行业的格局可能会发生较大变化。尽管美国在全球半导体行业中占据了价值链顶端的研发、设计环境,但是其在制造环节在全球占比一直较低,这点也导致了美国政界和商界对于国家安全的普遍担忧。随着近年来美国同如中国的一些新兴经济体出现经贸、地缘政治等领域的摩擦,美国政府试图通过一系列经济、政策工具对重塑全球半导体产业格局,扩大本土半导体制造环节全球比重,并且打压中国半导体行业发展,保证其在全球半导体产业中处于领导地位。美国于 2022 年 8 月实施了《2022 芯片与科学法案》(CHIPS and Science Act of 2022)。该法案将在未来 10 年内为美国半导体及相关行业提供超过 2 800 亿美元的支持,这其中很大一部分的资金将流向理工科人才培养、研发,以及成果转化。资金流向第二多的就是美国本土的芯片制造,该法案将在未来 5 年为美国本土的芯片制造环节提供 500 亿美元的支持来扩大本土芯片产能。此外,该法案还将在 2027 年前为在美国本土生产半导体的企业提供约 240 亿美元的税收减免,来加速芯片生产的本土化进程。[1]芯片法案实施后,已经对全球半导体行业产生了一些影响,例如台积电已经宣布将在美国亚利桑那州投资 120 亿美元建设半导体制造厂。[2]此外,值得注意的是,美国在芯片法案中明确了接受美国法案税收减免和其他补贴政策的公司将不得在中国设立高于 28 纳米制程的半导体工厂,以此打压中国半导体产业。[3]美国的一系列举措为全球未来半导体行业发展增加了不稳定性,短期时间内,全球半导体行业可能会更加向美国集聚,美国在价值链中断的制造环节比重可能上升。

二、 全球产业分工和亚太地区贸易比较优势

产业发展不仅仅可以通过区域内加强要素投入,优化要素资源配置和提升生

---

[1] Badlam, J., Clark, S., Gajendragadkar, S., Kumar, A., O'Rourke, S., & Swartz, D. *The Chips and Science Act:Here's what's in it*. McKinsey & Company. 2022. https://www.mckinsey.com/industries/public-and-social-sector/our-insights/the-chips-and-science-act-heres-whats-in-it.

[2] Thorbecke, C. *The US is spending billions to boost chip manufacturing. Will it be enough?* CNN Business. 2022. https://edition.cnn.com/2022/10/18/tech/us-chip-manufacturing-semiconductors/index.html.

[3] Wu, D., Flatley, D., & Leonard, J. *US to Stop TSMC, Intel from Adding Advanced Chip Fabs in China*. Bloomberg. 2022. https://www.bloomberg.com/news/articles/2022-08-02/us-to-stop-tsmc-intel-from-adding-advanced-chip-fabs-in-china.

产率来实现,还可以通过跨区域的自由贸易和产业协同合作和优化布局的来实现。经济体通过全球的产业布局和参与全球贸易来实现资源的优化配置,同时也通过自身产业结构的转型,提升产业的竞争力和韧性。

全球范围内,包括亚太地区内,区域间产业要素禀赋和生产效率存在较高不平衡,比较优势理论和依赖理论是国际贸易的两个理论流派。比较优势理论指出发展是有阶段的,强调基于资源禀赋差异的比较优势的自由贸易和外商投资对于本国经济发展的正面的现代化作用。该理论认为,发展中国家最终会在持续的国际贸易中实现经济增长和现代化,发展中国家和发达国家的差距会最终自然收敛。[1]依赖学派则指出,外商投资强化了发展中国家和发达国家之间在全球产业链和贸易中的结构性的不平等的关系,发展中国家将会被锁定在落后阶段,无法实现经济增长,除非发展中国家可以培育出内生的技术能力并实现内部驱动的产业结构升级。[2]虽然两种学说通常被认为是不同的,但是把两种学说辩证结合起来,在一定程度上说可以对国际贸易形成更加完整、准确的认识。从亚太地区来看,这两种学说的辩证统一也能更好地点出亚太地区发展的机遇和挑战。例如亚太地区不少发展中国家在过去几十年内依托自己的比较优势,通过积极融入全球贸易,实现了较快的增长,但是同时,也受制于一些全球贸易体系中的结构性不平等因素,并未获得完全匹配其对世界经济增长贡献的经济回报。

1. 亚太地区比较优势与贸易

比较优势理论以各个国籍国家生产技术的相对差别为基础,提出了不同国家生产的相对成本差距作为国际贸易的基础。而各国不同的生产要素丰富程度,以及不同的资源禀赋造成的这些差距,是影响各国在国际贸易分工中的决定性因素。亚太地区内不同国家,尤其是发展中国家依托自身特点和优势,在过去几十年内取得了巨大变化和进步。早在 20 世纪七八十年代,亚太地区发达国家就积极利用自身优势和资源禀赋,通过积极的出口政策、利用外资等措施融入国际贸易体系,为经济发展打下了基础。此外,亚太地区国家资源禀赋、比较优势各不相

[1] Lin, J. Y. *Is China's growth real and sustainable*? Asian perspective,2004,28(3):5—29.
[2] Cardoso, F. H. *The consumption of dependency theory in the United States*. Latin American Research Review,1977,12(3):7—24.

同,进一步推动了地区国际贸易的繁荣。

亚太地区一直致力于融入世界贸易体系。1989年APEC的成立成功助力地区吸引了更多外国投资,促进了亚太地区国际贸易的发展,同时,APEC的成立也加强了亚太地区贸易的经济相互依存性(见图10-9)。[1]此外,亚太地区经济体先后加入了WTO,加入WTO提高了亚太地区发展中国家和地区对外国直接投资者的吸引力,进而促进了亚太地区发展中国家和地区贸易的发展。[2]进入21世纪后,中国和越南等APEC成员经济体又相继加入WTO,进一步完善了亚太地区在国际贸易体系中的地位。此外,亚太地区经济体一直不断优化国际营商环境,不断丰富和完善各种自由贸易协定,亚太地区经济体签署的自由贸易协定呈逐年增多、并保持较高增产的趋势,而这些自贸协议中,约35%是由区域内国家/经济体之间签署的。[3]

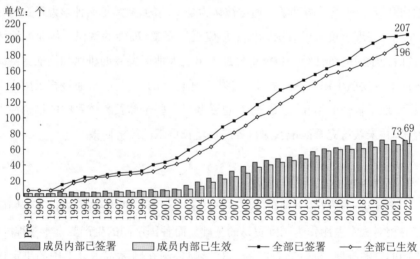

资料来源:APEC, *APEC Policy Support Unit. APEC in charts 2022*。

图10-9 APEC经济体累计自由贸易协定数(1990—2022)

[1] Stone, S. F., Jeon B. N. *Foreign direct investment and trade in the Asia-Pacific region: complementarity, distance and regional economic integration*. Journal of Economic Integration, 2000:460—485.

[2] Shah M.H. *Inward FDI in East Asian & Pacific developing countries due to WTO led liberalisation*. East Asian & Pacific Developing Countries Due to WTO Led Liberalisation. Business & Economic Review, 2017, 9(2):1—20.

[3] APEC Secretariat, *APEC Policy Support Unit. APEC in charts 2022*, APEC. 2022, https://www.apec.org/publications/2022/11/apec-in-charts-2022.

　　在亚太地区区域范围内，由于各国多样的资源禀赋、比较优势，各国可以通过贸易获得互惠互补的收益，因此区域内的国际贸易的需求也比较充足。例如 20世纪 90 年代东亚地区的区域一体化与增值生产网络活动保持一致，随着地理动态的变化，跨界互动密度很高，中间产品增值贸易产生了非正式一体化，亚太地区发达国家和发展中国家在地段上的相互依存关系利用了本区域内特定地点优势的异质性。[1]从 90 年代末开始，全球贸易格局，包括亚太地区贸易格局开始出现变化。以全球主要经济体为例，通过对他们显性比较优势（Revealed Comparative Advantage，RCA）的分析发现，尽管全球七个主要经济体（美国、中国、日本、加拿大、欧盟、墨西哥、其他东亚国家）在 1996—2006 年间，在全球制造业出口中占比稳定在 80% 的水平，其内部结构则出现了一定变化。加拿大、美国和日本在全球出口中的份额出现了明显下降，而中国的份额增加了 3 倍。发达国家制造业出口的衰减主要发生在美国的低技术产品，以及一些加拿大和日本的中高科技产品。除加拿大外，发达国家出口高科技产品的占比普遍较高，其中最高的日本高科技产品占其制造业出口的 70%。日本在基于 RCA 的中高科技产品出口中所占份额也最高。而中国则在非 RCA 的中高科技产品出口中所占份额最高。[2]与发达国家相比，发展中国家的比较优势则更多存在于一些传统产业。例如中国和澳大利亚之间的纺织品和服装贸易。通过 RCA 分析发现，澳大利亚的纺织品和服装产业上缺少竞争力，而中国则在纺织和服装产业的出口上拥有很强优势，澳大利亚的需求与中国的出口非常匹配。[3]然而尽管澳大利亚在纺织和服装行业整体上不拥有比较优势，但是在附加值更高的特殊纺织品、皮草等贸易中仍然拥有比较优势。总体而言，虽然发展中国家积极参与国际贸易，并且日益成为国际贸易中的重要组成部分，但是受制于发展阶段、技术、资本等种种原因形成的比较优势，总体在国际贸易价值链中仍处于较低位置。这一现象不仅出现在制造业方面，在

〔1〕　Rudner，M. *Institutional Approaches to Regional Trade and Cooperation in the Asia Pacific Area*. Transnat'l L. & Comtemp. Probs.，1994，4：159.

〔2〕　Acharya，R. C. *Analysing international trade patterns：Comparative advantage for the world's major economies*. Journal of Comparative International Management，2008，11(2)：33—53.

〔3〕　Cui，C.，& Chen，S. *A RCA Analysis of China's Competitive Advantage to Export Textile and Apparel to Australia*，2016 International Conference on Education，Management Science and Economics. Atlantis Press，2016：91—94.

国际服务业贸易中更为明显，根据对 1992—2010 年间美国和中国、印度两国服务业贸易的仔细研究和定量分析，研究人员发现美国在绝大多数服务业都具有显著的比较优势，除了个别例如交通、旅游等传统行业，而特定行业人才、资本流入等是造成美国服务业比较优势的主要原因。[1]

需要注意的是，贸易互补性不仅发生在发展中国家与发达国家之间，也可能发生在区域内发展中国家之间。例如，通过使用能够揭示对称比较优势和贸易平衡指数方法，研究人员发现，中国有更成熟的贸易模式，而东盟则有一个动态贸易模式。这两种具有不同优势的贸易模式可以互为补充，从而促进东盟和中国贸易的共同发展。[2]

可以看出，由于比较优势不同，亚太地区内的不同国家间有着较高程度的经济互补性，亚太地区国家也积极利用自己的比较优势融入国际贸易体系，谋求更为广阔的发展。但也不难看出，受到发展阶段导致的技术、资本等要素获取方面的限制，发展中国家的优势普遍集中于产业价值链的中低端。这就需要我们辩证统一地运用比较优势和产业依赖理论，以进行全面合理的分析应对。

2. 产业依赖理论下的全球分工

依赖度是发展经济学中的重要概念。当前依赖度的研究主要有两种，包括经济实体之间的依赖性和经济体内部的不同产业间的依赖性。

从经济体间依赖性看，Theotonio 指出，依赖度是指一个经济体在多大程度上依赖于另一个经济体的发展和扩张。这种相互依赖关系，假设了两种在国际贸易中处于不平等关系的经济体的存在。一种是主导性的经济体（Dominant Economy），这种经济体不断扩张并可以自我维持；一种是不独立的经济体（Dependent Economy），不独立经济体的经济发展是主导经济体的经济扩张的映射，这种映射可能会促进也可能会抑制对于不独立经济体的发展。[3]Theotonio 将依赖度分为三类，（1）殖民性依赖（Colonial Industrial Dependence），不独立经济体

〔1〕 Nath，H. K., Liu, L., & Tochkov, K. *Comparative advantages in US bilateral services trade with China and India*. Journal of Asian Economics，2015，38：79—92.

〔2〕 Shohibul, A. *Revealed comparative advantage measure：ASEAN-China trade flows*. Journal of Economics and Sustainable Development，2013，4(7)：136—145.

〔3〕 Santos，T. D. *The structure of dependence*. American Economic Review，1970，60(2)：231—236.

向主导经济体输出土地、矿产和人力资源,不独立经济体的经济体依赖于主导经济体的市场需求;(2)资本—工业依赖(Financial Industrial Dependence),主导经济体将资本投入到要素价格更低同时资本不足的不独立经济体以生产部分初级产品,并服务于主导经济体的需要,这种不独立经济体的发展模式也被称作出口型经济;(3)技术—工业依赖(Technology Industrial Dependence)。技术—工业依赖是基于资本—工业依赖的一种新形式的依赖。不独立经济体不仅仅依赖于主导经济体的资本,还依赖于主导经济体垄断的部分原料、工业设备和技术。技术—工业依赖反映了全球产业链的更加深入的分工和持续性的全球产业分工中的不平等关系。针对传统的经济体间的产业依赖理论,全球范围内也存在较多的实例,不少经济学家的研究对这一现象进行分析。例如,Frank[1]指出,无法有效地实现资本积累,高度依赖发达国家的资本流入,被认为是拉丁美洲国家无法实现经济发展的原因。依赖现象不仅存在于发展中国家,一些发达国家的部分产业也存在一定的对他国的依赖。例如 Britton[2]指出,由于加拿大的第二产业,尤其是高科技产业长期被外资控制,导致其创新和产品研发部门始终难以成长起来。

　　产业依赖理论虽然较为传统,但是在分析国际贸易、地区发展中仍然可以起到很好的借鉴、参考作用。发展中国家通过劳动密集型产业、资源密集型产业为亚太地区乃至世界经济增长做出了重要贡献,但是由于对发达国家资本、技术等要素的依赖,在国际贸易体系中处于劣势。虽然亚太地区不少发展中国家在过去的一段时间内通过积极的对外贸易政策获得较好发展,但是发展中也面临着诸如长期处于产业链底端、依赖原材料出口、依赖劳动力成本优势等困难和瓶颈。如何应对这些挑战对于亚太地区发展中国家来说至关重要,一些国家也意识到了这一问题并作出了一系列调整。下面,我们将以矿产行业为例,分析亚太地区在这一资源领域的优势。并且将以印度尼西亚为例,为亚太地区如何通过自身资源优势促进产业升级、更高水平融入世界贸易提供参考案例。

〔1〕 MacLeod,M. J. *Latin America*: *Underdevelopment or Revolution*. *Essays on the Development of Underdevelopment and the Immediate Enemy*. The Journal of Economic History. 1971.

〔2〕 Britton,J. N. H. *Industrial dependence and technological underdevelopment*: *Canadian consequences of foreign direct investment*. Regional Studies,1980,14(3):181—199.

3. 亚太地区资源和贸易优势

随着全球对可持续发展、低碳产业重视度的不断提高,一些生产低排放能源所需的关键性矿产的重要性也在提升。关键性矿产包括与储能(如电池)相关的锂、镍、钴、石墨等元素;与输电相关的铜和铝;与太阳能发电、风力发电和核能发电相关的硅、铀和稀土等。[1]国际能源署研究显示,[2]按照各国现有的清洁能源政策,到 2040 年,这些关键性矿产的需求量相较于 2020 年会增加一倍。为了实现《巴黎协定》的目标,清洁能源所需的矿产需求量将上升到 2020 年的 4 倍,如果全球想在 2050 年取得碳中和,矿产的需求量将增加 5 倍。由此可见,全球矿产行业的可持续性转型对气候目标至关重要,同时将给相关发展中国家带来重要的机遇。以印度尼西亚为例,印度尼西亚政府敏锐地察觉到了矿产领域未来潜在的巨大经济机遇,通过区域合作带动矿产产业升级,更高水平的融入国际贸易。

亚太地区拥有得天独厚的自然资源储备。从整体来看,根据联合国环境署数据进行测算,[3]亚太地区在全球范围内的各类资源出口中占据了拥有重要地位。2019 年,亚太地区化石能源开采约占全球开采的 63.8%,化石能源出口约占全球出口的 53.7%;各类金属矿产开采占全球的 66.6%,出口量占全球的 58.6%;各类非金属矿产开采量占全球的 66.9%,出口量占全球的 29.7%。美国地质调查局的数据还显示,即使不计入美国,亚太地区仍生产了全球 90% 的钨、77% 的锡、70%的石墨、71% 的原钢和 63% 的铝土矿,不少亚太地区的国家在全球金属、工业矿产、矿物燃料和相关材料的生产中具有重要的位置。[4]此外,东亚太地区拥有全球超过 25% 的煤炭储备、澳大利亚和中国是全球两个最主要的矿产生产国,印度拥有丰富的铝土矿、铬、铁矿石、稀土等资源。[5]尽管在澳大利亚、中国、印度、印度尼西亚、菲律宾、泰国和其他国家发现了大量的、种类繁多的自然资源,但是亚

〔1〕 PwC, *Mine 2022:A critical transition*, 2022, https://www.pwc.com/gx/en/industries/energy-utilities-resources/publications/mine.html.

〔2〕 IEA, *Critical minerals-topics*, https://www.iea.org/topics/critical-minerals.

〔3〕 UNEP, *Global material flows database. Resource Panel*, https://www.resourcepanel.org/global-material-flows-database.

〔4〕 Renaud, K., DeCarlo, K., Chung, J., Moon, J W., Xun, S., Buteyn, S. *The Mineral Industries of Asia and the Pacific*. U.S. GEOLOGICAL SURVEY MINERALS YEARBOOK—2017-2018. 2022.

〔5〕 Sinha, A., & Sengupta, T. *Impact of natural resource rents on human development:what is the role of globalization in Asia Pacific countries?* Resources Policy, 2019, 63:101413.

太地区仍然面临着各类资源需求较大的压力。亚太地区作为一个整体利用了大量各类自然资源,其中相当一部分用于内部的消费,而不是用于出口。全球范围内,约一半以上的各类材料由亚太地区消费,这突出了为可持续生产和消费制定资源效率政策的必要性。

亚太地区各类能源资源丰富(见图 10-10),但是区域内一些发展中国家经济、技术底子薄,面临着附加值低,融资缺口大等问题。[1]以印度尼西亚为例,该国拥有丰富的矿产资源,但在 2019 年,矿产和煤炭行业仅占其 GDP 约 5%,这是因为其矿产行业由低端的原材料出口主导,附加值较低。[2]发展中国家常在国际贸易中处于劣势,不能通过资源获得公平和有助于经济长期发展的利润。面对这一情况,印度尼西亚近年来通过开展区域合作等一系列政策,积极将资源优势转化为发展动能。

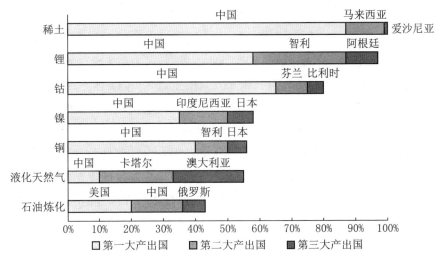

资料来源:IEA。[3]

图 10-10　全球部分矿产和化石能源主要产出国产量占比(2019)

〔1〕 李锋:《"一带一路"背景下中国能矿行业海外投资的机遇、风险与对策》,载《管理现代化》2017 年第 5 期 37 卷,第 98—100 页。

〔2〕 Huang,J-A.,*Turning nickel into EV batteries:Indonesia wants to take its mining industry to the next level*,CNBC,2022,https://www.cnbc.com/2022/04/14/indonesia-wants-to-stop-exporting-minerals-make-value-added-products.html.

〔3〕 IEA,*Share of top producing countries in total processing of selected minerals and fossil fuels*,https://www.iea.org/data-and-statistics/charts/share-of-top-producing-countries-in-total-processing-of-selected-minerals-and-fossil-fuels-2019.

4. 印度尼西亚的资源优势促进产业可持续发展

印度尼西亚通过积极的区域合作,将先进技术引入国内,促进矿产行业向更高端、更可持续的方向迈进。例如中国与印度尼西亚合作建立的综合产业园区青山园。两国通过积极合作,将青山园区建设成了从不锈钢上游原料镍矿开采、镍铁冶炼、不锈钢冶炼,到下游棒线板材加工、钢管制造、精线加工及码头运输、国际贸易等完整的产业链。[1]园区本身也在不断发展,后期中印还在园区内就电解铝、硫铁矿制酸、焦化项目等开展了一系列合作。[2]这些合作既符合中国产业布局发展的需要,也推动了印度尼西亚产业升级发展。印度尼西亚总统佐科曾在由江苏德龙投资建立的苏拉威西省巨盾镍业项目投产仪式上表示,"将镍矿石加工成镍铁附加值将提高 14 倍,如果再加工成不锈钢,附加值将提高 19 倍。印度尼西亚原本只能出口镍矿石,但中国企业的投资,让印度尼西亚 2021 年的不锈钢出口额达 208 亿美元"。他认为这是印度尼西亚经济的"巨大飞跃"。此外,该项目还为当地增加了约 2.7 万个本土就业机会,促进了经济社会发展。[3]

此外,印度尼西亚还希望借助矿产行业的发展,努力融入全球新兴产业发展潮流。其将新能源汽车产业视为其未来发展的重点之一,计划在 2030 年可以生产 60 万台新能源汽车。印度尼西亚政府希望发展新能源汽车产业可以在促进经济的同时帮助印度尼西亚达到 2060 年零碳排放的目标。[4]2021 年,印度尼西亚第一个利用高压酸浸工艺的镍湿法冶金项目正式投产,该项目由宁波力勤和印度尼西亚的 Harita Group 合资建设,可以为新能源汽车电池生产重要材料。这些项目能更好地推动印度尼西亚政府关于融入国际新能源汽车产业链的目标,印度尼西亚希望推动矿产加工—电池生产—新能源汽车制造的发展路径,更好地促进经济升级和产业可持续发展。[5]

---

[1] 中国贸促会:中国印尼综合产业园区青山园区,境外产业园区信息服务平台,https://oip.ccpit.org/ent/parks-introduces/71。

[2] 一带一路金融工程:《央企上半年签约印尼青山工业园区项目 6 单》,2021,https://www.investigo.cn/article/yw/alfx/202107/551312.html。

[3] 林永传:《印尼总统佐科为共建"一带一路"重点项目投产揭幕》,载《中国新闻网》,https://www.chinanews.com.cn/gj/2021/12-27/9638977.shtml。

[4] Office of Assistant to Deputy Cabinet Secretary for State Documents & Translation, *Indonesia Ready to Welcome EV Era*, *Minister Says*, 2022, https://setkab.go.id/en/indonesia-ready-to-welcome-ev-era-minister-says/.

[5] Huber, I. *Indonesia's Nickel Industrial Strategy*. Center for Strategic and International Studies(CSIS). 2021.

第 11 章

展望：亚太区域合作与产业低碳转型

一、 抓住机遇，催化区域合作

全球国内生产总值从 1989 年的 20.19 万亿美元增长到 2021 年的 96.1 万亿美元,其中亚太经济合作组织经济体成员达到 59 万亿美元，东亚和太平洋地区的份额也从 20.8% 上升至 32.1%。[1]根据联合国环境署报告，全球资源开采从 1970 年的 267 亿吨增加到 2017 年的 884 亿吨。[2]这个数字在 2021 年达到历史新高 1 014 亿吨,然而资源再利用和回收率仅停滞在 8.6%。[3]不断增加的经济活动对广泛蔓延的环境退化和随之而来的气候变化产生了巨大的影响。

---

〔1〕 APEC，*APEC in Charts 2022*，https://www.apec.org/docs/default-source/publications/2022/11/apec-in-charts-2022/222_psu_apec-in-charts-2022.pdf? sfvrsn = e5dda512_2；World Bank，*World Bank national accounts data*：GDP（*current US＄*），2022，https://data.worldbank.org/indicator/NY.GDP.MKTP.CD；Zaman，K. A. U.，Kalirajan，K.，& Anbumozhi，V. *Identifying Countries for Regional Cooperation in Low Carbon Growth*：*A Geo-environmental Impact Index*. International Journal of Environmental Research. 2020，14（1），29—41；ADB-ADBI. *Policies and practices for low-carbon green growth in Asia*：*highlights*. Asian Development Bank & Asian Development Bank Institute，Metro Manila. 2012.

〔2〕 UNEP. *Environment live data downloader dataset*. United Nations Environment Programs. 2018. https://environmentlive.unep.org/downloader.

〔3〕 Newsroom，E.，*Report*：*Global resource use hit record high in 2021，despite pandemic slowdown*，2022，https://www.edie.net/report-global-resource-use-hit-record-high-in-2021-despite-pandemic-slowdown/#:～:text = The%20report%20provides%20an%20update，has%20stagnated%20at%20around%208.6%25.

全球经济持续碳化威胁着人类未来的发展，低碳增长（Low Carbon Growth, LCG）成为全球发展的迫切需要。[1]尽管少数国家在其各自的发展政策中采用了 LCG，然而，考虑到地理环境背景，一个国家单独行动无法有效地加强其 LCG。[2] 例如现实情况中，$PM_{2.5}$、PM_5 和 PM_{10} 等有害颗粒物可以通过空气、海洋和其他生态环境的相互作用从一个地方漂移到另一个地方。换而言之，在苏门答腊岛、婆罗洲和印度尼西亚西部的一些岛屿，由于生产纸浆、纸张和棕榈油而产生的持续雾霾问题，不仅在印度尼西亚，还给马来西亚和新加坡的许多周围地区每年都造成巨大的经济和人口损失。[3]随着更多政府、企业、国际援助公开支持将气候变化纳入实际发展，LCG 被认为是实现减贫、经济增长和提高福利的重要步骤，然而气候减缓政策在早期低碳政策占主导，对涉及能源系统脱碳等气候适应政策考虑有限。[4]考虑到这些现实情况，需要为可持续的 LCG 制定整体的和精心设计的区域合作框架，以便各国能够相互克服这些环境退化和排放相关问题的影响。

1. 亚太区域合作的历史

1947 年，亚洲及远东经济委员会在上海成立，目的是帮助该地区从战争的废墟中重建。当时，该地区的许多后殖民领土也开始了重新定义自己为独立经济体的艰巨过程。从那时起，亚洲和太平洋地区见证了非凡的经济进步。这种前所未有的增长使数百万人摆脱了贫困，改善了无数人的生活。现如今亚太地区因拥有一些世界上最大和最有活力的经济体而受到关注。然而，该地区的成就受到了新冠疫情和气候变化的双重危机的威胁。亚太地区也是最容易发生灾害的地区，收入和机会的不平等继续对可持续发展构成了巨大的障碍。[5]

[1] OECD. *Towards green growth A summary for policy makers May 2011*. Organization for economic cooperation and development. 2011, 2, rue André Pascal 75775 Paris Cedex 16, France.

[2] Wyes H., Lewandowski M. *Narrowing the gaps through regional cooperation institutions and governance systems*. ADBI working paper series. 2012, no. 359, Asian Development Bank Institute, Tokyo.

[3] McCafferty G. *Indonesian haze: why it's everyone's problem*. CNN (online edition). 2015, September 18.

[4] Mulugetta, Y., & Urban, F. *Deliberating on low carbon development*. Energy Policy. 2010, 38(12): 7546—7549.

[5] ESCAP, *Shaping the future of regional cooperation in Asia and the Pacific*, 2022, https://www.unescap.org/kp/2022/shaping-future-regional-cooperation-asia-and-pacific.

20 世纪 80 年代后半期,世界经济进入了一个以三大区域经济集团的出现为标志的阶段。随着时间的推移,这些集团都有在地理上扩张的趋势:欧盟将其覆盖范围扩大到前东欧社会主义国家,并在 2020 年提出扩大西巴尔干地区的修订方法,开启新一轮东扩谈判。[1]在亚太地区,随着东盟十国的巩固,柬埔寨、老挝、缅甸和越南等国家现在都参加了东盟自由贸易区和"东盟＋3"项目,并开启了东盟与中日韩 3 国的"10＋1"合作机制;[2]而在美洲,自由贸易协定已经激增。因此,当今世界经济的动态是由区域一体化的逻辑决定的。[3]早在 1995 年,Clarita R. Carlos[4]进行了一项研究,试图衡量菲律宾参与东盟某些问题领域的水平和范围,发现禁毒执法和科学事务方面的合作取得了最多的进展,而社会发展和选定的环境问题方面的合作仍处于落后。

2. 亚太多边贸易与经济一体化

亚洲多边主义是相对较新的发展,反映了该地区的历史和特点,对于区域合作的发展、发展共同的区域利益以及制定和遵守规范具有重要意义。这些特点有助于以建设性的方式应对亚洲经济危机,但也暴露了现有区域多边机构的弱点,引发了人们对这些机构在不进行重大改革的情况下能否在未来发挥作用的怀疑。尽管区域机构的反应明显不足,但该区域的整体反应却不容忽视,例如东盟、亚太经合组织等正在努力确保未来的区域一致性。该地区还希望克服其在全球舞台上代表性不足的问题,对全球性机构,尤其是国际货币基金组织起到补充作用。然而,更多的全球参与将需要更好地适应区域条件,以便在区域和全球对未来危

---

[1] European Parliament,*The Enlargement of the Union*,2021,https://www.europarl.europa.eu/factsheets/en/sheet/167/the-enlargement-of-the-union.

[2] Xinhua,*Backgrounder:ASEAN plus China,Japan,S.Korea cooperation mechanism(10＋3)*,2019,http://www.xinhuanet.com/english/2019-11/02/c_138522521.htm.

[3] Ramírez Bonilla, J. "*Regional Integration:History and Trends*",in *Regional Integration in the Asia Pacific:Issues and Prospects*,OECD Publishing,Paris,2005,https://doi.org/10.1787/9789264009172-5-en.

[4] Carlos, C. "*Towards a Regional Rapid Response Co-operation Group in the Asia Pacific*",in *Regional Integration in the Asia Pacific:Issues and Prospects*,OECD Publishing,Paris,2005,https://doi.org/10.1787/9789264009172-11-en.

机的贡献之间提供更适当的平衡。[1]

跨太平洋伙伴关系协定（Trans-Pacific Partnership，TPP）谈判代表的目标是产生一个全面、高质量、多方协议，以解决单边的优惠贸易安排（Preferential Trade Arrangements，PTA）[2]的混乱局面，并成为在非歧视基础上实现区域贸易自由化的基石。然而，考虑到许多经济体的规模较小以及它们之间现有的特惠贸易协定，消除参与初始 TPP 谈判的国家之间的边界壁垒所带来的经济收益可能有限。迄今为止，美国一直不愿为所有 TPP 合作伙伴提供单边谈判。[3]2013 年，中国启动了"一带一路"倡议，在国内和周边国家迅速获得支持。[4]

东盟的经济一体化虽然存在诸多问题，但从整体上看，由于随着时间的推移实施了灵活的自由化，因此可以视为成功。东盟经济一体化是发展中国家经济一体化的成功范例，其他发展中国家可以借鉴东盟的经验。当前保护主义抬头和中美贸易摩擦对东盟和东亚地区产生了较大的负面影响，而新冠疫情对东盟和东亚造成了巨大破坏。东盟正在日益增长的保护主义和新冠疫情中稳步加强东盟经济共同体。区域全面经济伙伴关系协定（Regional Comprehensive Economic Partnership，RCEP）作为东亚第一个大型自贸区，在东盟和东亚具有重要意义，其确保了东盟在东亚经济一体化中的中心地位。在保护主义抬头、疫情期间和后疫情时代，RCEP 将变得更加重要。[5]

3. 新贸易壁垒与应对措施

全球贸易体系通过发展基于全球价值链的生产体系，提高了许多国家数十亿

[1] Harris, S. *Asian multilateral institutions and their response to the Asian economic crisis: the regional and global implications*. The Pacific Review. 2000, 13(3):495—516.

[2] World Trade Organization. 2022. https://www.wto.org/english/tratop_e/region_e/rta_pta_e.htm.

[3] Capling, A., & Ravenhill, J. *Multilateralising regionalism: what role for the Trans-Pacific Partnership Agreement?* The Pacific Review. 2011, 24(5):553—575.

[4] Ye, M. *China and competing cooperation in Asia-Pacific: TPP, RCEP, and the new Silk Road*. Asian Security. 2015, 11(3):206—224.

[5] Ishikawa, K. *The ASEAN Economic Community and ASEAN economic integration*. Journal of Contemporary East Asia Studies. 2021, 10(1):24—41.

人的生活水平。[1]随着全球贸易的发展,比较优势可以充分地发挥出来,消费者也获得了高度多样化的选择。[2]在当今开放自由的世界经济发展格局下,每个具有一定经济实力的国家主体都会在国际贸易中不断争取自己的利益,这就不可避免地带来贸易摩擦。而且,由于经济发展的不平衡和贸易优先权诉求的不一致,国家和地区之间的贸易摩擦也越来越激烈。[3]

与此同时,贸易产生的进口和出口商品也意味着国家之间的排放转移。[4]这些贸易体现的环境排放不仅在全球排放中占有相当大的份额,而且还极大地影响了排放的区域分布:实证研究结果显示,即使国内污染强度下降,环境不平等的交换仍然显著。[5]贸易政策也一直在多方面影响着环境的质量。最直接的是,贸易政策可以改变商品的比较优势、生产成本和出口成本,以及国际收入转移。[6]这将通过贸易条件的变化和许多行业因投入产出联系的一般均衡调整而进一步影响宏观经济状况,从而改变生产者的投资和生产决策,以及消费者的购买决策,从而进一步影响资源配置和环境排放。尽管贸易政策的基本目标是使国际贸易自由化并获得比较优势的好处,但贸易中仍会出现明显的排放以及对环境质量的错综复杂的影响。然而,贸易引起的专业化不仅会增加出口国的本地污染排放,如果生产更多地发生在采用碳密集型技术的国家,还会增加全球温室气体排放。[7]

〔1〕 Lawrence, R. Z. *Can the trading system survive us—china trade friction?* China & World Economy. 2018, 26(5):62—82.

〔2〕 Arkolakis, C., Ramondo, N., Rodríguez-Clare, A., & Yeaple, S. *Innovation and production in the global economy.* American Economic Review. 2018, 108(8):2128—2173.

〔3〕 Liu, L. J., Creutzig, F., Yao, Y. F., Wei, Y. M., & Liang, Q. M. *Environmental and economic impacts of trade barriers: the example of China—US trade friction.* Resource and Energy Economics. 2020 (59):101144.

〔4〕 Jiborn, M., Kander, A., Kulionis, V., Nielsen, H., & Moran, D. D. *Decoupling or delusion? Measuring emissions displacement in foreign trade.* Global Environmental Change. 2018(49):27—34.

〔5〕 Duan, Y., & Jiang, X. *Temporal change of China's pollution terms of trade and its determinants.* Ecological Economics. 2017 (132):31—44.

〔6〕 Palley, T. I. *Institutionalism and new trade theory: rethinking comparative advantage and trade policy.* Journal of Economic Issues. 2008, 42(1):195—208.

〔7〕 Frankel, J. A. *Environmental effects of international trade.* HKS Faculty Research Working Paper Series. 2009; Khan, S. A. R., Yu, Z., Belhadi, A., & Mardani, A. *Investigating the effects of renewable energy on international trade and environmental quality.* Journal of Environmental management. 2020(272): 111089.

　　亚洲地区的政府一直通过自愿目标和政策承诺的形式采取行动，以改善低碳产品的生产和使用，而亚洲内部贸易一直是东亚一体化的主要促进因素和增长引擎。随着区域收入的增加，对清洁环境和低碳商品的需求也会增加，研究证明亚洲的资金可以通过区域合作来撬动绿色研究和投资，并且低碳产品出口潜力好于部分联盟情况。这样的转变需要低碳产品的税率减免或自由贸易协定，消除低碳产品和服务的贸易障碍。[1]以在可再生能源和工业生产脱碳扮演重要角色的绿色氢能为例，其贸易取决于进口商支付溢价的最初意愿，因为进口国能够通过进口此类产品避免当地污染成本并在实现温室气体减排目标方面取得进展，碳定价、碳排放交易和排放法规提供了支付这种溢价的直接激励。中国在2021年实施了全国碳市场，这可能会触发尚未实施碳税或排放交易系统的地区的碳边境调整，以确保激励出口商追求零碳工艺，欧盟则通过了计划在2026年实施的碳边境调整机制。另一方面，不同的低碳或零碳产品生产过程的温室气体排放不容易直接核实，由此产生的买卖双方的信息不对称是一个降低效率的市场失灵，这将阻碍国内和国际贸易。[2]这时需要国际公认的、可靠的碳排放核算对市场上的低碳或零碳产品进行碳足迹认证，以纠正这种市场不对称。[3]

二、 分阶段过渡：亚太地区的可持续性道路

1. 能源系统的过渡

近年来，人们越来越一致地认为，大气中前所未有的二氧化碳（CO_2）排放水

〔1〕 Kalirajan, K., & Anbumozhi, V. *Regional cooperation toward green Asia：Trade in low carbon goods*. The International Trade Journal. 2014, 28(4)：344—362.

〔2〕 Zhou, T., Gosens, J. and Jotzo, F. *China's hydrogen plans：Near-term policy challenges & Australia-China links in decarbonization*. Policy Brief. The Australian National University. 2022.

〔3〕 White, L. V., Fazeli, R., Cheng, W., Aisbett, E., Beck, F. J., Baldwin, K. G., Neill, L. O., *Towards emissions certification systems for international trade in hydrogen：The policy challenge of defining boundaries for emissions accounting*, Energy, 2021(215)：119139, https://doi.org/10.1016/j.energy.2020.119139.

平是人类活动的结果,特别是化石燃料的消耗。毫无疑问,占温室气体排放近60%的CO_2是气候变化的最重要原因之一,并与环境退化有关。[1]缓解战略需要对能源结构进行相当大的改变。[2]目前包括石油、煤炭和天然气在内的化石燃料在大多数发达国家和发展中国家的能源组合中占主导地位。亚太地区在能源使用方面经历了惊人的增长,是迄今为止世界上最大的温室气体排放地区。可再生能源为这个问题提供了一个解决方案,因为以往的研究发现可再生能源消费对CO_2排放有缓解作用。[3]

亚太经合组织(APEC)国家约占世界能源需求的56%,同时提供了58%的世界能源和68%的电力供应,对全球 GDP 的贡献近57%。[4]这些国家的大部分能源需求来自化石燃料,因此,对全球CO_2排放量的贡献超过了60%。APEC 决定,通过技术创新和减少化石燃料的使用,针对2010年基线,到2030年将可再生能源的使用比例翻倍。[5]根据《亚太经合组织能源展望》,如果目前的能源趋势继续下去,这些成员经济体似乎不太可能将其可再生能源份额增加一倍,或实现其在《联合国气候变化框架公约》和《二十一世纪巴黎协定》中提出的宏伟目标。除了可再生能源计划,目前实现能源系统和工业系统过渡的主要措施还包括提高能源效率、推广碳捕获技术等减少化石能源造成的排放和提高能源效率,并在工业系统促进循环生产系统;加强现有电力系统抵御极端天气、改善水管理和投资技术创新提高资源利用效率则是实现大规模可再生能源技术应用前系统过渡的优先事项(见表 11-1)。

〔1〕 Ahmed, Z., Wang, Z., & Ali, S. *Investigating the non-linear relationship between urbanization and CO_2 emissions: an empirical analysis*. Air Quality, Atmosphere & Health. 2019, 12(8):945—953.

〔2〕 Shahbaz, M., Balsalobre, D., & Shahzad, S. J. H. *The influencing factors of CO_2 emissions and the role of biomass energy consumption: statistical experience from G-7 countries*. Environmental Modeling & Assessment. 2019, 24(2), 143—161.

〔3〕 Balsalobre-Lorente, D., Shahbaz, M., Roubaud, D., & Farhani, S. *How economic growth, renewable electricity and natural resources contribute to CO_2 emissions?* Energy policy. 2018 (113):356—367.

〔4〕〔5〕 APEC. *APEC Energy demand and supply Outlook 8 th Edition*. 2022. https://www.apec.org/publications/2022/09/apec-energy-demand-and-supply-outlook-(8th-edition)---volume-i.

表 11-1 能源系统和工业系统过渡的主要措施和优先事项

	主要措施	优先事项
能源系统过渡	增加可再生(低碳)能源; 减少没有碳捕获和储存的化石燃料份额; 提高发电、传输、分配和存储的能源效率	加强现有电力基础设施,抵御极端天气和温度; 改善能源系统内的水管理
工业系统过渡	通过能源效率、碳捕获和封存以及其他技术大幅降低工业生产的排放强度; 促进产品替代和循环生产系统	优先考虑基础设施复原力和水管理; 投资技术创新提高资源利用效率

资料来源:自制。

过渡到更清洁的发展道路也必须考虑到参与这一进程的利益相关者,以确保一个公正的过渡。在全面的气候转型中,碳密集型工业和其他部门的工人可能面临失业,因为依赖化石燃料的地区对当地经济的影响正在减弱。政府和国际利益攸关方必须监测受气候和清洁能源模式影响的人员和地区,并制定方案,减轻相关损害,为清洁经济提供机会。[1]清洁能源系统的实现依赖于持续的成本削减、与实现地区雄心勃勃的减排目标相关的需求方兴趣的增长,以及清洁能源贸易跨境框架的发展。如果要实现这一目标,一些亚太地区可以通过基于可再生能源的出口为区域脱碳做出巨大贡献。[2]

2. 市场与政策模式转变

低碳技术的发展对国家经济和社会转型至关重要,但它往往受到政策因素内部和外部的多个行为者的影响。一项研究指出关于低碳能源政策制定创新动力的三个主要结论:首先,向低碳能源经济的过渡涉及可区分的时间和发展阶段,通常以层次、聚集和空间为特征。在最初阶段,技术政策的选择是为了满足日益增长的对能源安全和获取的关注,然后是可靠性,再然后是气候变化。过去以技术为导向的自上而下的政策正逐渐被以市场为导向的政策所取代或补充。第二,正在进行的低碳经济转型通过区域合作得到加强。区域能源合作

[1] World Bank Group. *Transformative Climate Finance:A New Approach for Climate Finance to Achieve Low-Carbon Resilient Development in Developing Countries*. World Bank, Washington, DC. 2020.

[2] Burke, P. J., Beck, F. J., Aisbett, E., Baldwin, K. G., Stocks, M., Pye, J., & Bai, X. *Contributing to regional decarbonization:Australia's potential to supply zero-carbon commodities to the Asia-Pacific*. Energy. 2022(248):123563.

行动计划的通过为国家能源政策制定的模式转变创造了有利的环境。第三,经济一体化的雁行模式为解决低碳能源政策困境指明了一种新的区域合作方式,不需要政策机构的正式参与,而是按照市场原则运作。为了尽可能多地从这一利基市场[1]获益,发展中国家需要并创造一个更有利于低碳技术和服务顺畅流动的环境。[2]

3. 可持续转型的阻碍

为了缓解碳排放,减少全球变暖对社会的影响,各机构和政府将需要就如何管理气候变化达成一致。就缓解气候变化的后京都议定书达成国际协议,是全球社会面临的进一步挑战,高昂的能源价格助长了工业能源管理的不确定性。[3]由于对气候变化挑战和地方及全球层面的能源使用的关注增加,能源效率以及对工业中能源效率的测量也增加了。[4]另一方面,不断上涨的能源价格、与碳排放成本相关的更严格的环境法规,以及客户对节能产品和服务的购买偏好是引入能源效率改进的重要驱动力。[5]

可持续发展一直受到学术界、行业代表和政策制定者越来越多的关注。[6]由于创新正在不断改变外部环境和我们的生活方式,它们是组织、供应链、机构、社区、地区和国家能够实施可持续性的关键因素,可持续性应该基于以创新为中心的方法来解决。[7]然而,在现实社会,朝向一个更可持续的世界的变革步伐似乎令人沮丧地缓慢,人们迫切要求各组织、教育机构和政府进一步投资和倡议,以实

〔1〕　"利基市场"指高度专业化的需求市场。

〔2〕　Anbumozhi, V. *Innovations for a Low-Carbon Economy in Asia*: *Past*, *Present*, *and Future*. Low Carbon Transition: Technical, Economic and Policy Assessment. 2018(53).

〔3〕　Tanaka, K. *Assessment of energy efficiency performance measures in industry and their application for policy*. Energy policy. 2008, 36(8):2887—2902.

〔4〕　Li, M. J., & Tao, W. Q. *Review of methodologies and polices for evaluation of energy efficiency in high energy-consuming industry*. Applied Energy. 2017(187):203—215.

〔5〕　Lee, K. H. *Drivers and barriers to energy efficiency management for sustainable development*. Sustainable Development. 2015, 23(1):16—25.

〔6〕　ESCAP, U. *Eighth session of the SPECA working group on knowledge-based development*: report. 2016.

〔7〕　Silvestre, B. S. *A hard nut to crack*! *Implementing supply chain sustainability in an emerging economy*. Journal of Cleaner Production. 2015(96):171—181.

施创新的多学科方法来解决我们当前和紧迫的可持续性挑战。[1]

对工业能源效率的研究最初集中在能源模型的成本效益和实践水平上。然而，越来越多的证据表明，在潜在的具有成本效益的节能措施和实际实施的措施之间存在"差距"。[2]这被称为"能源效率差距"或"能源悖论"，[3]通常被认为是由能源、资本和创新市场的信息不对称和不完善造成的。[4]由于能源管理可以为那些接受环境和经济可持续发展挑战的公司带来回报和利润，在公司层面建立和实施能源管理可以成为提高能源效率和减少相关碳排放的一种方式。中国有许多节能政策，但企业提高能源效率的动力和意愿却不足，而能效和碳减排方面的政策和项目需要政府和企业的合作来识别能源效率潜力、劳动力发展和能源效率融资的市场渠道。[5]

三、 产业政策：支持亚洲和太平洋地区的低碳转型

近年来，产业政策重新成为政策讨论的一个领域，但产业政策的特点和作用在不同的国家背景下有所不同，产业政策在许多国家正在进行的能源转型中的作用很少得到关注。低碳转型的产业政策风格存在重大差异，反映了政治体制和文化的更广泛差异。[6]本节分析可持续性转型与产业政策的关系，以及哪些因素可以作为低碳转型的推动者和障碍。

------

[1] Silvestre, B. S., & Țîrcă, D. M. *Innovations for sustainable development: Moving toward a sustainable future*. Journal of cleaner production, 2019(208):325—332.

[2] Thollander, P., & Dotzauer, E. *An energy efficiency program for Swedish industrial small-and medium-sized enterprises*. Journal of Cleaner Production. 2010, 18(13):1339—1346.

[3] Jaffe, A. B., & Stavins, R. N. *The energy-efficiency gap What does it mean?* Energy policy, 1994, 22(10):804—810.

[4] Gerarden, T., Newell, R. G., & Stavins, R. N. *Deconstructing the energy-efficiency gap: conceptual frameworks and evidence*. American Economic Review. 2015, 105(5):183—186.

[5] Liu, X., Shen, B., Price, L., Hasanbeigi, A., Lu, H., Yu, C., & Fu, G. *A review of international practices for energy efficiency and carbon emissions reduction and lessons learned for China*. Wiley Interdisciplinary Reviews: Energy and Environment. 2019, 8(5):342.

[6] Johnstone, P., Rogge, K. S., Kivimaa, P., Fratini, C. F., & Primmer, E. *Exploring the re-emergence of industrial policy: Perceptions regarding low-carbon energy transitions in Germany, the United Kingdom and Denmark*. Energy Research & Social Science, 2021(74):101889.

　　东南亚新兴国家和地区在应对日益增长的机动化及其对空气质量、交通、能源安全、宜居性和温室气体排放的负面影响方面面临着巨大挑战,且各国和地区之间存在显著差异,例如在燃油经济性政策方面,尽管在这些国家和地区的交通政策中可以看到对缓解气候变化挑战的初步反应,但仍需要付出更多努力才能过渡到与长期气候变化和可持续发展目标相适应的交通系统。[1]

1. 产业发展目标与愿景

　　2020 年是不寻常的一年,新冠疫情在全球肆虐,感染了数千万人。新冠疫情不仅对公共卫生系统、经济活动和人们的生活造成了破坏,而且还极大地影响并将继续重塑世界的政治、经济和贸易模式。气候变化也是人类面临的一个重大而紧迫的全球挑战,是一个长期的、更深层次的挑战,威胁着人类的生存和发展。我们可以看到,在过去的几十年里,温室气体浓度不断攀升,气候变化和更加频繁的极端气候事件正日益威胁着人类的生存和健康,危害着陆地和海洋生态系统和生物多样性。人们越来越认识到人与环境是一个相互依存的共同体,有着共同的未来。这意味着我们必须从根本上改变传统的生产方式、生活方式和消费模式,促进转型和创新,走绿色、低碳、循环的发展道路。[2]通过绿色低碳发展实现经济复苏已成为国际社会的普遍共识。到 2020 年 10 月,已经有 100 多个国家承诺在 2050 年实现碳中和,随着 2022 年 11 月第 27 届联合国气候变化大会(27th Climate Change Conference,COP27)重申气候目标的紧迫性,已有涵盖了全球 90% 的碳排放的 140 个国家宣布碳中和目标[3]。欧盟在 2019 年底公布了其绿色协议,并承诺欧洲将在 2050 年实现碳中和[4]。产业可持续发展的

---

[1] Bakker, S., Dematera Contreras, K., Kappiantari, M., Tuan, N. A., Guillen, M. D., Gunthawong, G., & Van Maarseveen, M. *Low-carbon transport policy in four ASEAN countries:Developments in Indonesia, the Philippines, Thailand and Vietnam*. Sustainability. 2017,9(7):1217.

[2] IPCC. *Climate Change 2021:The Physical Science Basis. Contribution of Working Group I to the Sixth Assessment Report of the Intergovernmental Panel on Climate Change*. Cambridge University Press, Cambridge, United Kingdom and New York, NY, USA. 2021.

[3] Climate Action Tracker:CAT net zero target evaluations, https://climateactiontracker.org/global/cat-net-zero-target-evaluations/#:~:text = As% 20of% 20November% 202022% 2C% 20around,% 25% 20emissions% 2C% 20in% 20May% 202021.

[4] He, J., Li, Z., Zhang, X., Wang, H., Dong, W., Chang, S., & Zhao, X. *Comprehensive report on China's long-term low-carbon development strategies and pathways*. Chinese Journal of Population, Resources and Environment. 2020,18(4):263.

政策规划和路径不仅涉及行业发展规划,还涵盖了土地、生态系统和工业系统转型。基于建立以低碳、绿色、环保、循环为特征的低碳产业体系;保护自然资源永续,为减少环境损害提供激励和监管的路径规划土地和生态系统;并为工业系统过渡综合考虑基础设施复原力和水管理,投资技术创新来提高资源利用效率(见表 11-2)。

表 11-2 产业可持续发展的政策规划和路径

	政 策 规 划	路 径
产业发展规划	工业废水近零排放,碳排放控制和工业园绿色发展治理现代化、智能化; 调整优化产业结构、能源结构,推动绿色低碳循环发展,推进绿色技术研发应用;〔1〕 降低交通运输碳排放,促进新能源汽车行业绿色发展; 打造科技产业创新策源地,探索有利于形成新发展格局的有效途径; 推进低碳城市,低碳社区,低碳产业等试点建设; 发展绿色产业,推动可再生能源发展,能源高效利用〔2〕	建立以低碳、绿色、环保、循环为特征的低碳产业体系
土地和生态系统	保证森林覆盖率和森林蓄积量; 建设森林草原湿地碳汇发展区和碳汇林示范基地,〔3〕开发林草碳汇综合管理平台,开展林草碳汇计量监测,探索基于林草碳汇的市域循环;〔4〕 坚持生态优先,绿色发展,加大环境治理力度;〔5〕 扩大绿色生态空间,强化生态环境治理,推动绿色低碳循环发展,完善生态环境保护机制体制	保护自然资源永续,为减少环境损害提供激励和监管
工业系统过渡	通过能源效率、碳捕获和封存以及其他技术大幅降低工业生产的排放强度; 促进产品替代和循环生产系统; 落实近零、零碳目标,提高风电,光伏发电发电量占工业生产电量的比重	综合考虑基础设施复原力和水管理;投资技术创新提高资源利用效率

资料来源:自制。

---

〔1〕 《天津市国民经济和社会发展第十四个五年规划和 2035 年远景目标纲要》,2021 年 2 月,https://www.tj.gov.cn/zwgk/szfwj/tjsrmzf/202102/t20210208_5353467.html。

〔2〕 《河北省国民经济和社会发展第十四个五年规划和 2035 年远景目标纲要》,2021 年 5 月,https://www.ndrc.gov.cn/fggz/fzzlgh/dffzgh/202106/P020210611387456220896.pdf。

〔3〕 《安徽省国民经济和社会发展第十四个五年规划和 2035 年远景目标纲要》,2021 年 2 月,https://www.ndrc.gov.cn/fggz/fzzlgh/dffzgh/202104/t20210408_1271917.html。

〔4〕 《包头市林草碳汇市域碳中和实施方案》政策解读,2022 年 6 月 12 日,https://www.baotou.gov.cn/info/1585/249268.htm。

〔5〕 《上海市国民经济和社会发展第十四个五年规划和 2035 年远景目标纲要》,2021 年 4 月 8 日,https://fgw.sh.gov.cn/shssswghgy/index.html。

　　中国一直高度重视应对气候变化，把绿色发展、循环发展、低碳发展作为推动高质量可持续发展的重要战略措施，并将应对气候变化纳入社会经济发展全局。自"十二五"规划（2011—2015 年）以来，中国一直以降低人均 GDP 碳强度目标为基础，推动低碳发展。2015 年，中国制定了碳排放在 2030 年左右达到峰值并尽早达到峰值的决定，[1]采取了调整产业结构、节约能源资源、提高能源资源利用效率、优化能源结构、发展非化石能源、发展循环经济、增加森林碳汇、建立和运行碳市场、南南合作等多种政策和措施，促进全社会的绿色低碳转型。[2]2019 年，中国人均 GDP 二氧化碳排放量比 2005 年下降 48%，2005—2019 年期间国内生产总值增长了 4 倍多，95% 的穷人摆脱了贫困。第三产业的比例从 41.3% 上升到53.9%，而煤炭消费从 72.4% 下降到 57.7%，非化石燃料在一次能源中的占比从7.4% 上升到 15.3%。所有数据表明，应对气候变化的政策和行动不会阻碍经济发展，而是会实现提高经济增长质量、培育新产业和新市场、促进就业、改善民生、保护环境、提高人民健康水平等共同效益。[3]

　　然而，我们也应该注意到，中国的低碳转型也存在巨大的挑战。首先，制造业能耗、物耗高，附加值低，在国际产业价值链中仍处于中低端，经济结构调整和产业升级的任务十分艰巨。其次，煤炭消费仍然占能源使用的高比例（超过 50%）。单位能源消费的二氧化碳排放量比世界平均水平高出约 30%，能源结构优化的任务十分艰巨。[4]再次，单位 GDP 的能耗仍然很高，是世界平均水平的 1.5 倍，是发达国家的 2—3 倍。建立绿色、低碳的经济体系是艰巨的工作。[5]

〔1〕　新华社：《强化应对气候变化行动——中国国家自主贡献》，载《人民网》2015 年 6 月 30 日，http://
politics.people.com.cn/n/2015/0630/c70731-27233170.html。
〔2〕　国务院：《国务院关于印发"十三五"控制温室气体排放工作方案的通知》，2016，http://www.gov.
cn/zhengce/content/2016-11/04/content_5128619.htm。
〔3〕　He, J., Li, Z., Zhang, X., Wang, H., Dong, W., Chang, S., & Zhao, X. *Comprehensive report on
China's long-term low-carbon development strategies and pathways*. Chinese Journal of Population, Re-
sources and Environment. 2020，18(4)：263.
〔4〕　International Energy Agency, *An energy sector roadmap to carbon neutrality in China*，2022，https://
iea.blob.core.windows.net/assets/bb8dcbbc-4655-4d49-904d-4b780abf3d6b/Anenergysectorroadmap-
tocarbonneutralityinChina_Chinese.pdf。
〔5〕　《"十四五"我国单位 GDP 能耗降低 13.5%——加快形成能源节约型社会》，载《人民日报》2021 年
8 月 10 日，http://www.gov.cn/xinwen/2021-08/10/content_5630408.htm。

2. 产业政策工具

大多数发达经济体正在采取审慎的政策和促进技术变革，以促进向碳中和的低碳过渡。[1]这种新情况正在产生快速的结构性变化，低排放产业（朝阳产业）的重要性正在增加，而高排放产业（夕阳产业）正在下降。[2]国家层面的整体动态将在很大程度上取决于国内工业网络、对夕阳产业或朝阳产业的依赖性以及与世界其他地区主要通过贸易和金融平衡、公共部门通过财政收入或家庭通过劳动收入和就业的联系。全球向绿色经济转型的成功需要特别关注发展中经济体，因为它们获得绿色融资的机会受到高资本成本的限制，[3]而且利用货币政策为绿色投资融资受到等级制国际货币体系的限制。[4]

研究发现，中国不同制造业的低碳技术创新绩效存在差异，政府规制是唯一对低碳技术创新绩效表现出正向影响的因素，技术推动呈现负效应，市场拉动对低碳技术创新绩效的影响不显著。[5]另一项针对中国环境监管的研究发现，碳排放法规与就业之间存在显著的 U 形关系，这意味着环境库兹涅兹就业曲线（Environmental Kuznets Curve，ECCE）优于菲利普斯环境曲线（Environment Phillips Curve，EPC）。[6]因此，通过加强环境法规，可以实现低碳和就业的双重

---

[1] Espagne, É., Godin, A., Magacho, G., Mantes, A., & Yilmaz, D. *Developing countries' macroeconomic exposure to the low-carbon transition*. AFD Research Papers. 2021（220）：1—42.

[2] Semieniuk, G., Campiglio, E., Mercure, J. F., Volz, U., & Edwards, N. R. *Low-carbon transition risks for finance*. Wiley Interdisciplinary Reviews：Climate Change. 2021, 12(1)：678.

[3] Ameli, N., Dessens, O., Winning, M., Cronin, J., Chenet, H., Drummond, P., & Grubb, M. *Higher cost of finance exacerbates a climate investment trap in developing economies*. Nature Communications. 2021, 12(1), 1—12.

[4] Svartzman, R., & Althouse, J. *Greening the international monetary system? Not without addressing the political ecology of global imbalances*. Review of International Political Economy. 2022, 29(3), 844—869；Espagne, É. *Monetary and ecological hierarchies. lessons and perspectives from the covid-19 crisis*. Regards croises sur l'economie. 2020, 26(1), 133—144.

[5] Bi, K., Huang, P., & Wang, X. *Innovation performance and influencing factors of low-carbon technological innovation under the global value chain：A case of Chinese manufacturing industry*. Technological Forecasting and Social Change, 2016(111)：275—284.

[6] Shang, L., & Xu, P. *Can Carbon Emission Regulation Achieve a Dual Target of Low Carbon and Employment? An Empirical Analysis Based on China's Provincial Panel Data*. Frontiers in Energy Research. 2022（10）：926443.

目标。但是，由于经济发展、产业结构、人力资本、经济开放程度、员工工资水平、市场化等方面的差异，它们之间关系的显著性水平在各地区之间差异很大。对于东部和中部地区，可以用 ECCE 来表征，对于西部地区，EPC 更为显著。因此，要更有效地实现双红利，需要在实施差异化碳调控政策的同时，加快碳排放市场化改革，促进行政干预机制与市场机制的协同效应。支持亚太地区低碳转型的产业政策工具可以分为技术创新投入、绿色产业改造、财政政策、贸易政策和环境监管五大类：技术创新投入包括为产业升级研究提供公共资金、实施研发税收抵免等干预，但面临资源有限、不确定、长期和分散的回报和薄弱的创新生态系统能力带来的行动障碍；绿色产业改造关注规划节约资源和保护环境的产业结构、产业和基础设施绿色升级、实施有利于低碳和气候弹性替代品的法规和实施绿色技术标准，但是制定政策的信息差距、有限的执行监管的资源和体制能力和对降低国际竞争力的担心可能阻碍行动；财政政策和贸易政策将考虑更多国际环境和市场竞争力因素；作为激励性环境监管工具，碳税和碳市场已成为地区减排的重要工具，但是因地区监管差异受到碳泄露等担忧（见表 11-3）。低碳转型的产业政策风格存在重大差异，反映了政治体制和文化的更大差异[1]。

表 11-3　亚太地区低碳转型的产业政策工具

政策工具	主要干预	行动障碍
技术创新投入	为产业升级研究提供公共资金； 实施研发税收抵免； 推广先进适用的节能新技术、新设备和新工艺；[2] 加强知识产权； 促进绿色采购计划[3]	资源有限； 不确定、长期和分散的回报； 发展更广泛的创新生态系统能力有限

---

[1] Johnstone, P., Rogge, K. S., Kivimaa, P., Fratini, C. F., & Primmer, E. *Exploring the re-emergence of industrial policy: Perceptions regarding low-carbon energy transitions in Germany, the United Kingdom and Denmark*. Energy Research & Social Science, 2021(74): 101889.

[2] 《国家重点节能低碳技术推广目录 2017》，2018，https://www.ndrc.gov.cn/xxgk/zcfb/gg/201802/t20180212_961202.html?code=&state=123。

[3] 工业和信息化部：《加快电力装备绿色低碳创新发展行动计划》，2022，http://www.gov.cn/zhengce/zhengceku/2022-08/29/content_5707333.htm。

(续表)

政策工具	主要干预	行动障碍
绿色产业改造	规划节约资源和保护环境的产业结构;[1] 带动产业和基础设施绿色升级,构建绿色供应链;[2] 实施有利于低碳和气候弹性替代品的法规;[3] 强制实施绿色技术标准	制定政策的信息差距; 执行监管的资源和体制能力有限; 对降低国际竞争力的担心
财政政策	改革补贴和税收以激励产业可持续发展; 调整政府采购; 财政规划中产业可持续计划	对降低国际竞争力和分配后果的担忧; 资本限制
贸易政策	考虑环境商品贸易自由化; 应用碳边界调整; 通过区域合作协调	关税收入减少; 基础设施不足; 政策设计的技术和政治挑战
环境监管	实施碳税激励型监管; 碳市场 ETS	地区监管差异导致碳泄露; 国际碳市场、碳税连接障碍[4]

资料来源:自制。

3. 产业转型与就业

能源活动水平的变化将对整个经济的劳动力需求产生重要影响,而不仅仅是能源部门。Grant Allan 和 Andrew Ross 的研究[5]分析表明,考虑到就业的部门特征,劳动力需求水平与对不同"技能"水平的需求之间将存在重要联系。很明显,全系统对技能的需求——不仅包括整个经济的直接效应,还包括连锁反应——可以改变劳动力市场需求的模式,这对低碳转型中的劳动力市场规划产生影响。因此,现在而不是以后考虑低碳能源转型的就业后果非常重要,因为这需要政策制定者有远见,以确定和满足未来的劳动力市场要求。

---

[1] 国务院:《关于支持山东深化新旧动能转换推动绿色低碳高质量发展的意见》,2022,http://www.gov.cn/zhengce/content/2022-09/02/content_5708004.htm。

[2] 国务院:《关于加快建立健全绿色低碳循环发展经济体系的指导意见》,2021,http://www.gov.cn/zhengce/content/2021-02/22/content_5588274.htm。

[3] 《国家发展改革委、国家能源局关于完善能源绿色低碳转型体制机制和政策措施的意见》,https://www.ndrc.gov.cn/xxgk/zcfb/tz/202202/t20220210_1314511.html?code=&state=123。

[4] Pan, C., Shrestha, A. K., Wang, G., Innes, J. L., Wang, K. X., Li, N., & Niles, J. O. *A linkage framework for the china national emission trading system(CETS): insight from key global carbon markets*. Sustainability. 2021, 13(13), 7459.

[5] Allan, G. J., & Ross, A. G. *The characteristics of energy employment in a system-wide context*. Energy Economics, 2019(81): 238—258.

低碳产业战略应该具体说明与碳排放和更广泛的公共利益相关的战略目标,例如提供良好的就业机会或改善社会福利,同时还应指出有望实现这些目标的经济活动类型。[1]尽管从长远来看,低碳转型对就业的净影响预计是积极的,重新培训、重新分配的工人的成本和社会支出将是必要的,以保证失业工人的基本需求,然而,由于夕阳产业衰退的快速结构变化导致的财政收入下降,可能会导致过度依赖这些产业作为收入来源的国家的曝光率更高。零能耗建筑推广(Zero Energy Building,ZEB)被认为是建筑行业实现这些目标的最有效方式。一项研究回顾了过去十年的进展,比较了 APEC 五个最大经济体(加拿大、中国、日本、韩国和美国)ZEB 的定义、标准和目标,认为 2020 年这五个经济体宣布的 2050/2060 年的碳中和目标将在可预见的未来对建筑行业产生重大影响。[2]能源转型的另一个后果是碳密集型行业以及其相关上下游行业的衰退。例如,采煤业和那些以煤为基础的电力生产行业,将失去市场份额和就业机会。这种劳动力中断的经济和社会后果比个别工作的损失更广泛。[3]由于煤矿或电厂运营的关闭,周围社区会遭受其他零售和商业就业的重大损失,因为被解雇的煤炭行业员工减少了对其他当地服务和商品的需求。[4]煤炭行业的关闭也会对当地的税收基础产生不利影响,这不仅会影响到失去工作的煤炭行业员工,也会影响到这些行业曾经所在的整个社区。在 2009 年到 2017 年期间,有超过 166 家燃煤电厂退役或者完全关闭。[5]

针对工业、交通和建筑部门能源效率提升和可再生能源转型对就业的影响研究则发现,向非碳化和高效能源系统的过渡具有广泛和积极的社会经济影响,包

[1] Busch, J., Foxon, T. J., & Taylor, P. G. *Designing industrial strategy for a low carbon transformation*. Environmental Innovation and Societal Transitions, 2018(29):114—125.

[2] Zhang, S., Wang, K., Xu, W., Iyer-Raniga, U., Athienitis, A., Ge, H., & Lyu, Y. *Policy recommendations for the zero energy building promotion towards carbon neutral in Asia-Pacific Region*. Energy Policy, 2021(159):112661.

[3] Carley, S., & Konisky, D. M. *The justice and equity implications of the clean energy transition*. Nature Energy. 2020, 5(8), 569—577.

[4] Burke, P. J., Best, R. & Jotzo, F. *Closures of coal-fired power stations in Australia: local unemployment effects*. Agric. Resour. Econ. 2019(63):142—165.

[5] Haggerty, J. H., Haggerty, M. N., Roemer, K., & Rose, J. *Planning for the local impacts of coal facility closure: Emerging strategies in the US West*. Resources Policy, 2018(57):69—80.

括能源消费过程产生的工作机会、公共交通和建筑改造就业增长。[1]另一项针对欧盟 27 国和英国的研究追踪了以 2015 年为基线，电力部门转型引起的就业变化，发现可再生能源份额的增长带来了劳动力需求的增长。[2]

    总之，亚太地区仍需进一步加强区域合作，通过多样化的能源系统、碳市场和政策工具，持续推动产业的绿色发展与低碳转型。

[1] Füllemann, Y., Moreau, V., Vielle, M., & Vuille, F. *Hire fast, fire slow：The employment benefits of energy transitions*. Economic Systems Research. 2020，32(2)，202—220.

[2] Černý, M., Bruckner, M., Weinzettel, J., Wiebe, K., Kimmich, C., Kerschner, C., & Hubacek, K. *Employment effects of the renewable energy transition in the electricity sector*. 2021.

参考文献

30 by 30: Boosting food security in land-scarce Singapore, https://www.
aseantoday.com/2019/03/30-by-30-boosting-food-security-in-land-scarce-singapore/ .

Acemoglu, D., & amp; Robinson, J. A. *Political losers as a barrier to economic
development*. American Economic Review. 2000(90(2)):126—130.

Acharya, R. C. *Analysing international trade patterns: Comparative advantage for
the world's major economies*. Journal of Comparative International Management,
2008, 11(2):33—53.

ADB-ADBI. *Policies and practices for low-carbon green growth in Asia: highlights*.
Asian Development Bank & Asian Development Bank Institute, Metro Manila.
2012.

Adema, Willem, and Peter Whiteford. *Public and private social welfare*. The
Oxford handbook of the welfare state. Oxford: Oxford University Press. 2010:
121—138.

Afonso, A. *Fiscal sustainability: The unpleasant European case*. FinanzArchiv/
Public Finance Analysis. 2005:19—44.

Agenda, U. N. 21: *Programme of Action for Sustainable Development; Rio De-
claration on Environment and Development; Statement of Forest Principles; The Final
Text of Agreements Negotiated by Governments*. In Proceedings of the United Nations
Conference on Environment and Development, Rio de Janeiro, Brazil. 1992(6):
3—14.

Ahmed，Z.，Wang，Z.，& Ali，S. *Investigating the non-linear relationship between urbanization and CO_2 emissions：an empirical analysis*. Air Quality，Atmosphere & Health. 2019 ，12(8)：945—953.

Akio Hosono，"Industrial Development and Transformation：Insights from Outstanding Cases，" in *SDGs，Transformation，and Quality Growth：Insights from International Cooperation* (Springer，2022).

Alejandro D. Crojethovich Martín and Alejandro J. Rescia Perazzo. *Organización y sostenibilidad en un sistema urbano socio-ecológico y complejo*. Crojethovich Martín，AD；Rescia Perazzo，A. J. (2006). "Organización y sostenibilidad en un sistema urbano socio-ecológico y complejo"，Revista Internacional de Tecnología，Sostenibilidad y Humanismo，diciembre 2006，núm. 1，pp.103—121. 2007.

Alessia Amighini，Marinella Leone et al. *Persistence versus Change in the International Specialization Pattern of Italy：How Much Does the "District Effect" Matter?* Regional Studies. 2011(3)：381—401.

Alexander Gerschenkron. Economic Backwardness In Historical Perspective. The Belknap Press of Harvard University Press. 1962：45—50.

Alexandre André Feil，Dusan Schreiber et al. *Sustainability indicators for industrial organizations：Systematic review of literature*. Sustainability. 2019(3)：854.

Allan，G. J.，& Ross，A. G. *The characteristics of energy employment in a system-wide context*. Energy Economics，2019(81)：238—258.

Ambuj D. Sagar and Robert A. Frosch. *A perspective on industrial ecology and its application to a metals-industry ecosystem*. Journal of Cleaner Production. 1997(1—2)：39—45.

Ameli，N.，Dessens，O.，Winning，M.，Cronin，J.，Chenet，H.，Drummond，P.，& Grubb，M. *Higher cost of finance exacerbates a climate investment trap in developing economies*. Nature Communications. 2021，12(1)，1—12.

Americo Beviglia Zampetti，Torbjörn Fredriksson，*In The development dimension of FDI：Policy and rule-making perspectives：Proceedings of the expert meeting held in Geneva from 6 to 8 November 2002*，https：//digitallibrary.un.org/record/501223.

Amsden，A. H. *Diffusion of development：The late-industrializing model and greater East Asia*. American economic review. 1991(81(2)):282—286.

Anastasios Xepapadeas. *Economic growth and the environment*. Handbook of environmental economics. 2005:1219—1271.

Anbumozhi, V. *Innovations for a Low-Carbon Economy in Asia: Past, Present, and Future*. Low Carbon Transition: Technical, Economic and Policy Assessment. 2018(53).

Andrea Baranzini, Jeroen van den Bergh, Stefano Carattini, Richard Howarth, Emilio Padilla, Jordi Roca, *Seven reasons to use carbon pricing in climate policy*, https://www.lse.ac.uk/granthaminstitute/wp-content/uploads/2016/02/Working-Paper-224-Baranzini-et-al.pdf.

Andrea Ferrannini, Elisa Barbieri et al. *Industrial policy for sustainable human development in the post-Covid-19 era*. World Development. 2021:105—215.

Andre Gunder Frank. *Latin America and underdevelopment*. NYU Press. 1970.

Angela Y. Y. Kong, Johan Six, Dennis C. Bryant... & Chris Kessel.(2005). *The Relationship between Carbon Input, Aggregation, and Soil Organic Carbon Stabilization in Sustainable Cropping Systems*. Soil Science Society of America Journal. 2005(69):1078—1085.

Angeliki N. Menegaki and Aviral Kumar Tiwari. *The index of sustainable economic welfare in the energy-growth nexus for American countries*. Ecological indicators. 2017:494—509.

Ann Harrison and Andrés Rodríguez-Clare. *Trade, Foreign Investment, and Industrial Policy for Developing Countries*. Handbook of Development Economics. 2010:4039—4214.

Ann S. Masten and Jelena Obradovic. *Disaster preparation and recovery: Lessons from research on resilience in human development*. Ecology and society. 2008(1).

APEC, *APEC Energy demand and supply Outlook 8th Edition*, 2022, https://www.apec.org/publications/2022/09/apec-energy-demand-and-supply-outlook-(8th-edition)---volume-i.

APEC, *APEC in Charts 2022*, https://www.apec.org/docs/default-source/publications/2022/11/apec-in-charts-2022/222_psu_apec-in-charts-2022.pdf?sfvrsn =

e5dda512_2.

APEC Secretariat, *APEC Policy Support Unit. APEC in charts 2022*. APEC. 2022. https://www.apec.org/publications/2022/11/apec-in-charts-2022.

APEC Secretariat, APEC Policy Support Unit. *Fostering an Enabling Policy and Regulatory Environment in APEC for Data-Utilizing Businesses*. 2019.

Arie Y. Lewin and Henk W. Volberda. *Prolegomena on coevolution: A framework for research on strategy and new organizational forms*. Organization science. 1999 (5):519—534.

Arkolakis, C., Ramondo, N., Rodríguez-Clare, A., & Yeaple, S. *Innovation and production in the global economy*. American Economic Review. 2018, 108(8): 2128—2173.

Asian Development Bank. *Framework of Inclusive Growth Indicators 2012: Key Indicators for Asia and the Pacific Special Supplement*. Asian Development Bank. 2012.

Asia-Pacific Economic Cooperation, *About APEC: Achievements and Benefits*, https://www.apec.org/about-us/about-apec/achievements-and-benefits.

Asit K. Biswas. *Water for Sustainable Development in the 21st Century: A Global Perspective*. GeoJournal. 1991(24):341—345.

Astee, L.Y., & Kishnani, N.T. *Building Integrated Agriculture: Utilising Rooftops for Sustainable Food Crop Cultivation in Singapore*. Journal of Green Building. 2010(5):105—113.

Australian Government Department of Infrastructure and Transport, *Our Cities, Our Future: A national Urban Policy for a Productive, Liveable and Sustainable future*, https://www.infrastructure.gov.au/infrastructure/pab/files/Our_Cities_National_Urban_Policy_Paper_2011.pdf.

Auty Richard. *Sustaining Development in Mineral Economies: The Resource Curse Thesis*. Clarendon Press. 1993.

Badlam, J., Clark, S., Gajendragadkar, S., Kumar, A., O'Rourke, S., & Swartz, D. *The Chips and Science Act: Here's what's in it*. McKinsey & Company. 2022. https://www.mckinsey.com/industries/public-and-social-sector/our-insights/the-chips-and-science-act-heres-whats-in-it.

Baiocchi, G., & Distaso, W. *The Determinants of Income Inequality in the UK : A Conditional Distribution Estimation Approach*. 2009.

Bai Xuemei, Chen Jing & Shi Peijun. *Landscape urbanization and economic growth in China : positive feedbacks and sustainability dilemmas*. Environmental science & technology. 2012(46):132—139.

Bakker, S., Dematera Contreras, K., Kappiantari, M., Tuan, N. A., Guillen, M. D., Gunthawong, G., & Van Maarseveen, M. *Low-carbon transport policy in four ASEAN countries : Developments in Indonesia, the Philippines, Thailand and Vietnam*. Sustainability. 2017, 9(7):1217.

Balsalobre-Lorente, D., Shahbaz, M., Roubaud, D., & Farhani, S. *How economic growth, renewable electricity and natural resources contribute to CO_2 emissions?* Energy policy. 2018 (113):356—367.

Barrera-Roldán, A., Saldívar, A., Ortiz, S., Rosales, P., Nava, M., Aguilar, S., Angeles, A. *Industrial sustainability index*. WIT Transactions on Ecology and the Environment. 2003(63).

Baumol. *Is There a U.S. Productivity Crisis?* Science. 1989(4891):611—615.

Bela Balassa. *Trade Liberalisation and "Revealed" Comparative Advantage*. The Manchester School. 1965(2):99—123.

Benner, M. *The Scandinavian challenge : the future of advanced welfare states in the knowledge economy*. Acta sociologica. 2003, 46(2):132—149.

Ben Purvis, Yong Mao et al. *Three pillars of sustainability : in search of conceptual origins*. Sustainability science. 2019:681—695.

Biermann, F., & Pattberg, P. (Eds.). *Global environmental governance reconsidered*. MIT Press. 2012.

Bi, K., Huang, P., & Wang, X. *Innovation performance and influencing factors of low-carbon technological innovation under the global value chain : A case of Chinese manufacturing industry*. Technological Forecasting and Social Change, 2016(111): 275—284.

Biotechnology Innovation Organization Love, *Qiao, Maraganore & Holmgren*, https://www.bio.org/.

Blanco-Canqui, Humberto, Shapiro, Charles A., Wortmann, Charles S., Drijber, Rhae A., Mamo, Martha, Shaver, Tim M. & Ferguson, Richard B. *Soil organic carbon*: *The value to soil properties*. Journal of Soil & Water Conservation. 2013 (68):129A—134A.

Bowman, J. P. *The digital economy*: *promise and peril in the age of networked intelligence*. McGraw-Hill. 1996.

BP, *bp Statistical Review of World Energy 2022*, https://www.bp.com/content/dam/bp/business-sites/en/global/corporate/pdfs/energy-economics/statistical-review/bp-stats-review-2022-full-report.pdf.

Brian Walker, Crawford S. Holling et al. *Resilience*, *adaptability and transformability in social—ecological systems*. Ecology and society. 2004(2).

Britton, J. N. H. *Industrial dependence and technological underdevelopment*: *Canadian consequences of foreign direct investment*. Regional Studies, 1980, 14(3):181—199.

Brown & Sovacool. *Developing an "energy sustainability index" to evaluate energy policy*. Interdisciplinary Science Reviews. 2007(32):335—349.

Brown, L. R., Larsen, J., Dorn, J. G., & Moore, F. C. *Time for Plan B*: *Cutting Carbon Emissions 80 Percent by 2020*. Earth Policy Institute. 2008.

Brown, L. R. *Plan B*: *Rescuing a planet under stress and a civilization in trouble*. WW Norton & Company. 2003.

Bugliarello, G. *Urban sustainability*: *Science*, *technology*, *and policies*. Journal of urban technology. 2004, 11(2):1—11.

Burke, P. J., Beck, F. J., Aisbett, E., Baldwin, K. G., Stocks, M., Pye, J., & Bai, X. *Contributing to regional decarbonization*: *Australia's potential to supply zero-carbon commodities to the Asia-Pacific*. Energy. 2022(248):123563.

Burke, P. J., Best, R. & Jotzo, F. *Closures of coal-fired power stations in Australia*: *local unemployment effects*. Agric. Resour. Econ. 2019(63):142—165.

Busch, J., Foxon, T. J., & Taylor, P. G. *Designing industrial strategy for a low carbon transformation*. Environmental Innovation and Societal Transitions, 2018 (29):114—125.

Canter，Larry W. *Environmental impact assessment*. 1977.

Capling，A.，& Ravenhill，J. *Multilateralising regionalism：what role for the Trans-Pacific Partnership Agreement?* The Pacific Review. 2011，24(5)：553—575.

Cardoso. *The Consumption of Dependency Theory in the United States*. Latin American Research Review. 1977(3)：7—24.

Cardoso，F. H. *The consumption of dependency theory in the United States*. Latin American Research Review，1977，12(3)：7—24.

Carley，S.，& Konisky，D. M. *The justice and equity implications of the clean energy transition*. Nature Energy. 2020，5(8)，569—577.

Carlos Alberto Ruggerio. *Sustainability and sustainable development：A review of principles and definitions*. Science of the Total Environment. 2021：147481.

Carlos，C. "*Towards a Regional Rapid Response Co-operation Group in the Asia Pacific*"，*in Regional Integration in the Asia Pacific：Issues and Prospects*，OECD Publishing，Paris，2005，https：//doi.org/10.1787/9789264009172-11-en.

Carlos Encinas-Ferrer，Eddie Villegas-Zermeño，*Foreign direct investment and Gross Domestic Product Growth*. Procedia Economics and Finance. 2015(24)：198—207.

Carolin Bock，Christian Hackober. *Unicorns—what drives multibillion-dollar valuations?*. Business Research. 2020(13)：949—984.

Carr，M. H. *The surface of Mars* (Vol. 6). Cambridge University Press. 2007.

Center for Industrial Development and Environmental Governance(CIDEG)，Tsinghua University，Nature Research. *Global Innovation Hubs Index 2022*. 2022. https：//www.nature.com/articles/d42473-022-00486-3.

Center for Industrial Development and Environmental Governance，*Global Innovation Hubs Index 2022*，https：//www.nature.com/articles/d42473-022-00486-3.

Černý，M.，Bruckner，M.，Weinzettel，J.，Wiebe，K.，Kimmich，C.，Kerschner，C.，& Hubacek，K. *Employment effects of the renewable energy transition in the electricity sector*. 2021.

Charles Jones and Paul Romer. *The New Kaldor Facts：Ideas，Institutions，Population，and Human Capital*. 2009.

Charles W. Guillebaud. *The evolution of Marshall's principles of economics*. The Economic Journal. 1942(208):330—349.

Chen，C.，Hoh，S.M.，*Singapore harvests from investment in science & technology and invests in new areas for future growth and resilience*，https://www.nrf.gov.sg/docs/default-source/modules/pressrelease/11th-riec-press-release.pdf.

Cheremukhin，A.，Golosov，M.，Guriev，S.，& Tsyvinski，A. *The industrialization and economic development of Russia through the lens of a neoclassical growth model*. The Review of Economic Studies. 2017(84(2)):613—649.

Christian Binz，Bernhard Truffer et al. *Path creation as a process of resource alignment and anchoring：Industry formation for on-site water recycling in Beijing*. Economic geography. 2016(2):172—200.

Chugunov，I.，Makohon，V.，Vatulov，A.，& Markuts，Y. *General government revenue in the system of fiscal regulation*. Investment management and financial innovations. 2020，17(1):134—142.

Cingano，F. *Trends in income inequality and its impact on economic growth*. 2014.

Clark，J.，Matheny，N. P.，& Wake，V. *A Model of Urban Forest Sustainability*. Arboriculture & Urban Forestry. 1997.

Clement A Tisdell. *Economic challenges faced by small island economies：An overview*. 2009.

Climate Action Tracker：CAT net zero target evaluations，https://climateactiontracker.org/global/cat-net-zero-target-evaluations/#:~:text = As%20of%20November%202022%2C%20around，%25%20emissions%2C%20in%20May%202021.

Clive Hamilton and Paul Kniest. *Trade liberalisation，structural adjustment and intra-industry trade：A note*. Weltwirtschaftliches Archiv. 1991(2):356—367.

Cobb，C.，Halstead，T.，& Rowe，J.(1995). *If the GDP is up，why is America down?*. ATLANTIC-BOSTON-.1995(276):59—79.

CompaniesMarketCap.com. *Largest clothing companies by market cap*，https://companiesmarketcap.com/clothing/largest-clothing-companies-by-market-cap/.

Čuček，L.，Klemeš，J. J.，& Kravanja，Z. *Objective dimensionality reduction method within multi-objective optimisation considering total footprints*. Journal of cleaner production. 2014(71):75—86.

Cui，C.，& Chen，S. *A RCA Analysis of China's Competitive Advantage to Export Textile and Apparel to Australia*，2016 International Conference on Education，Management Science and Economics. Atlantis Press，2016:91—94.

Cyrek，M.，& Fura，B. *Employment for sustainable development：sectoral efficiencies in EU countries*. Social indicators research. 2019，143(1):277—318.

Daniel M. Bernhofen. *Intra-industry trade and strategic interaction：Theory and evidence*. Journal of International Economics. 1999(1):225—244.

Danny MacKinnon，Stuart Dawley et al. *Rethinking path creation：A geographical political economy approach*. Economic geography. 2019(2):113—135.

Dasgupta，S.，Laplante，B.，& Mamingi，N. *Pollution and capital markets in developing countries*. Journal of Environmental Economics and management. 2001(42(3)):310—335.

Dasgupta，S.，Laplante，B.，Wang，H.，& Wheeler，D. *Confronting the environmental Kuznets curve*. Journal of economic perspectives. 2002，16(1):147—168.

Dauda，R. S. *Poverty and economic growth in Nigeria：Issues and policies*. Journal of Poverty. 2017，21(1):61—79.

David Stringer，*Giant Australia-to-Singapore Solar Project Targets 2024 Build*，https://www.bloomberg.com/news/articles/2022-06-24/australia-to-singapore-solar-power-project-targets-2024-build?leadSource = uverify + wall.

De Benedetto，L.，& Klemeš，J. *The Environmental Performance Strategy Map：an integrated LCA approach to support the strategic decision-making process*. Journal of Cleaner Production. 2009，17(10):900—906.

Debora Valentina Malito，*Measuring Corruption Indicators and Indices*，http://dx.doi.org/10.2139/ssrn.2393335.

Dick Van Beers，Albena Bossilkov et al. *Industrial symbiosis in the Australian minerals industry：the cases of Kwinana and Gladstone*. Journal of Industrial Ecology. 2007(1):55—72.

Di Meglio，G.，Gallego，J.，Maroto，A.，& Savona，M. *Services in developing* economies: *The deindustrialization debate in perspective*. Development and Change. 2018, 49(6):1495—1525.

Di Meglio, Gisela, & Jorge Gallego. *Disentangling services in developing regions: A test of Kaldor's first and second laws*. Structural Change and Economic Dynamics. 2022 (60):221—229.

Dirk Willem te Velde. *Policies towards foreign direct investment in developing countries: Emerging best-practices and outstanding issues*. Overseas Development Institute. 2001.

Dobbin, F. *Forging industrial policy: The United States, Britain, and France in the railway age*. Cambridge University Press. 2006.

Dong, J., Xu, Y., Hwang, B. G., Ren, R., & Chen, Z. *The impact of underground logistics system on urban sustainable development: A system dynamics approach*. Sustainability. 2019, 11(5):1223.

Dos Santos, T. *La crisis de la teoría del desarrollo y las relaciones de dependencia en América Latina*. 1972.

Dresen, B., & Jandewerth, M. *Integration of spatial analyses into LCA—calculating GHG emissions with geoinformation systems*. The International Journal of Life Cycle Assessment. 2012, 17(9):1094—1103.

Duan, Y., & Jiang, X. *Temporal change of China's pollution terms of trade and its determinants*. Ecological Economics. 2017 (132):31—44.

Dudley Seers. *Dependency theory: a critical reassessment*. 1981.

Economist, *How to get asia to net zero*, https://www.economist.com/asia/2022/10/13/how-to-get-asia-to-net-zero.

Economist Intelligence, *Asia's energy transition: a tough balancing act*, https://www.eiu.com/n/asias-energy-transition-a-tough-balancing-act/.

Economist, *The end of Apple's affair with China*, https://www.economist.com/business/2022/10/24/the-end-of-apples-affair-with-china.

Edmondson, J.L., Davies, Z.G., McHugh, N., Gaston, K.J., & Leake, J.R. *Organic carbon hidden in urban ecosystems*. Scientific reports. 2012(2).

Eike W. Schamp. *Evolutionary economic geography*. International Encyclopedia of Geography: People, the Earth, Environment and Technology: People, the Earth, Environment and Technology. 2016:1—11.

Elistia, E., & Syahzuni, B. A. *The correlation of the human development index (HDI) towards economic growth (GDP per capita) in 10 ASEAN member countries*. Jhss (journal of humanities and social studies). 2018, 2(2):40—46.

Ellen MacArthur Foundation (EMF). *Towards the Circular Economy*. 2013(1).

ESCAP. *Shaping the future of regional cooperation in Asia and the Pacific*. 2022. https://www. unescap. org/kp/2022/shaping-future-regional-cooperation-asia-and-pacific.

ESCAP, U. Eighth session of the SPECA working group on knowledge-based development: report. 2016.

Espagne, É., Godin, A., Magacho, G., Mantes, A., & Yilmaz, D. *Developing countries' macroeconomic exposure to the low-carbon transition*. AFD Research Papers. 2021(220):1—42.

Espagne, É. *Monetary and ecological hierarchies. lessons and perspectives from the covid-19 crisis*. Regards croises sur l'economie. 2020, 26(1),133—144.

Eugene Yu-Ying Lin, Ping-Yu Chen et al. *Measuring green productivity of country: A generlized metafrontier Malmquist productivity index approach*. Energy. 2013:340—353.

European environment agency. *Industrial Waste Water Treatment—Pressures on Europe's Environment*. 2018.

European Parliament. *The Enlargement of the Union*. 2021. https://www.europarl.europa.eu/factsheets/en/sheet/167/the-enlargement-of-the-union.

European Technology Platform on Renewable Heating and Cooling, *Common vision for the renewable heating and cooling sector in Europe*, https://op.europa.eu/en/publication-detail/-/publication/151b6f88-5bf1-4bad-8c56-cc496552cd54/language-en.

Felix Chr. Matthes. *Pricing carbon An important instrument of ambitious climate policy*. Brussels: Heinrich-Böll-Stiftung Ecology. 2020(48):1—52.

Fernandez-Stark K, Frederick S, Gereffi G. *The apparel global value chain*. *Duke Center on Globalization*, Governance & Competitiveness. 2013.

Fernando Henrique Cardoso. *Dependency and development in Latin America*. Springer. 1982.

Fernando Henrique Cardoso. *The Consumption of Dependency Theory in the United States*. Latin American Research Review. 1977(3):7—24.

Ferrannini, A., Barbieri, E., Biggeri, M., & Di Tommaso, M. R. *Industrial policy for sustainable human development in the post-Covid-19 era*. World Development. 2021, 137:105215.

Flavio Tonelli, Steve Evans et al. *Industrial sustainability: challenges, perspectives, actions*. International Journal of Business Innovation and Research. 2013(2): 143—163.

Flint, R.W. *The Sustainable Development of Water Resources*. Journal of Contemporary Water Research & Education. 2004(127):6.

Füllemann, Y., Moreau, V., Vielle, M., & Vuille, F. *Hire fast, fire slow: The employment benefits of energy transitions*. Economic Systems Research. 2020, 32 (2), 202—220.

Fomina, A. V., Berduygina, O. N., & Shatsky, A. A. (2018). Industrial cooperation and its influence on sustainable economic growth. *Entrepreneurship and Sustainability Issues*, 5(3), 467—479.

Foresight. *The future of manufacturing: a new era of opportunity and challenge for the UK*. Summary Report, The Government Office for Science, London. 2013.

Frank Cordes and Nigel Stacey. *Is UK Industry Ready for the Fourth Industrial Revolution*. The Boston Consulting Group: Boston, MA, USA. 2017.

Frankel, J. A. *Environmental effects of international trade. HKS Faculty Research Working Paper Series*. 2009.

Frank Neffke, Martin Henning et al. *The dynamics of agglomeration externalities along the life cycle of industries*. Regional studies. 2011(1):49—65.

Frank R. Lichtenberg. *Industrial de-diversification and its consequences for productivity*. Journal of Economic Behavior & Organization. 1992(3):427—438.

Françoise Nicolas, Stephen Thomsen, Mi-Hyun Bang, *Lessons from Investment Policy Reform in Korea*, http://dx.doi.org/10.1787/5k4376zqcpf1-en.

Frans A. J. Van Den Bosch, Ard-Pieter De Man. *Government's impact on the business environment and strategic management*. Journal of General Management. 1994, 19(3):50—59.

Gadelha, C. A. G., & Braga, P. S. D. C. *Health and innovation: economic dynamics and Welfare State in Brazil*. Cadernos de Saúde Pública. 2016(32).

Gari, S. R., Newton, A., & Icely, J. D. A *review of the application and evolution of the DPSIR framework with an emphasis on coastal social-ecological systems*. Ocean & Coastal Management. 2015, 103:63—77.

GEDI, *Global entrepreneurship index*, https://thegedi.org/global-entrepreneurship-and-development-index/.

Gene M. Grossman, *The Purpose of Trade Agreements*, http://www.nber.org/papers/w22070.

Geng, Y., & Doberstein, B. *Developing the circular economy in China: Challenges and opportunities for achieving leapfrog development*. The International Journal of Sustainable Development & World Ecology. 2008, 15(3):231—239.

Geoffrey Bertram and Bernard Poirine, "Island political economy," University of prince Edward Islands (PEI):University of Malta, 2007.

George Scott and Jonathan Gheyssens, *Addressing smallholder resilience in coffee production in the Central Highlands, Viet Nam*, https://www.unep.org/resources/case-study/addressing-smallholder-resilience-coffee-production-central-highlands-vietnam.

Gerarden, T., Newell, R. G., & Stavins, R. N. *Deconstructing the energy-efficiency gap: conceptual frameworks and evidence*. American Economic Review. 2015, 105(5):183—186.

Gereffi G. *International trade and industrial upgrading in the apparel commodity chain*. Journal of international economics, 1999, 48(1):37—70.

Gerschenkron, A. *Economic backwardness in historical perspective: A book of essays*. Acme Bookbinding. 2015.

Giampietro, M., & Funtowicz, S. O. *From elite folk science to the policy legend of the circular economy*. Environmental Science & Policy. 2020, 109:64—72.

Gilberto C. Gallopín. *Sostenibilidad y desarrollo sostenible: un enfoque sistémico*. Cepal. 2003.

Giovanini, A., & Arend, M. *Contribution of services to economic growth: Kaldor's fifth law?* RAM. Revista de Administração Mackenzie. 2017(18):190—213.

Giovanni Amendola, Paolo Guerrieri et al. *International patterns of technological accumulation and trade*. 1991.

Glasbergen, P., Biermann, F., & Mol, A. P. (Eds.). *Partnerships, governance and sustainable development: Reflections on theory and practice*. Edward Elgar Publishing. 2007.

Gülçin Büyüközkan and Yağmur Karabulut. *Sustainability performance evaluation: Literature review and future directions*. Journal of environmental management. 2018:253—267.

Government of National Capital Territory of Delhi, *Industrial Policy for Delhi 2010—2021*, http://industries.delhigovt.nic.in/delhi-industrial-policy-2010-2021.

Graeme Hodge, *Regulatory Frameworks for Urban Services*, https://www.oecd.org/gov/regulatory-policy/39218313.pdf.

Grossman, G. M., & Krueger, A. B. *Environmental impacts of a North American free trade agreement*. 1991.

Guo, Kai, Zhang Tiantian. *Research on the development path and Growth Mechanism of Unicorn Enterprises*. Mathematical Problems in Engineering. 2021:1—11.

Haggerty, J. H., Haggerty, M. N., Roemer, K., & Rose, J. *Planning for the local impacts of coal facility closure: Emerging strategies in the US West*. Resources Policy, 2018(57):69—80.

Ha-Joon Chang and Alice H. Amsden. *The political economy of industrial policy*. Springer. 1994.

Hamilton Alexander, Hammer Craig, *Can We Measure the Power of the Grabbing Hand? A Comparative Analysis of Different Indicators of Corruption*, http://hdl.handle.net/10986/29162.

Harris, S. *Asian multilateral institutions and their response to the Asian economic crisis: the regional and global implications.* The Pacific Review. 2000, 13(3):495—516.

He, J., Li, Z., Zhang, X., Wang, H., Dong, W., Chang, S., & Zhao, X. *Comprehensive report on China's long-term low-carbon development strategies and pathways.* Chinese Journal of Population, Resources and Environment. 2020, 18(4): 263.

Hemangi Gokhale. *Japan's carbon tax policy: Limitations and policy suggestions.* Current Research in Environmental Sustainability. 2021(3).

Hirai Tadashi & Comim Flavio. *Measuring the sustainable development goals: A poset analysis.* Ecological Indicators. 2022(145).

Hirokawa, K.H. *Sustainability and the Urban Forest: An Ecosystem Services Perspective.* Natural Resources Journal. 2010.

Holden, M., Roseland, M., Ferguson, K., & Perl, A. *Seeking urban sustainability on the world stage.* Habitat International. 2008, 32(3):305—317.

Huang, J. A. *Turning nickel into EV batteries: Indonesia wants to take its mining industry to the next level.* CNBC. 2022. https://www.cnbc.com/2022/04/14/indonesia-wants-to-stop-exporting-minerals-make-value-added-products.html.

Huber, I. *Indonesia's Nickel Industrial Strategy.* Center for Strategic and International Studies (CSIS). 2021.

IEA. *Critical minerals—topics.* https://www.iea.org/topics/critical-minerals.

IEA, *Share of top producing countries in total processing of selected minerals and fossil fuels,* https://www.iea.org/data-and-statistics/charts/share-of-top-producing-countries-in-total-processing-of-selected-minerals-and-fossil-fuels-2019.

Ilias Mariolakos. *Water resources management in the framework of sustainable development.* Desalination. 2006(213):147—151.

Inna Fedulova, Olga Yurievna Voronkova et al. *Labor productivity and its role in the sustainable development of economy: on the example of a region.* Entrepreneurship and Sustainability Issues. 2019(2):1059.

International Energy Agency. *An energy sector roadmap to carbon neutrality in China.* 2022. https://iea.blob.core.windows.net/assets/bb8dcbbc-4655-4d49-904d-

4b780abf3d6b/AnenergysectorroadmaptocarbonneutralityinChina_Chinese.pdf.

International Energy Agency, *Global Energy Review*, https://www.iea.org/reports/global-energy-review-2021/co2-emissions.

International Energy Agency, *World Energy outlook 2020*, https://www.iea.org/reports/world-energy-outlook-2020.

International Labour Organization, *COVID-19 and employment in the tourism sector in the Asia-Pacific region*, https://www.ilo.org/asia/publications/issue-briefs/WCMS_827495/lang--en/index.htm.

International Monetary Fund, *World Economic Outlook*, https://www.imf.org/en/Publications/WEO/Issues/2023/01/31/world-economic-outlook-update-january-2023.

International Trade Administration, *Singapore-Country Commercial Guide: Trade Agreements*, https://www.trade.gov/country-commercial-guides/singapore-trade-agreements.

International Union for Conservation of Nature and World Wildlife Fund, *World conservation strategy: Living resource conservation for sustainable development*.

IPCC. *Climate Change 2021: The Physical Science Basis. Contribution of Working Group I to the Sixth Assessment Report of the Intergovernmental Panel on Climate Change*. Cambridge University Press, Cambridge, United Kingdom and New York, NY, USA. 2021.

Ishikawa, K. *The ASEAN Economic Community and ASEAN economic integration*. Journal of Contemporary East Asia Studies. 2021, 10(1):24—41.

Isra Sarntisart. *Growth, Structural Change and Inequality the Experience of Thailand*. 2000.

Jaffe, A. B., & Stavins, R. N. *The energy-efficiency gap What does it mean?*. Energy policy, 1994, 22(10):804—810.

Japan International Cooperation Agency, *The First Subway in Indonesia Starts Operation: Opening Ceremony for Jakarta Mass Rapid Transit (the Jakarta MRT South-North Line)—Subway opens with national support from Japan*, https://www.jica.go.jp/english/news/press/2018/190328_01.html.

Jayanty Nada Shofa, *UK to help electrify TransJakarta Bus Fleet for Cleaner Air*, https://jakartaglobe.id/business/uk-to-help-electrify-transjakarta-bus-fleet-for-cleaner-air.

Jeroen van der Heijden, *Governance for Urban Sustainability and Resilience*. 10. 4337/9781782548133.

Jiborn, M., Kander, A., Kulionis, V., Nielsen, H., & Moran, D. D. *Decoupling or delusion? Measuring emissions displacement in foreign trade*. Global Environmental Change. 2018(49):27—34.

Johannes Liegsalz and Stefan Wagner. *Patent examination at the State Intellectual Property Office in China*. Research Policy. 2013(2):552—563.

Johann Peter Murmann. *The coevolution of industries and important features of their environments*. Organization Science. 2013(1):58—78.

John Cantwell. *The globalisation of technology: what remains of the product cycle model?* Cambridge journal of economics. 1995:155.

John Cantwell and Lucia Piscitello. *The emergence of corporate international networks for the accumulation of dispersed technological competences*. Management International Review. 1999: 123—147.

John Elkington and Ian H. Rowlands. *Cannibals with forks: The triple bottom line of 21st century business*. Alternatives Journal. 1999(4):42.

John Howe. *Internationalisation, Trade and Foreign Direct Investment*, International Intergration of the Australian Economy. 1994(6).

John N. H. Britton. *Industrial dependence and technological underdevelopment: Canadian consequences of foreign direct investment*. Regional Studies. 1980(3):181—199.

John R. Ehrenfeld and Marian R. Chertow. *Industrial symbiosis: the legacy of Kalundborg*. A handbook of industrial ecology. 2002: 334.

Johnstone, P., Rogge, K. S., Kivimaa, P., Fratini, C. F., & Primmer, E. *Exploring the re-emergence of industrial policy: Perceptions regarding low-carbon energy transitions in Germany, the United Kingdom and Denmark*. Energy Research & Social Science, 2021(74):101889.

Johnstone, P., Rogge, K. S., Kivimaa, P., Fratini, C. F., & Primmer, E. *Exploring the re-emergence of industrial policy: Perceptions regarding low-carbon energy transitions in Germany, the United Kingdom and Denmark*. Energy Research & Social Science, 2021(74):101889.

Jonathon Porritt. *The World in Context: Beyond the Business: Case for Sustainable Development*. University of Cambridge. 2003.

Joseph Schumpeter. *The theory of economic development Harvard University Press*. Cambridge, MA. 1934.

Justin Yifu Lin. *Is China's Growth Real and Sustainable?* Asian Perspective. 2004(3):5—29.

Justin Yifu Lin. *New Structural Economics: A Framework for Rethinking Development*. The World Bank Research Observer. 2011(2):193—221.

K. Laursen. *The fruits of intellectual production: economic and scientific specialisation among OECD countries*. Cambridge Journal of Economics. 2005(2):289—308.

Kalirajan, K., & Anbumozhi, V. *Regional cooperation toward green Asia: Trade in low carbon goods*. The International Trade Journal. 2014, 28(4):344—362.

Kamal-Chaoui Lamia, Alexis Robert, *Competitive Cities and Climate Change*, OECD.

Kanie, N., & Biermann, F. (Eds.). *Governing through goals: Sustainable development goals as governance innovation*. MIT Press. 2017.

Kanie, N., Andresen, S., & Haas, P. M. *Improving Global Environmental Governance*. London: Routledge. 2014.

Kawai Masahiro, Wignaraja Ganeshan, *Free Trade Agreements in East Asia: A Way toward Trade Liberalization?* https://www.adb.org/sites/default/files/publication/28490/adb-briefs-2010-1-free-trade-agreements.pdf.

Kazushi Shimizu, *RCEP's great impact on Japan and East Asian economies*, https://www.jiia.or.jp/en/ajiss_commentary/rceps-great-impact-on-japan-and-east-asian-economies.html.

Keirstead, J., & Leach, M. *Bridging the gaps between theory and practice: a service niche approach to urban sustainability indicators*. Sustainable development. 2008, 16

(5):329—340.

Kelvin Lancaster. *Intra-industry trade under perfect monopolistic competition*. Journal of international Economics. 1980(2):151—175.

Khan Irfan, Hou Fujun, Zakari Abdulrasheed, Irfan Muhammad & Ahmad Munir. *Links among energy intensity, non-linear financial development, and environmental sustainability: New evidence from Asia Pacific Economic Cooperation countries*. Journal of Cleaner Production. 2022(33).

Khan, S. A. R., Yu, Z., Belhadi, A., & Mardani, A. *Investigating the effects of renewable energy on international trade and environmental quality*. Journal of Environmental management. 2020(272):111089.

Kiminori Matsuyama. *Agricultural productivity, comparative advantage, and economic growth*. Journal of Economic Theory. 1992(2):317—334.

Kleinhans, J & Baisakova, N. *The global semiconductor value chain: A technology primer for policy makers*. Stiftung Neue Verantwortung (SNV), 2020.

Kniivilä, M. *Industrial development and economic growth: Implications for poverty reduction and income inequality*. Industrial development for the 21st century: Sustainable development perspectives. 2007, 1(3):295—333.

KPMG. *Rethinking supply chains in Asia Pacific: A study on supply chain realignment and competitiveness across high growth markets*. 2021.

Kristensen, P. *EEA core set of indicators: revised version April 2003*. European Environment Agency, Copenhagen. 2003.

Kristian S. Palda. *Technological intensity: Concept and measurement*. Research Policy. 1986(4):187—198.

Kuznets, S. *Economic Growth and Income Inequality*. The American Economic Review. 1955, 45(1):1—28.

Lane Daley, Vikas Mehrotra et al. *Corporate focus and value creation evidence from spinoffs*. Journal of financial economics. 1997(2):257—281.

Latif, H. H., Gopalakrishnan, B., Nimbarte, A., & Currie, K. *Sustainability index development for manufacturing industry*. Sustainable Energy Technologies and Assessments. 2017(24):82—95.

Lavopa，A.，& Szirmai，A. *Industrialization，employment and poverty*. 2012.

Lawrence，R. Z. *Can the trading system survive us—china trade friction?* China & World Economy. 2018，26(5):62—82.

Lee，K. H. *Drivers and barriers to energy efficiency management for sustainable development*. Sustainable Development. 2015，23(1):16—25.

Leemans，R.，& De Groot，R. S. *Millennium Ecosystem Assessment*：*Ecosystems and human well-being：a framework for assessment*. 2003.

Leo W. Baas and Frank A. Boons. *An industrial ecology project in practice：exploring the boundaries of decision-making levels in regional industrial systems*. Journal of cleaner production. 2004(8—10):1073—1085.

Libanio，G.，& Moro，S. *Manufacturing industry and economic growth in Latin America：A Kaldorian approach*. In Second Annual Conference for Development and Change. 2006，December.

Li，M. J.，& Tao，W. Q. *Review of methodologies and polices for evaluation of energy efficiency in high energy-consuming industry*. Applied Energy. 2017(187):203—215.

Lin. *Is China's Growth Real and Sustainable?* Asian Perspective. 2004(3):5—29.

Lin. *New Structural Economics：A Framework for Rethinking Development*. The World Bank Research Observer. 2011(2):193—221.

Ling Wang，Ke Wang et al. *Multiple objective-oriented land supply for sustainable transportation：A perspective from industrial dependence，dominance and restrictions of 127 cities in the Yangtze River Economic Belt of China*. Land Use Policy. 2020:105069.

Lin，J. Y.，Monga，C.，& Standaert，S. *The inclusive sustainable transformation index*. Social Indicators Research. 2019，143(1):47—80.

Lin，J. Y. *Is China's growth real and sustainable?* Asian perspective，2004，28(3):5—29.

Liu，L. J.，Creutzig，F.，Yao，Y. F.，Wei，Y. M.，& Liang，Q. M. *Environmental and economic impacts of trade barriers：the example of China—US trade friction*.

Resource and Energy Economics. 2020（59）：101144.

Liu，S. *Interactions between industrial development and environmental protection dimensions of Sustainable Development Goals（SDGs）：Evidence from 40 countries with different income levels.* Environmental & Socio-economic Studies. 2020，8(3)：60—67.

Liu，X.，Shen，B.，Price，L.，Hasanbeigi，A.，Lu，H.，Yu，C.，& Fu，G. *A review of international practices for energy efficiency and carbon emissions reduction and lessons learned for China.* Wiley Interdisciplinary Reviews：Energy and Environment. 2019，8(5)：342.

Li Yong. *Why industrial development matters now more than ever before.* Industrial Analytics Platform. 2021.

Li Zhou，Hella Tokos et al. *Sustainability performance evaluation in industry by composite sustainability index.* Clean Technologies and Environmental Policy. 2012：789—803.

Lotte Schou-Zibell，Srinivasa Madhu，*Regulatory Reforms for Improving the Business Environment in Selected Asian Economies—How Monitoring and Comparative Benchmarking Can Provide Incentive for Reform*，http：//hdl.handle.net/11540/1963.

Luca De Benedictis and Massimo Tamberi. *A Note on the Balassa Index of Revealed Comparative Advantage.* SSRN Electronic Journal. 2001.

Luca De Benedictis，Marco Gallegati et al. *Semiparametric analysis of the specialization-income relationship.* Applied Economics Letters. 2008(4)：301—306.

Lucia，U.，Fino，D.，& Grisolia，G. *A thermoeconomic indicator for the sustainable development with social considerations.* Environment，Development and Sustainability. 2022：1—15.

Luke Mackle，Amélie Schurich-Rey，Talisa zur Hausen，*Improving the Legal Environment for Business and Investment in Central Asia*，https：//www.oecd.org/eurasia/improving-legal-environment-business-central-asia.htm.

Lutz Sommer. *Industrial revolution-industry 4.0：Are German manufacturing SMEs the first victims of this revolution?* Journal of Industrial Engineering and Management. 2015(5)：1512—1532.

M. F. G. Scott，H. G. Grubel et al. *Intra-Industry Trade：The Theory and Measurement of International Trade in Differentiated Products*. The Economic Journal. 1975(339)：646.

MacLeod，M. J. Latin America：*Underdevelopment or Revolution. Essays on the Development of Underdevelopment and the Immediate Enemy*.

Malik，O. A.，Hsu，A.，Johnson，L. A.，& de Sherbinin，A. *A global indicator of wastewater treatment to inform the Sustainable Development Goals（SDGs）*. Environmental Science & Policy. 2015(48)：172—185.

Manuel R. Agosin，Ricardo Mayer，*Foreign Investment In Developing Countries，Does It Crowd In Domestic Investment?* https：//ideas.repec.org/p/unc/dispap/146.html.

Marian R. Chertow. *Industrial symbiosis：literature and taxonomy*. Annual review of energy and the environment. 2000(1)：313—337.

Marian R. Chertow. *"Uncovering" industrial symbiosis*. Journal of industrial Ecology. 2007(1)：11—30.

Markus Steen and Gard Hopsdal Hansen. *Barriers to path creation：The case of offshore wind power in Norway*. Economic Geography. 2018(2)：188—210.

Martin Dijst，Walter Schenkel. *Urban governance and infrastructure：Coping with diversity，complexity and uncertainty*. Governing Cities on the Move：Functional and Management Perspectives on Transformations of European Urban Infrastructures. 2018：289—301.

Martin W. Holdgate. *Our Common Future：The Report of the World Commission on Environment and Development*. Environmental Conservation. 1987(3)：282—282.

Matleena Kniivilä. *Industrial development and economic growth：Implications for poverty reduction and income inequality*. Industrial development for the 21st century：Sustainable development perspectives. 2007(3)：295—333.

McCafferty G. *Indonesian haze：why it's everyone's problem*. CNN（online edition）. 2015，September 18.

McClean，B. *The McClean Report Research Bulletin，IC insights. Acquired by TechInsights*. 2021.

Mehrab Nodehi, Abbas Assari Arani et al. *Sustainability spillover effects and partnership between East Asia & Pacific versus North America : interactions of social, environment and economy*. Letters in Spatial and Resource Sciences. 2021:1—29.

Meiting Fan, Shuai Shao et al. *Combining global Malmquist—Luenberger index and generalized method of moments to investigate industrial total factor CO_2 emission performance : A case of Shanghai (China)*. Energy Policy. 2015:189—201.

Michael, C. D. *Endogenous technological change*. University of Southern California. 1976.

Michael Jacobs. *Sustainable development as a contested concept*. Fairness and futurity: Essays on environmental sustainability and social justice. 1999:21—46.

Michael Narodoslawsky and Christian Krotscheck. *The sustainable process index (SPI): evaluating processes according to environmental compatibility*. Journal of Hazardous Materials. 1995(2—3):383—397.

Michael Thorpe and Zhaoyang Zhang. *Study of the Measurement and Determinants of Intra-industry Trade in East Asia*. Asian Economic Journal. 2005(2):231—247.

Michael U. Ben-Eli. *Sustainability : definition and five core principles, a systems perspective*. Sustainability Science. 2018(5):1337—1343.

Michela Piccarozzi, Barbara Aquilani et al. *Industry 4.0 in management studies : A systematic literature review*. Sustainability. 2018(10):3821.

Mie OBA, *Japan and the Regional Comprehensive Economic Partnership (RCEP)*, https://www.eria.org/uploads/media/discussion-papers/FY22/Japan-and-the-Regional-Comprehensive-Economic-Partnership-(RCEP).pdf.

Millemaci, E., & Ofria, F. *Kaldor-Verdoorn's law and increasing returns to scale : a comparison across developed countries*. Journal of Economic Studies. 2014.

Ministry of Foreign Affairs Singapore, *Singapore-new zealand declaration on trade in Essential Goods*. https://www.mfa.gov.sg/Overseas-Mission/Geneva/Mission-Updates/2020/04/Singapore-New-Zealand-Declaration-on-Trade-in-Essential-Good.

Ministry of Industry and Trade Web Portal (MOIT), *Establishment of Viet*

Nam Domestic Advisory Group （DAG） under Chapter 13 of Viet Nam—UK Free Trade Agreement （UKVFTA），https：//moit. gov. vn/en/news/latest-news/establishment-of-viet-nam-domestic-advisory-group-dag-under-chapter-13-of-viet-nam-uk-free-trade-agreement-ukvfta-.html.

MIT Technology Review Insights，*Asia Pacific's urban transformation*，https：//www. technologyreview. com/2021/11/10/1039592/21st-century-cities-asia-pacifics-urban-transformation/.

M. Kapunda. *Industrial and development economics：An african perspective*. African Books Collective. 2017.

Moises Syrquin and Hollis Burnley Chenery. *Patterns of Development，1950 to 1983*. World Bank Washington，DC. 1989.

Motoe Miyamoto，Mamat Mohd Parid，Zakaria Noor Aini & Tetsuya Michinaka. *Proximate and underlying causes of forest cover change in Peninsular Malaysia*，Forest Policy and Economics. 2014(44)：18—25.

M. P. Todaro and S. C. Smith，"Economic Development in the Third World. 8″ ed"（Longman，With Plains，1994）.

Mulugetta，Y.，& Urban，F. *Deliberating on low carbon development*. Energy Policy. 2010，38(12)：7546—7549.

Munier，N.，Ziara，M. M.，Cole，R.，Curiel，J.，Esteban，A.，Ertsen，M.，…& Ven，F. *Handbook on urban sustainability*. Dordrecht：Springer. 2007.

Nam Hyun-woo，*Improvement on anti-corruption indexes to help Korea attract FDI*，https：//www.koreatimes.co.kr/www/nation/2022/02/356_324198.html.

Nathan Millard，*Seoul seeks to become a stud farm for Unicorns*，https：//asia-times.com/2020/03/seoul-seeks-to-become-a-stud-farm-for-unicorns/.

Nath，H. K.，Liu，L.，& Tochkov，K. *Comparative advantages in US bilateral services trade with China and India*. Journal of Asian Economics，2015，38：79—92.

Nature，*Top 200 science cities*，https：//www.natureindex.com/supplements/nature-index-2020-science-cities/tables/overall.

Naushad Khan. *Critical review of cottage and small scale industries in Pakistan*. Critical Review. 2018(3).

Naushad Khan, Shah Fahad et al. *Critical Review of Industrial Development in the World*. SSRN. 2020.

Newman, P., & Kenworthy, J. *Sustainability and cities: overcoming automobile dependence*. Island press. 1999.

Newsroom, E., *Report: Global resource use hit record high in 2021, despite pandemic slowdown*, 2022, https://www.edie.net/report-global-resource-use-hit-record-high-in-2021-despite-pandemic-slowdown/#:~:text = The%20report%20provides%20an%20update, has%20stagnated%20at%20around%208.6%25.

New York Economic Development Corperation, *Diverce City: NYC Economic Diversification Program*, https://www.nyc.gov/html/econplan/downloads/pdf/diversification_final.pdf.

Nick Brooks. *Climate change, growth and sustainability: the ideological context*, Citeseer, 2003.

N. J. Smelser and P. B. Baltes. *International encyclopedia of the social & behavioral sciences*. Elsevier. 2001.

Noel Jacobsen, "Industrial symbiosis in the making: Bridging social and technical explanations—The case of Kalundborg, Denmark", paper presented at the 11th Annual International Sustainable Development Research Conference, 2005.

North, D. C. *Institutions, institutional change, and Economic Performance*. Cambridge University Press. 1990.

Nuno F. da Cruz, Philipp Rode, Michael McQuarrie. *New urban governance: A review of current themes and future priorities*. Journal of Urban Affairs. 2019, 41(1):1—19.

OCHA, *Indonesia: Floods-jan 2013*, https://reliefweb.int/disaster/fl-2013-000006-idn.

OECD, *Accountability and transparency*, https://doi.org/10.1787/9789264209015-9-en.

OECD. *Development, measurement and use*. Reference paper. 2003.

OECD Emerging Markets Network, *POLICY NOTE ON SUSTAINABILITY: PATHS TO PROGRESS FOR BUSINESS AND SUSTAINABILITY IN*

EMERGING MARKETS,https://www.oecd.org/dev/SDG2017_Better_Business_ 2030_Putting_SDGs_Core_Web.pdf.

OECD,*FDI Qualities Indicators Measuring the sustainable development impacts of investment*,https://www.oecd.org/investment/fdi-qualities-indicators.htm.

OECD,*Foreign direct investment for development: maximising benefits, minimising costs*. https://www.oecd.org/investment/investmentfordevelopment/foreign-directinvestmentfordevelopmentmaximisingbenefitsminimisingcosts.htm.

OECD,*Managing Urban Traffic Congestion*,https://doi.org/10.1787/ 9789282101506-en.

OECD,*No policy maker is an island: The international regulatory co-operation response to the COVID-19 crisis*. https://doi.org/10.1787/3011ccd0-en.

OECD,*OECD Investment Policy Reviews: Indonesia 2020*,https://doi.org/10. 1787/b56512da-en.

OECD,*OECD Investment Policy Reviews: Thailand*,https://doi.org/10. 1787/c4eeee1c-en.

OECD Public Governance Working Paper,*Engaging citizens in cohesion policy*, https://doi.org/10.1787/486e5a88-en.

OECD,*SME Ministerial Conference. In Improving the business environment for SMEs through effective regulation*. https://doi.org/10.1787/062487da-en.

OECD. *Sustainable Manufacturing Indicators*. https://www.oecd.org/innovation/green/toolkit/oecdsustainablemanufacturingindicators.htm.

OECD. *Towards green growth A summary for policy makers May 2011*. Organization for economic co-operation and development. 2011,2,rue André Pascal 75775 Paris Cedex 16,France.

Office of Assistant to Deputy Cabinet Secretary for State Documents & Translation. *Indonesia Ready to Welcome EV Era, Minister Says*. 2022. https://setkab.go. id/en/indonesia-ready-to-welcome-ev-era-minister-says/.

Organisation for Economic Cooperation and Development. *Globalisation, Comparative Advantage and the Changing Dynamics of Trade*. 2011.

Organization for Economic Cooperation and Development (OECD). *OECD*

Core Set of Indicators for Environmental Performance Reviews: *a synthesis report by the group on the state of the environment*. Environment monographs. 1993.

Oriana Doval, Elena Doval. *Government Intervention In Economy And Its Impact On Organizations' Development*. Review of General Management. 2011, 13(1): 76—87.

O'Riordan, T., & Sewell, W. D. *Project appraisal and policy review*. JOHN WILEY & SONS, INC., ONE WILEY DRIVE, SOMERSET, USA. 1981.

P. Lelio Iapadre. *Measuring international specialization*. International Advances in Economic Research. 2001(2):173—183.

P. M. Jansson, M. J. Gregory et al. *Industrial sustainability—a review of UK and International research and capabilities*. University of Cambridge, Cambridge. 2000.

P. N. Rosenstein-Rodan. *Problems of Industrialisation of Eastern and South-Eastern Europe*. The Economic Journal. 1943(210/211):202.

Padma Mallampally, Karl P. Sauvant. *Foreign Direct Investment in Developing Countries*. International Monetary Fund. 1999, 36(1).

Palley, T. I. *Institutionalism and new trade theory*: *rethinking comparative advantage and trade policy*. Journal of Economic Issues. 2008, 42(1):195—208.

Pan, C., Shrestha, A. K., Wang, G., Innes, J. L., Wang, K. X., Li, N., & Niles, J. O. *A linkage framework for the china national emission trading system (CETS)*: *insight from key global carbon markets*. Sustainability. 2021, 13(13), 7459.

Pandey, A. K., & Prakash, R. *Industrial sustainability index and its possible improvement for paper industry*. Open Journal of Energy Efficiency. 2018, 7(4):118—128.

Park, S. H. *Linkages between industry and services and their implications for urban employment generation in developing countries*. Journal of Development Economics. 1989, 30(2):359—379.

Parris, T. M. *Toward a Sustainabiliy Transition the International Consensus*. Environment: Science and Policy for Sustainable Development. 2003, 45(1):12—22.

Parsa, H., Keshavarz, H., & Mohamad Taghvaee, V. *Industrial growth and sustainable development in Iran*. Iranian Economic Review. 2019,23(2):319—339.

Partnership Fund for New York City,*New York's Next Big Industry:Commercial Life Sciences*,https://pfnyc.org/wp-content/uploads/2020/02/New-Yorks-Next-Big-Industry-Commercial-Life-Sciences-Partnership-Fund-for-New-York-City.pdf.

Pascal Peduzzi. *The Disaster Risk*, *Global Change*, *and Sustainability Nexus*. Sustainability. 2019(11).

Paul B. Thompson and Patricia E. Norris. *Sustainability:What Everyone Needs to Know*. Oxford University Press. 2021.

Paul Craig Roberts. *Oskar Lange's theory of Socialist Planning*. Journal of Political Economy. 1971,79(3):562—577.

Paul Krugman. *Scale economies*,*product differentiation*,*and the pattern of trade*. The American Economic Review. 1980(5):950—959.

Paul Krugman. *The Myth of Asia's Miracle*. Foreign Affairs. 1994(6):62.

Paul R. Krugman. *Increasing returns*,*monopolistic competition*,*and international trade*. Journal of international Economics. 1979(4):469—479.

Pearce,D. W.,& Atkinson,G. D. *Capital theory and the measurement of sustainable development:an indicator of "weak" sustainability*. Ecological economics. 1993(8(2)):103—108.

Pearce,D. W.,& Turner,R. K. *Economics of natural resources and the environment*. Johns Hopkins University Press. 1989.

Peng Zhang and Kerry London. *Towards an internationalized sustainable industrial competitiveness model*. Competitiveness Review:An International Business Journal. 2013.

Peter Newman and Jeffrey Kenworthy. *Sustainability and cities: overcoming automobile dependence*. Island press. 1999.

Philippe Aghion and Peter Howitt. *A Model of Growth Through Creative Destruction*. Econometrica. 1992(2):323.

Pierre-Philippe Combes. *Marshall-Arrow-Romer externalities and city growth*. CERAS Working Paper. 2000(6).

Piet Flintrop, *Indonesia's FTA with the European Free Trade Association: Salient features*. https://www. aseanbriefing. com/news/indonesias-fta-european-free-trade-association-salient-features/.

PwC. Mine 2022: *A critical transition*. 2022. https://www.pwc.com/gx/en/industries/energy-utilities-resources/publications/mine.html.

Queensland Government. *Queensland Energy and Jobs Plan*. 2022. https://www.epw.qld.gov.au/__data/assets/pdf_file/0029/32987/queensland-energy-and-jobs-plan.pdf.

R. Lal. *Soil Carbon Sequestration Impacts on Global Climate Change and Food Security*. Science. 2004(304):1623—1627.

Rafael Martinez, Irna Nurlina Masron. *Jakarta: A city of cities*. Cities. Elsevier Public Health Emergency Collection. 2020(106).

Rajesh Kumar Singh, H. Ramalinga Murty et al. *An overview of sustainability assessment methodologies*. Ecological indicators. 2009(2):189—212.

Ramírez Bonilla, J., *"Regional Integration: History and Trends"*, in *Regional Integration in the Asia Pacific: Issues and Prospects*, OECD Publishing, Paris, 2005, https://doi.org/10.1787/9789264009172-5-en.

Ravetz, J. *Integrated assessment for sustainability appraisal in cities and regions*. Environmental impact assessment review. 2000. 20(1):31—64.

Regional Development Working Paper. 2009.

ReMade Institute. *Sustainability, recycling and the concept of a circular economy are all topics vitally important in today's changing world*. https://remadeinstitute.org/circular-economy.

Rema Hanna, Sarah Bishop, Sara Nadel, Gabe Scheffler, Katherine Durlacher, *The effectiveness of anti-corruption policy: what has worked, what hasn't, and what we don't know*, https://repository.law.miami.edu/fac_short_works/12/.

Renaud, K., DeCarlo, K., Chung, J., Moon, J. W., Xun, S., Buteyn, S. *The Mineral Industries of Asia and the Pacific*. U.S. GEOLOGICAL SURVEY MINERALS YEARBOOK—2017—2018. 2022.

René Van Berkel, Esther Willems et al. *Development of an industrial ecology toolbox for the introduction of industrial ecology in enterprises—I*. Journal of cleaner production. 1997(1—2):11—25.

Ricardo, D. *On the principles of Political Economy and Taxation*. Olms. 1977.

Ridoutt, B. G., Page, G., Opie, K., Huang, J., & Bellotti, W. *Carbon, water and land use footprints of beef cattle production systems in southern Australia*. Journal of Cleaner Production. 2014(73):24—30.

Robert A. Frosch and Nicholas E. Gallopoulos. *Strategies for manufacturing*. Scientific American. 1989(3):144—153.

Roberta Arbolino, Luisa De Simone et al. *Towards a sustainable industrial ecology: Implementation of a novel approach in the performance evaluation of Italian regions*. Journal of Cleaner Production. 2018:220—236.

Robert Hassink, Arne Isaksen et al. *Towards a comprehensive understanding of new regional industrial path development*. Regional Studies. 2019.

Robert Lipsey. *Home- and Host-Country Effects of Foreign Direct Investment*. National Bureau of Economic Research Inc. 2004:333—379.

Robinson, J. *Squaring the circle? Some thoughts on the idea of sustainable development*. Ecological economics. 2004, 48(4):369—384.

Rock Ouimet R. Ouimet, Sylvie Tremblay S. Tremblay, Catherine Périé C. Périé & Guy Prégent G. Prégent. *Ecosystem carbon accumulation following fallow farmland afforestation with red pine in southern Quebec*. Canadian Journal of Forest Research. 2007(37):1118—1133.

Romer, P. M. *Increasing returns and long-run growth*. Journal of Political Economy. 1986(94(5)):1002—1037.

Rosalie Anders. *The sustainable cities movement*. Institute for Resources and Security Studies, Cambridge. 1991.

Rudner, M. *Institutional Approaches to Regional Trade and Cooperation in the Asia Pacific Area*. Transnat'l L. & Comtemp. Probs., 1994, 4:159.

Sabanoglu, T. *Share in world exports of the leading clothing exporting countries 2021*. Statista. 2022.

Sachs, J. D., & Warner, A. M. *Natural Resource Abundance and Economic*

Growth. Economic Growth. 1995.

Sadeh Arik, Radu Claudia Florina, Feniser Cristina, Borşa Andrei. *Governmental Intervention and Its Impact on Growth, Economic Development, and Technology in OECD Countries*. Sustainability. 2021,13(166).

Saffa Riffat, Richard Powell et al. *Future cities and environmental sustainability*. Future cities and Environment. 2016(1):1—23.

Saffa Riffat, Richard Powell et al. *Future cities and environmental sustainability*. Future cities and Environment. 2016(1):1—23.

Santos, T. D. *The structure of dependence*. American Economic Review, 1970, 60(2):231—236.

Schumpeter, Joseph A. *The Theory of Economic Development*. Routledge Classics. 2021.

Seers. *Dependency theory: a critical reassessment*. 1981.

Selig, E. R., Frazier, M., O'Leary, J. K., Jupiter, S. D., Halpern, B. S., Longo, C., ... & Ranelletti, M. *Measuring indicators of ocean health for an island nation: The ocean health index for Fiji*. Ecosystem Services. 2015(16):403—412.

SEMARNAT:SECRETARÍA DE MEDIO AMBIENTE Y RECURSOS NATURALES, *CARBON TAX IN MEXICO*, https://www.thepmr.org/system/files/documents/Carbon%20Tax%20in%20Mexico.pdf.

Semiconductor Industry Association. *Beyond Borders: How an Interconnected Industry Promotes Innovation and Growth*. 2016.

Semieniuk, G., Campiglio, E., Mercure, J. F., Volz, U., & Edwards, N. R. *Low-carbon transition risks for finance*. Wiley Interdisciplinary Reviews: Climate Change. 2021, 12(1):678.

Shahbaz, M., Balsalobre, D., & Shahzad, S. J. H. *The influencing factors of CO_2 emissions and the role of biomass energy consumption: statistical experience from G-7 countries*. Environmental Modeling & Assessment. 2019, 24(2), 143—161.

Shah M.H. *Inward FDI in East Asian & Pacific developing countries due to WTO led liberalisation*. East Asian & Pacific Developing Countries Due to WTO Led Liberalisation. Business & Economic Review, 2017, 9(2):1—20.

Shang，L.，& Xu，P. *Can Carbon Emission Regulation Achieve a Dual Target of Low Carbon and Employment? An Empirical Analysis Based on China's Provincial Panel Data*. Frontiers in Energy Research. 2022(10)：926443.

Shaohua Chen and Martin Ravallion. *How have the world's poorest fared since the early 1980s?* The World Bank Research Observer. 2004(2)：141—169.

Shauhrat S. Chopra，Bhavik R. Bakshi et al. *Economic Dependence of U. S. Industrial Sectors on Animal-Mediated Pollination Service*. Environmental Science & amp；Technology. 2015(24)：14441—14451.

Shen G.，Hwang S. N. *Spatial-Temporal snapshots of global natural disaster impacts Revealed from EM-DAT for 1900—2015*. Geomatics，natural hazards and risk. 2019 (1)：912—934.

Shepon，A.，Israeli，T.，Eshel，G.，& Milo，R. *EcoTime—An intuitive quantitative sustainability indicator utilizing a time metric*. Ecological indicators. 2013(24)：240—245.

Shohibul，A. *Revealed comparative advantage measure：ASEAN-China trade flows*. Journal of Economics and Sustainable Development，2013，4(7)：136—145.

Siitonen Lauri，*Political Theories of Development Cooperation-A Study of Theories of International Cooperation*. WIDER Working Papers(1986—2000). 1990 (86).

Silvestre，B. S.，& Țircă，D. M. *Innovations for sustainable development：Moving toward a sustainable future*. Journal of cleaner production，2019(208)：325—332.

Silvestre，B. S. *A hard nut to crack! Implementing supply chain sustainability in an emerging economy*. Journal of Cleaner Production. 2015(96)：171—181.

Simon White，*Supporting Business Environment Reforms：Practical Guidance for Development* Agencies，https：//www.fao.org/sustainable-food-value-chains/library/details/en/c/267237/.

Singapore-Country Commercial Guide，https：//www. trade. gov/country-commercial-guides/singapore-agriculture.

Singapore Food Agency，2019. The Food We Eat，https：//www.sfa.gov.sg/food-farming/singapore-food-supply/the-food-we-eat.

Singapore Food Agency，30 by 30，Strengthening our food security，https：//

www.ourfoodfuture.gov.sg/30by30.

Sinha, A., & Sengupta, T. *Impact of natural resource rents on human development: what is the role of globalization in Asia Pacific countries?*. Resources Policy, 2019, 63:101—413.

Šlaus, Jacobs, Garry, Šlaus, Jacobs, & Garry. *Human capital and sustainability*. Sustainability. 2011(3):97—154.

Smaling, E. M. A., & Dixon, J. *Adding a soil fertility dimension to the global farming systems approach, with cases from Africa*. Agriculture, ecosystems & environment. 2006, 116(1—2):15—26.

Smeets, E., & Weterings, R. *Environmental indicators: Typology and overview*. Copenhagen: European Environment Agency. 1999.

Solow, R. M. *A contribution to the theory of economic growth*. The quarterly journal of economics. 1956(70(1)):65—94.

Stephen B. Shepard. *The New Economy: What It Really Means*. Business Week. 1997.

Stepputat Finn, van Voorst, Roanne. *Cities on the agenda: Urban governance and sustainable development*. Danish Institute for International Studies (DIIS). 2016 (4).

Stern, D. I. *The environmental Kuznets curve after 25 years*. Journal of Bioeconomics. 2017, 19(1):7—28.

Stone, S. F., Jeon B. N. *Foreign direct investment and trade in the Asia-Pacific region: complementarity, distance and regional economic integration*. Journal of Economic Integration, 2000:460—485.

Subashini Paramanathan, Clare Farrukh et al. *Implementing industrial sustainability: the research issues in technology management*. R&D Management. 2004(5): 527—537.

Susanne Becken and Johanna Loehr. *Asia-Pacific tourism futures emerging from COVID-19 recovery responses and implications for sustainability*. Journal of Tourism Futures. 2022.

Suva Fiji, *New Zealand boost anti-corruption efforts in the Pacific*, https://

www. undp. org/pacific/press-releases/new-zealand-boost-anti-corruption-efforts-pacific.

Svarstad, H., Petersen, L. K., Rothman, D., Siepel, H., & Wätzold, F. *Discursive biases of the environmental research framework DPSIR*. Land use policy. 2008, 25(1):116—125.

Svartzman, R., & Althouse, J. *Greening the international monetary system? Not without addressing the political ecology of global imbalances*. Review of International Political Economy. 2022, 29(3), 844—869.

Tanaka, K. *Assessment of energy efficiency performance measures in industry and their application for policy*. Energy policy. 2008, 36(8):2887—2902.

Taylor, C. N., C. H. Bryan, and C. G. Goodrich. *Social impact assessment: theory, process, and techniques*. Middleton, WI: Social Ecology Press. 2004.

The City of Toronto, *Transform TO Net Zero Strategy: A climate action pathway to 2030 and beyond*, https://www. toronto. ca/legdocs/mmis/2021/ie/bgrd/backgroundfile-173758.pdf.

Theotonio Dos Santos. *The structure of dependence*. American Economic Review. 1970(2):231—236.

The UK Government. *A Better Quality of Life: a Strategy for Sustainable Development for the UK*.

The World Bank, *Metadata Glossary*, https://databank.worldbank.org/metadataglossary/jobs/series/BX.KLT.DINV.WD.GD.ZS.

Thirlwall, Anthony P. *A plain man's guide to Kaldor's growth laws*. Journal of post Keynesian economics. 1983, 5(3):345—358.

Thi Thuy Hang Le, Van Chien Nguyen, Thi Hang Nga Phan. *Foreign Direct Investment, Environmental Pollution and Economic Growth—An Insight from Non-Linear ARDL Co-Integration Approach*. Sustainability. 2022, 14(13):8146.

Thollander, P., & Dotzauer, E. An energy efficiency program for Swedish industrial small-and medium-sized enterprises. Journal of Cleaner Production. 2010, 18(13):1339—1346.

Thorbecke, C. *The US is spending billions to boost chip manufacturing. Will it be enough*? CNN Business. 2022. https：//edition.cnn.com/2022/10/18/tech/us-chip-manufacturing-semiconductors/index.html.

T. Moore and M. Folkerson. *Industrial Evolution：Making British manufacturing sustainable*. Manufacturing Commission：London，UK. 2015.

Tomas Holderness，Etienne Turpin，*White Paper —PetaJakarta.org：Assessing the Role of Social Media for Civic Co-Management During Monsoon Flooding in Jakarta，Indonesia*，https：//petajakarta.org/banjir/en/research/index.html.

UNEP. *Environment live data downloader dataset*. United Nations Environment Programs. 2018. https：//environmentlive.unep.org/downloader.

UNEP. *Global material flows database. Resource Panel*. https：//www.resource-panel.org/global-material-flows-database.

UNIDO，*BUSINESS REGISTRATION REFORM IN VIET NAM：A situation analysis of the reform and of UNIDO support*，https：//www.unido.org/sites/default/files/2014-06/Vietnam_BRR_Dec2011_0.pdf.

United Nations Division for Sustainable Development. *From theory to practice：Indicators for sustainable development*. New York：United Nations. 1997.

United Nations Economic and Social Commission for Asia and the Pacific，*ASIA-PACIFIC TRADE AND INVESTMENT REPORT 2021：Accelerating Climate-smart Trade and Investment for Sustainable Development*，https：//www.unescap.org/kp/APTIR2021.

United Nations Industrial Development Organization，*Competitive Industrial Performance Report 2020*.

United Nations Industrial Development Organization，Industrial Development Report 2022，https：//www. unido. org/sites/default/files/files/2021-11/IDR%202022%20-%20EBOOK.pdf.

United Nations Industrial Development Organization，*International comparative advantage in manufacturing：changing profiles of resources and trade*.

United Nations Intergovernmental Panel on Climate Change，*Renewable Energy Sources and Climate Change Mitigation*，https：//www.ipcc.ch/report/renewable-energy-sources-and-climate-change-mitigation/.

United Nations, *Our common future：Report of the World Commission on Environment and Development*, https：//sustainabledevelopment. un. org/content/documents/5987our-common-future.pdf.

United States Trade Representative. *U. S.-APEC Regional Trade and Investment*. https：//ustr.gov/countries-regions/japan-korea-apec/apec/us-apec-trade-facts.

Van Caneghem, J., Block, C., Van Hooste, H., & Vandecasteele, C. *Eco-efficiency trends of the Flemish industry：decoupling of environmental impact from economic growth*. Journal of Cleaner Production. 2010, 18(14)：1349—1357.

Veblen, T. *The engineers and the price system*. Origami Books. 2020.

Verma, B. *US companies seize worldwide semiconductor trade with over thirteen times more market share than China*. Business Insider. 2022.

Vernon Henderson. *Externalities and industrial development*. Journal of Urban Economics. 1997(3)：449—470.

Völker, T., Kovacic, Z., & Strand, R. *Indicator development as a site of collective imagination？ The case of European Commission policies on the circular economy*. Culture and Organization. 2020, 26(2)：103—120.

W. M. Coden, J. P. Neary. *Booming Sector and De-industrialization in a Small Econoomy*. The Economic Journal. 1982(92)：825—848.

Wackernagel, M., Lewan, L., & Hansson, C. B. *Evaluating the use of natural capital with the ecological footprint：applications in Sweden and subregions*. Ambio. 1999：604—612.

Walmsley, J. J. *Framework for measuring sustainable development in catchment systems*. Environmental management. 2002, 29(2)：195—206.

Walsh, E., Babakina, O., Pennock, A., Shi, H., Chi, Y., Wang, T., & Graedel, T. E. *Quantitative guidelines for urban sustainability*. Technology in society. 2006, 28(1—2)：45—61.

Wang Xiaobing, and Jenifer Piesse. *Economic development and surplus labour：a critical review of the Lewis model*. Manchester：Brooks World Poverty Institute, University of Manchester. 2009.

Wang Xinliang, Wang Yuxin, Liu Fei. *Business Environment Optimization and*

Regional Innovation Efficiency: *Concurrent Discussion on the Joint Space Effect with Economic Integration*. SCIENCE & TECHNOLOGY PROGRESS AND POLICY. 2022, 39(6):40—50.

Ward, J. D., Sutton, P. C., Werner, A. D., Costanza, R., Mohr, S. H., & Simmons, C. T. *Is decoupling GDP growth from environmental impact possible?*. PloS one. 2016, 11(10), e0164733.

Wenxin Mao, Wenping Wang et al. *Urban industrial transformation patterns under natural resource dependence*: *A rule mining technique*. Energy Policy. 2021:112383.

Weslynne Ashton. *Understanding the organization of industrial ecosystems*: *A social network approach*. Journal of Industrial Ecology. 2008(1):34—51.

White, L. V., Fazeli, R., Cheng, W., Aisbett, E., Beck, F. J., Baldwin, K. G., Neill, L. O., *Towards emissions certification systems for international trade in hydrogen*: *The policy challenge of defining boundaries for emissions accounting*. Energy. 2021(215):119139, https://doi.org/10.1016/j.energy.2020.119139.

William J. Baumol. *Is There a U.S. Productivity Crisis*? Science. 1989(4891): 611—615.

William J. Baumol, Sue Anne Batey Blackman et al. *Unbalanced growth revisited*: *asymptotic stagnancy and new evidence*. The American Economic Review. 1985: 806—817.

William Rees and Mathis Wackernagel. *Urban ecological footprints*: *why cities cannot be sustainable—and why they are a key to sustainability*. Urban ecology: an international perspective on the interaction between humans and nature. 2008:537—555.

William Robert Avis, *Urban Governance*: *Topic Guide*, https://gsdrc.org/topic-guides/urban-governance/.

Williams, K., Joynt, J. L., & Hopkins, D. *Adapting to climate change in the compact city*: *the suburban challenge*. Built Environment. 2010, 36(1):105—115.

Winans, K., Kendall, A., & Deng, H. *The history and current applications of the circular economy concept*. Renewable and Sustainable Energy Reviews. 2017(68): 825—833.

World Bank. *World Bank national accounts data，and OECD National Accounts data files*. https：//data.worldbank.org/indicator/NV.IND.MANF.CD?locations = 1W-CA-MX-PE-CL-KR-JP-RU-CN-HK-VN-TH-PH-MY-BN-PG-SG-ID-NZ-AU-US.

World Bank Group. *Transformative Climate Finance ：A New Approach for Climate Finance to Achieve Low-Carbon Resilient Development in Developing Countries*. World Bank，Washington，DC. 2020.

World Bank Group，*Doing Business 2016：Measuring Regulatory Quality and Efficiency：Measuring Regulatory Quality and Efficiency*. https：//doi.org/10.1596/978-1-4648-0667-4.

World Bank Group，*Reducing traffic congestion and emission in Chinese cities*，https：//www.worldbank.org/en/news/feature/2018/11/16/reducing-traffic-congestion-and-emission-in-chinese-cities.

World Bank，*How does the World Bank classify countries?* https：//datahelpdesk.worldbank.org/knowledgebase/articles/378834-how-does-the-world-bank-classify-countries.

World Bank，*World Bank national accounts data：GDP（current US $ ），2022，https：//data.worldbank.org/indicator/NY.GDP.MKTP.CD.

World Business Council for Sustainable Development，*Measuring Ecoefficiency：a Guide to Reporting Company Performance*，https：//docs.wbcsd.org/2006/08/EfficiencyLearningModule.pdf.

World Economic Forum（WEF）. *Transforming African economies to sustainable and circular models*. https：//www.weforum.org/our-impact/the-african-circular-economy-alliance-impact-story.

World Population Review，*World City Populations 2023*，https：//worldpopulationreview.com/world-cities.

World Tourism Organization，*Impact Assessment of the COVID-19 Outbreak on International Tourism*，https：//www.unwto.org/impact-assessment-of-the-covid-19outbreak-on-international-tourism.

World Trade Organization，2022，https：//www.wto.org/english/tratop_e/

region_e/rta_pta_e.htm.

World Trade Report 2014, *Trade and development: recent trends and the role of the WTO*. https://www.wto.org/english/res_e/publications_e/wtr14_e.htm.

World Trade Report 2020, *Government policies to promote innovation in the digital age*. https://www.wto.org/english/res_e/publications_e/wtr20_e.htm.

Wu, D., Flatley, D., & Leonard, J. *US to Stop TSMC, Intel from Adding Advanced Chip Fabs in China*. Bloomberg. 2022. https://www.bloomberg.com/news/articles/2022-08-02/us-to-stop-tsmc-intel-from-adding-advanced-chip-fabs-in-china.

Wyes H, Lewandowski M. *Narrowing the gaps through regional cooperation institutions and governance systems*. ADBI working paper series. 2012, no. 359, Asian Development Bank Institute, Tokyo.

Xiao Geng, *Round-Tripping Foreign Direct Investment in the People's Republic of China*, http://hdl.handle.net/11540/4165.

Xie, P., Yang, F., Mu, Z., & Gao, S. *Influencing factors of the decoupling relationship between CO_2 emission and economic development in China's power industry*. Energy. 2020, 209, 118341.

Xinhua, *Backgrounder: ASEAN plus China, Japan, S. Korea cooperation mechanism* (10 + 3), 2019, http://www.xinhuanet.com/english/2019-11/02/c_138522521.htm.

Xu Yuqing, Zhao Can, Zhao Shuyu, *Analysis of the impact of optimizing business environment on small and medium-sized enterprises*, https://doi.org/10.2991/aebmr.k.220603.212.

Yang, B., Xu, T., & Shi, L. *Analysis on sustainable urban development levels and trends in China's cities*. Journal of Cleaner Production. 2017(141):868—880.

Yan, Y., Wang, C., Quan, Y., Wu, G., & Zhao, J. *Urban sustainable development efficiency towards the balance between nature and human well-being: Connotation, measurement, and assessment*. Journal of Cleaner Production. 2018, 178:67—75.

Ye, M. *China and competing cooperation in Asia-Pacific: TPP, RCEP, and the new Silk Road*. Asian Security. 2015, 11(3):206—224.

Yenny Rahmayati, Matthew Parnell, Vivien Himmayani, *Understanding Community-led resilience: The Jakarta Floods Experience*, https://knowledge.aidr.org.au/resources/ajem-oct-2017-understanding-community-led-resilience-the-jakarta-floods-experience/.

Ye Zhenzhen, *Shifting Foreign Direct Investment（FDI）to High-Growth Sectors in Canada: The Role of Investment Climate in FDI Diversification*, https://www.ictc-ctic.ca/wp-content/uploads/2018/10/ICTC_FDI-Report_Oct-2018.pdf.

Yuanyuan Li and John A. Cantwell. *Rapid FDI of emerging-market firms: foreign participation and leapfrogging in the establishment chain*. Transnational Corporations Journal. 2021(1).

Yumei, H., Iqbal, W., Irfan, M., & Fatima, A. *The dynamics of public spending on sustainable green economy: role of technological innovation and industrial structure effects*. Environmental Science and Pollution Research. 2022, 29(16):22970—22988.

Yusuke Kitamura, Selim Karkour et al. *Evaluation of the economic, environmental, and social impacts of the COVID-19 pandemic on the Japanese tourism industry*. Sustainability. 2020(24):10302.

Z. H. Studio, *Smart city suzhou—Eastern Chinese metropolis uses A.I. and others to forge ahead*, https://www.globenewswire.com/news-release/2019/05/16/1826246/0/en/Smart-City-Suzhou-Eastern-Chinese-Metropolis-Uses-A-I-and-Others-to-Forge-Ahead.html.

Zaman, K. A. U., Kalirajan, K., & Anbumozhi, V. *Identifying Countries for Regional Cooperation in Low Carbon Growth: A Geo-environmental Impact Index*. International Journal of Environmental Research. 2020, 14(1), 29—41.

Zero Emissions Research and Initiatives, *Pigs: Montfort Boys Town, Fiji*, http://www.zeri.org/ZERI/Pigs.html.

Zhai Jinzhi, Jon Carrick. *The Rise of the Chinese Unicorn: An Exploratory Study of Unicorn Companies in China*. Challenges and Opportunities Facing Emerging Economies. 2019(55):3371—3385.

Zhang, B., Bi, J., Fan, Z., Yuan, Z., & Ge, J. *Eco-efficiency analysis of industrial system in China：A data envelopment analysis approach*. Ecological economics. 2008，68(1—2)：306—316.

Zhang，S.，Wang，K.，Xu，W.，Iyer-Raniga，U.，Athienitis，A.，Ge，H.，& Lyu，Y. *Policy recommendations for the zero energy building promotion towards carbon neutral in Asia-Pacific Region*. Energy Policy，2021(159)：112661.

Zhao Shuqing，Zhu Chao，Zhou Decheng... & Werner Jeremy. *Organic carbon storage in China's urban areas*. PloS one. 2013(8).

Zhou，T.，Gosens，J. and Jotzo，F. *China's hydrogen plans：Near-term policy challenges & Australia-China links in decarbonization*. Policy Brief. The Australian National University. 2022.

Zhu，J.，Fan，C.，Shi，H.，& Shi，L. *Efforts for a circular economy in China：A comprehensive review of policies*. Journal of industrial ecology. 2019，23(1)：110—118.

Zhu Zhongming，Lu Linong et al. *A new global partnership：Eradicate poverty and transform economies through sustainable development*. 2013.

《安徽省国民经济和社会发展第十四个五年规划和 2035 年远景目标纲要》，2021 年 2 月，https://www.ndrc.gov.cn/fggz/fzzlgh/dffzgh/202104/t20210408_1271917.html。

《包头市林草碳汇市域碳中和实施方案》政策解读，2022 年 6 月 12 日，https://www.baotou.gov.cn/info/1585/249268.htm。

《北京：力争到 2025 年高精尖产业占 GDP 比重 30% 以上》，载《人民网》2021 年 8 月 27 日。

《北京公安"放管服"改革让群众办事更简便》，载《北京日报》2021 年 5 月 17 日。

波拉尼：《大转型：我们时代的政治与经济起源》，冯钢等译，当代世界出版社 2020 年版。

陈建军、陈国亮、黄洁：《新经济地理学视角下的生产性服务业集聚及其影响因素研究——来自中国 222 个城市的经验证据》，载《管理世界》2009 年第 4 期，第 83—95 页。

陈玲、孙君、李鑫：《评估数字经济：理论视角与框架构建》，载《电子政务》2022

年第 3 期，第 40—53 页。

陈霜华、张天乐：《上海优化营商环境的国际对标分析》，载《科学发展》2021 年 7 月 3 日。

陈晓红、李杨扬、宋丽洁、汪阳洁：《数字经济理论体系与研究展望》，载《管理世界》2022 年第 2 期，第 208—224 + 13—16 页。

杜伟、杨志江、夏国平：《人力资本推动经济增长的作用机制研究》，载《中国软科学》2014 年第 8 期，第 173—183 页。

《二十国集团数字经济发展与合作倡议》，载《G20 官网》2016 年 9 月 20 日。

方杰：《我国能源结构变动对产业结构优化的影响效应研究》，兰州大学硕士论文，2022 年。

付才辉：《政策闸门、潮涌通道与发展机会——一个新结构经济学视角下的最优政府干预程度理论》，载《财经研究》2016 年第 42 期，第 4—16 页。

高庆华、苏桂武等：《中国自然灾害与全球变化》，北京气象出版社 2003 年版。

工业和信息化部：《加快电力装备绿色低碳创新发展行动计划》，2022 年，http://www.gov.cn/zhengce/zhengceku/2022-08/29/content_5707333.htm。

郭瑞敏、千怀遂：《广州市城市扩张和经济发展之间的关系》，载《资源科学》2013 年第 2 期，第 447—454 页。

郭小兵：《基于模糊综合评价的唐山市资源环境承载力研究》，中国地质大学硕士论文，2019 年。

国家发展改革委、国家能源局：《以沙漠、戈壁、荒漠地区为重点的大型风电光伏基地规划布局方案》，http://www.nmgxny.com/policy/policy_20220523993.html。

《国家发展改革委、国家能源局关于完善能源绿色低碳转型体制机制和政策措施的意见》，https://www.ndrc.gov.cn/xxgk/zcfb/tz/202202/t20220210_1314511.html?code=&state=123。

国家统计局：《2022 年国民经济顶住压力再上新台阶》，http://www.stats.gov.cn/tjsj/zxfb/202301/t20230117_1892090.html。

国家统计局：《有力应对超预期经济影响国民经济企稳回升》，http://www.stats.gov.cn/tjsj/zxfb/202207/t20220715_1886417.html。

《国家重点节能低碳技术推广目录 2017》，2018，https://www.ndrc.gov.cn/

xxgk/zcfb/gg/201802/t20180212_961202.html？code＝&state＝123。

国务院：《关于加快建立健全绿色低碳循环发展经济体系的指导意见》，2021 年，http://www.gov.cn/zhengce/content/2021-02/22/content_5588274.htm。

国务院：《关于支持山东深化新旧动能转换推动绿色低碳高质量发展的意见》，2022 年，http://www.gov.cn/zhengce/content/2022-09/02/content_5708004.htm。

国务院：《国务院关于印发"十三五"控制温室气体排放工作方案的通知》，2016 年，http://www.gov.cn/zhengce/content/2016-11/04/content_5128619.htm.

国务院：《政府工作报告》，http://www.gov.cn/guowuyuan/2014-03/14/content_2638989.htm。

哈伯、拉佐、毛雷尔：《产权的政治学：墨西哥的制度转型》，何永江等译，中信出版集团有限公司 2019 年版。

《河北省国民经济和社会发展第十四个五年规划和 2035 年远景目标纲要》，2021 年 5 月，https://www.ndrc.gov.cn/fggz/fzzlgh/dffzgh/202106/P020210611387456220896.pdf。

黄群慧：《改革开放 40 年中国的产业发展与工业化进程》，载《中国工业经济》2018 年第 9 期，第 5—23 页。

江小涓、黄颖轩：《数字时代的市场秩序、市场监管与平台治理》，载《经济研究》2021 年第 12 期，第 20—41 页。

江小涓、靳景：《数字技术提升经济效率：服务分工、产业协同和数实孪生》，载《管理世界》2022 年，第 9—26 页。

金乐琴：《政府干预西方理论的演进》，载《中国技术经济科学》2001 年第 4 期。

雷瑾亮、张剑等：《集成电路产业形态的演变和发展机遇》，载《中国科技论坛》2013 年第 7 期，第 34—39 页。

李长江：《关于数字经济内涵的初步探讨》，载《电子政务》2017 年第 9 期，第 84—92 页。

李翠、王海静：《我国制造业升级对能源消费结构影响的实证研究——基于制造业 30 个行业面板数据的门槛模型分析》，载《江西师范大学学报（自然科学版）》2018 年第 1 期，第 23—30 页。

李锋：《"一带一路"背景下中国能矿行业海外投资的机遇、风险与对策》，载《管理现代化》2017 年第 5 期 37 卷，第 98—100 页。

李晓华：《数字经济新特征与数字经济新动能的形成机制》，载《改革》2019 年第 11 期，第 40—51 页。

林毅夫：《发展战略、自生能力和经济收敛》，载《经济学（季刊）》2002 年第 1 期，第 269—300 页。

林毅夫、蔡昉、李周：《比较优势与发展战略——对"东亚奇迹"的再解释》，载《中国社会科学》1999 年第 5 期，第 4—20 + 204 页。

林毅夫、付才辉：《比较优势与竞争优势：新结构经济学的视角》，载《经济研究》2022 年第 5 期，第 23—33 页。

林毅夫、李永军：《比较优势、竞争优势与发展中国家的经济发展》，载《管理世界》2003 年第 7 期，第 21—28 + 66—155 页。

林永传：《印尼总统佐科为共建"一带一路"重点项目投产揭幕》，载《中国新闻网》，https://www.chinanews.com.cn/gj/2021/12-27/9638977.shtml。

刘树成、李实：《对美国"新经济"的考察与研究》，载《经济研究》2000 年，第 3—11 + 55—79 页。

龙少波、张梦雪、田浩：《产业与消费"双升级"畅通经济双循环的影响机制研究》，载《改革》2021 年第 2 期，第 90—105 页。

马爱慧、张安录：《建设用地扩张与经济发展动态计量分析》，载《统计与决策》2011 年第 4 期，第 112—114 页。

梅俊杰：《弗里德里希·李斯特学说的德国、法国、美国来源》，载《经济思想史学刊》2021 年第 2 期，第 75—104 页。

《美国十大生物医药产业集群》，载《中国生物技术发展中心》2014 年 3 月 24 日。

糜韩杰、赵颖婕：《解读全球纺织产业中心转移历史，探索中国纺织制造企业未来方向》，广发证券行业专题研究，2019 年 2 月 24 日。

《纽约是如何一步一步变成全球生命科学中心的》，载《TOP 创新区研究院》2021 年 5 月 13 日。

潘家华等：《隆基绿能全场景能源方案促进区域绿色发展、就业与减贫》，2022 年。

潘苏楠、李北伟:《人力资本结构高级化、产业升级与中国经济可持续发展》,载《工业技术经济》2020 年第 10 期,第 100—106 页。

中国国际贸易促进委员会:《企业对外投资国别(地区)营商环境指南(文莱2021)》,2021 年 12 月 23 日。

《全力当好苏城交通"指挥家"》,载《苏州日报》2022 年 12 月 13 日。

中国信息通信研究院:《全球数字经济新图景(2020 年)——大变局下的可持续发展新动能》,2020 年 10 月 27 日。

《让"大交通"撑起经济社会发展"硬脊梁"》,载《苏州日报》2022 年 12 月20 日。

《上海市国民经济和社会发展第十四个五年规划和 2035 年远景目标纲要》,2021 年 4 月 8 日,https://fgw.sh.gov.cn/shssswghgy/index.html。

邵帅、范美婷、杨莉莉:《经济结构调整、绿色技术进步与中国低碳转型发展——基于总体技术前沿和空间溢出效应视角的经验考察》,载《管理世界》2022年第 2 期,第 46—69 + 4—10 页。

邵帅、杨莉莉:《自然资源丰裕、资源产业依赖与中国区域经济增长》,载《管理世界》2010 年,第 26—44 页。

沈国兵:《显性比较优势、产业内贸易与中美双边贸易平衡》,载《管理世界》2007 年,第 5—16 + 171 页。

《"十四五"我国单位 GDP 能耗降低 13.5%——加快形成能源节约型社会》,载《人民日报》2021 年 8 月 10 日,http://www.gov.cn/xinwen/2021-08/10/content_5630408.htm。

史丹:《结构变动是影响我国能源消费的主要因素》,载《中国工业经济》1999年第 11 期,第 38—43 页。

《数字经济,解构与链接——人文清华讲坛江小涓演讲实录》,载《人文清华讲坛》2020 年 11 月 20 日。

《苏州公安发布"5A 计划"依靠智能化管控破解城市交通拥堵》,载《中国江苏网》2019 年 12 月 19 日。

唐晓华、刘相锋:《能源强度与中国制造业产业结构优化实证》,载《中国人口·资源与环境》2016 年第 10 期,第 78—85 页。

唐湛、黎红梅:《城镇化对林业产业结构优化影响的实证分析》,载《农业现代化研究》2017 年第 2 期,第 226—233 页。

滕剑仑、孙雅静:《论新欧亚大通道对蒙古国产业结构优化升级的影响》,载《俄罗斯中亚东欧市场》2012 年第 4 期,第 36—40 页。

《天津市国民经济和社会发展第十四个五年规划和 2035 年远景目标纲要》,2021 年,https://www.tj.gov.cn/zwgk/szfwj/tjsrmzf/202102/t20210208_5353467.html。

《同为一线城市北京到底赢在哪了？独角兽企业数量比上海、深圳加起来还要多!》,载《胡润百富》2020 年 9 月 11 日。

苏州发布:《突破 500 万辆! 车多而有序,苏州有硬招!》,载《澎湃新闻》2022年 10 月 16 日。

魏作磊、邝彬:《制造业对服务业的产业依赖及其对促进我国就业增长的启示———一项基于投入产出表的比较分析》,载《经济学家》2009 年,第 47—51 页。

中华人民共和国驻文莱达鲁萨兰国大使馆经济商务处:《文莱数字经济发展规划概要》,2021 年 7 月 7 日。

吴敬琏:《制度重于技术———论发展我国高新技术产业》,载《经济社会体制比较》1999 年第 5 期,第 1—6 页。

吴文亮:《矿产资源与区域经济增长》,山西财经大学硕士论文,2010 年。

新华社:《强化应对气候变化行动———中国国家自主贡献》,载《人民网》2015年 6 月 30 日,http://politics.people.com.cn/n/2015/0630/c70731-27233170.html。

新华社:《习近平在亚太经合组织领导人非正式会议上的讲话(全文)》,http://www.gov.cn/xinwen/2021-07/16/content_5625530.htm。

熊巧琴、汤珂:《数据要素的界权、交易和定价研究进展》,载《经济学动态》2021 年第 2 期,第 143—158 页。

徐翔:《数字经济时代:大数据与人工智能驱动新经济发展》,人民出版社 2021年版。

亚当·斯密:《国民财富的性质和原因的研究》,商务印书馆 2011 年版。

杨莉莉、邵帅等:《资源产业依赖对中国省域经济增长的影响及其传导机制研究———基于空间面板模型的实证考察》,载《财经研究》2014 年,第 4—16 页。

杨山石、金春林、黄玉捷、何阿妹、何敏:《国内外医药及医疗器械领域专利技术差异分析》,载《中国卫生资源》2020 年第 3 期,第 206—210 页。

叶文虎:《环境与社会、经济协调发展的理论与方法》,中国环境科学出版社 1994 年版。

叶振宇、叶素云:《要素价格与中国制造业技术效率》,载《中国工业经济》2010 年第 11 期,第 47—57 页。

《一带一路金融工程:央企上半年签约印尼青山工业园区项目 6 单》,2021 年。

余升国:《海南省产业结构变迁对经济增长影响的测度》,载《科技信息》2010 年第 18 期,第 411—413 页。

余新海:《跨越式发展中政府有效干预的经济学解释——现象、理论回顾和新的审视》,载《上海经济研究》2003 年第 2 期。

岳昌君:《遵循动态比较优势——中美两国产业内贸易对比实证分析》,载《国际贸易》2000 年,第 26—28 页。

翟仁祥、石哲羽:《绿色技术创新能否提高能源利用效率——以中国沿海地区为例的实证研究》,载《海洋开发与管理》2022 年第 4 期,第 43—49 页。

詹小琦:《全球价值链视角下中国纺织服装业国际竞争力的比较》,载《江苏海洋大学学报(人文社会科学版)》2021 年第 6 期 19 卷,第 98—109 页。

张红芳、李兆佳等:《论承载力与可持续发展》,载《青海环境》2006 年第 1 期,第 26—28 + 38 页。

张鸿:《我国对外贸易结构及其比较优势的实证分析》,载《国际贸易问题》2006 年,第 46—52 页。

张坤民:《可持续发展论》,中国环境科学出版社 1997 年版。

郑君怡:《湖北省城市土地利用绩效评价及障碍因子诊断》,华中科技大学硕士论文,2014 年。

中国贸促会:中国印尼综合产业园区青山园区,境外产业园区信息服务平台,https://oip.ccpit.org/ent/parks-introduces/71。

中国信息通信研究院:《中国数字经济发展白皮书(2022)》,2022 年 7 月 8 日。

《中华人民共和国环境保护法》(十二届全国人大常委会第八次会议 2014 年 4 月 24 日通过修订)。

诸大建:《可持续性科学:基于对象—过程—主体的分析模型》,载《中国人口·资源与环境》2016 年第 7 期,第 9 页。

　　邹璇、王盼:《产业结构调整与能源消费结构优化》,载《软科学》2019 年第 5 期,第 11—16 页。

附　录

附录一 AP-ISI 2022 指标体系

表 0-1 AP-ISI 2022 指标体系

一级指标 (权重%)	二级指标 (权重%)	三级指标 (权重%)	最终 赋权	指标定义和选取
A 驱动力 (20%)	A1. 基础 生产要素 (50%)	A11 劳动力供给 (50%)	5%	劳动参与率,即经济活动人口占劳动年龄人口的比率
		A12 资本供给 (50%)	5%	资本存量占 GDP 比。其中资本存量,即经济社会在某一时点上的资本总量
	A2. 高级 生产要素 (50%)	A21 技术创新 (50%)	5%	百万人专利数。其中专利数指当年通过《专利合作条约》(Patent Cooperation Treaty, PCT)新增申请 PCT 发明专利数量
		A22 信息化程度 (50%)	5%	百人固定宽带订阅数,即每百人中使用固定宽带订阅数量
B 承载力 (20%)	B1. 资源 约束 (40%)	B11 能源 (50%)	4%	可再生能源占终端能源消费比,即可再生能源消费量占终端能源消费量的比重
		B12 土地 (50%)	4%	建成区面积占比,即城市行政区内实际已成片开发建设、市政公用设施和公共设施基本具备的区域占城市总面积的比重
	B2. 环境 容量 (60%)	B21 森林覆盖率 (33.3%)	4%	森林覆盖率,即森林面积占土地总面积的比率
		B22 土壤碳含量 (33.3%)	4%	土壤碳含量,即每单位土壤中有机碳的含量
		B23 空气质量指数 (33.3%)	4%	空气质量指数,即空气清洁或污染的程度,以每单位空气中 $PM_{2.5}$ 的含量作为衡量标准

（續表）

一級指標 （權重%）	二級指標 （權重%）	三級指標 （權重%）	最終 賦權	指標定義和選取
C 狀態 （20%）	C1. 產業 規模 （50%）	C11 人均工業增加值 （50%）	5%	人均工業增加值，即每人產生的工業增加值
		C12 新興產業 （50%）	5%	新興產業，即新經濟行為上市公司營業收入
	C2. 產業 結構 （50%）	C21 服務業佔比 （50%）	5%	服務業佔比，即服務業創造的國內生產總值佔國內生產總值的比重
		C22 高技術產業佔比 （50%）	5%	中高技術製造業佔製造業增加值比，即高技術產品製造業增加值佔製造業增加值的比重
D 影響 （20%）	D1. 經濟 增長 （40%）	D11 人均 GDP （50%）	4%	人均 GDP，即人均國內生產總值
		D12 GDP 增速 （50%）	4%	GDP 增速，即國內生產總值的年度增長率
	D2. 社會 福祉 （30%）	D21 新增就業 （50%）	3%	新增就業，即本期新增就業人數佔上一期就業人數的比重
		D22 基尼系數 （50%）	3%	基尼系數，即根據洛倫茨曲線定義，判斷收入分配公平
	D3. 生態 環境 （30%）	D31 終端 CO_2 排放 （50%）	3%	終端消費 CO_2 排放，即單位發電總量燃燒產生的二氧化碳
		D32 水域污染指數 （50%）	3%	水域污染指數，即國家管轄範圍內海洋水域受到化學品、過量營養物、人類病原體和垃圾污染的程度
E 響應 （20%）	E1. 營商 環境 （30%）	E11 營商便利指數 （50%）	3%	當地公司在其監管環境內開展商業活動的便利程度
		E12 創業活躍度 （50%）	3%	獨角獸企業數，選取在胡潤和 CB insights 獨角獸企業榜單上榜企業數量
	E2. 對外 交流 （30%）	E21 簽訂自貿區協定 經濟體數量（50%）	3%	簽訂自貿區協定經濟體數量，即和一個國家或地區簽訂自由貿易協定的經濟體的數量
		E22 FDI 佔 GDP 比 （50%）	3%	外國直接投資佔國內生產總值的比重
	E3. 城市 治理 （40%）	E31 基礎設施建設 （50%）	4%	城市擁堵系數，即以一城市無擁堵狀態下 30 分鐘行程為基準線，擁堵水平＝（30 分鐘行程所實際耗費時間－30 分鐘）/30 分鐘
		E32 碳監管 （50%）	4%	碳排放交易體系和碳稅實施情況、實施時間和層次

附录二 AP-ISI 2022 评估结果

表 0-2　AP-ISI 2022 评估结果

经济体	城市	APISI2020			驱动力 2020			承载力 2020		
		得分	排名	变化	得分	排名	变化	得分	排名	变化
日本	东京	59.71	1	0	15.90	1	1	7.74	24	0
中国	北京	57.01	2	1	11.97	7	0	9.41	13	0
加拿大	多伦多	55.56	3	1	10.80	11	0	12.52	5	1
新加坡	新加坡	54.87	4	−2	8.40	19	−2	9.60	11	0
中国	深圳	54.08	5	1	15.22	2	−1	8.00	18	0
美国	旧金山	52.91	6	−1	12.89	3	0	7.79	22	0
中国香港	香港	52.22	7	0	9.17	15	−3	10.90	8	0
韩国	首尔	50.99	8	1	12.64	4	0	5.00	29	2
美国	纽约	50.64	9	−1	8.59	18	1	12.97	3	1
中国	上海	49.73	10	0	11.21	9	1	7.23	25	0
新西兰	奥克兰	49.14	11	0	9.55	13	0	11.87	7	0
中国	广州	48.76	12	2	11.97	6	0	7.76	23	−4
中国	苏州	48.57	13	2	12.04	5	0	6.53	26	0
中国	成都	48.39	14	−2	11.27	8	0	9.78	10	0
中华台北	台北	48.12	15	−2	6.12	26	−2	12.62	4	1
美国	芝加哥	45.70	16	0	9.10	16	0	10.29	9	0
美国	洛杉矶	44.08	17	0	8.95	17	1	7.86	20	1
澳大利亚	悉尼	44.06	18	1	9.25	14	1	9.27	15	−1

（续表）

经济体	城市	APISI2020			驱动力 2020			承载力 2020		
		得分	排名	变化	得分	排名	变化	得分	排名	变化
美国	休斯敦	43.10	19	−1	11.11	10	−1	5.52	28	0
文莱	文莱	42.40	20	0	8.36	20	0	12.45	6	−3
美国	华盛顿	42.24	21	0	9.58	12	2	9.28	14	1
墨西哥	墨西哥城	40.69	22	0	6.13	25	3	7.84	21	2
泰国	曼谷	38.21	23	0	7.23	21	1	8.28	17	−1
马来西亚	吉隆坡	37.28	24	0	6.78	23	2	4.80	31	−1
印度尼西亚	棉兰	36.83	25	1	6.05	28	1	9.58	12	0
越南	胡志明市	35.93	26	−1	5.30	30	−4	7.95	19	1
印度尼西亚	雅加达	33.29	27	2	6.07	27	3	3.42	34	0
印度尼西亚	泗水	33.07	28	0	6.55	24	3	3.95	32	0
俄罗斯	莫斯科	32.15	29	−2	6.93	22	−1	8.39	16	1
秘鲁	秘鲁	31.23	30	2	5.78	29	−6	6.39	27	0
巴布亚新几内亚	巴布亚新几内亚	29.24	31	3	2.97	33	2	14.46	2	0
斐济	斐济	28.91	32	−1	3.88	32	0	14.85	1	0
菲律宾	奎松	27.56	33	−3	2.83	34	−1	4.92	30	−1
印度	德里	22.71	34	−1	2.32	35	−1	1.38	35	0
蒙古	乌兰巴托	21.37	35	0	4.90	31	0	3.79	33	0

经济体	城市	状态 2020			影响 2020			响应 2020		
		得分	排名	变化	得分	排名	变化	得分	排名	变化
日本	东京	14.32	1	0	12.36	13	4	9.38	13	−5
中国	北京	10.85	4	0	12.45	11	−1	12.34	2	1
加拿大	多伦多	7.41	17	1	12.94	8	−3	11.89	3	−1
新加坡	新加坡	11.00	3	0	13.24	3	−1	12.62	1	0
中国	深圳	7.66	14	0	13.13	4	18	10.06	9	3
美国	旧金山	9.05	8	0	11.57	16	−9	11.62	4	0
中国香港	香港	9.34	7	0	11.54	17	2	11.27	5	1
韩国	首尔	11.47	2	0	12.28	14	7	9.60	11	−2
美国	纽约	9.40	6	0	11.31	19	1	8.37	17	−2
中国	上海	7.55	16	0	12.53	9	5	11.21	6	−1
新西兰	奥克兰	4.81	28	0	13.10	6	10	9.81	10	−3

（续表）

经济体	城市	状态 2020			影响 2020			响应 2020		
		得分	排名	变化	得分	排名	变化	得分	排名	变化
中国	广州	6.37	20	0	13.12	5	7	9.54	12	4
中国	苏州	5.61	22	0	14.24	2	13	10.14	7	4
中国	成都	5.26	24	1	13.02	7	4	9.06	14	−1
中华台北	台北	9.42	5	0	15.26	1	2	4.69	27	−2
美国	芝加哥	7.62	15	−2	10.80	21	7	7.89	20	1
美国	洛杉矶	7.34	18	−1	10.98	20	3	8.96	15	−1
澳大利亚	悉尼	8.22	11	1	10.56	24	6	6.77	23	−1
美国	休斯敦	7.99	12	−2	10.68	22	4	7.79	21	−1
文莱	文莱	5.14	27	0	12.42	12	−4	4.03	29	2
美国	华盛顿	5.18	25	−2	10.57	23	−5	7.63	22	1
墨西哥	墨西哥城	8.36	10	−1	8.28	32	−1	10.08	8	2
泰国	曼谷	8.97	9	6	9.66	28	−19	4.06	28	0
马来西亚	吉隆坡	7.87	13	−2	12.52	10	−6	5.31	25	1
印度尼西亚	棉兰	3.48	32	−1	9.36	30	3	8.37	18	0
越南	胡志明市	4.73	29	0	11.66	15	−2	6.28	24	0
印度尼西亚	雅加达	5.16	26	0	9.79	26	−2	8.85	16	1
印度尼西亚	泗水	5.26	23	1	8.94	31	−6	8.37	18	0
俄罗斯	莫斯科	4.22	30	0	9.77	27	0	2.84	34	−4
秘鲁	秘鲁	3.91	31	1	10.30	25	7	4.86	26	1
巴布亚新几内亚	巴布亚新几内亚	0.78	35	0	7.80	33	1	3.22	32	1
斐济	斐济	1.61	34	0	5.70	35	0	2.87	33	1
菲律宾	奎松	6.74	19	0	11.50	18	−17	1.57	35	0
印度	德里	5.91	21	0	9.56	29	−23	3.54	31	1
蒙古	乌兰巴托	2.08	33	0	6.81	34	−5	3.79	30	−1

附录三 指标赋权评价方法

亚太产业可持续性的指标体系旨在提倡后工业化国家的政策制定者充分参与和承诺,以最大限度地减少环境足迹和提倡循环经济。本书通过以地区经济核算、产业发展多指标测度、可持续性发展综合指数为导向,基于德尔菲法和DPISR框架建立一级和二级指标,结合层次分析法对综合指标体系客观赋权,调查了35个国家、地区和城市在实现产业可持续性方面的进展(2017—2021)。

表 0-3 现有赋权法

	方 法	优 点	缺 点	适用范围
主观赋权法	德尔菲法	德尔菲法环节应用呈现相对复杂的协调关系,能够综合不同背景的多名专家的经验和判断	赋权的科学合理性主要来自专家的经验判断,结果主观性强,应用中具有局限性	常用于协调不同学科、不同属性的专家组解决多因素综合性决策问题
	层次分析法	能够将复杂问题分解成目标、准则、方案等层次,并通过成对比较确定指标间的优先级	指标过多时数据统计量大,权重难以确定	适用于由众多相互关联的因素构成的、但无法完全量化的复杂系统
	多准则决策法	可对不同方案进行排队、选优	对于指标的赋权具有主观性和局限性	在具有相互冲突、不可共度的有限或无限方案集中进行选择
客观赋权法	熵权法	计算精度高、适用范围广、消除了认为评价过程中的主观因素,不易受人为因素干扰	不能减少评价指标的维数,往往会忽视主观的意图	适用于大型复杂系统的总和评价研究
	主成分分析法	有助于克服人为确定指标权重的主观性及多指标变量间的信息重叠	当主成分的因子负荷的符号有正负区别时,综合评价函数意义就不明确,命名清晰性低	适用于指标体系中各指标间关联度较大,便于提取主成分以代表总体样本信息的场景
	数据包络分析法(DEA)	通过非参数曲线测量技术效率;SBM可以同时兼顾投入与产出	径向的或角度的DEA无法充分考虑投入或产出的松弛性问题	适用于处理处理多指标投入和多指标产出场景

资料来源:自制。

附录四　指标标准化处理

本书采用极值变换法对指标进行标准化处理。在建立了上限和下限之后，变量将被线性地转换为 0 至 100 之间的数值，从而消除量纲和数量级影响。我们的研究评估了 35 个不同国家和地区的城市，并围绕选定的各项指标收集从 2017—2021 年间连续 5 年的数据。报告选定的城市在地理位置、经济体量、资源禀赋与产业结构等方面都存在差异。因此，我们视经济体的类型为控制变量，将入选的 43 个国家和地区划分为主要经济体、新兴经济体和岛屿经济体，在同类经济体中比较不同城市产业可持续性的情况。可见，对于同一指标内的某一个国家或地区的城市来说，该地连续 5 年的数据变动幅度较小，满足极差变换法对于数据比较集中的要求。

本书进行指标标准化处理的公式

$$x' = \frac{x - \min(x)}{\max(x) - \min(x)} \times 100$$

其中，x 为原始数据值，$\max(x)$ 和 $\min(x)$ 分别为指标数据的上下限，x' 则是指标标准化后的数值。这一公式适用于升序变量指标，也即数值越高，表现越好。标准化的数据使得不同指标之间具备了可比性、解释性。

表 0-4　指标标准化常见方法

方　法	操作步骤	优　势	劣　势
比率标准化(ratio normalization)	将极值设定为参照点，根据数据和极值的距离来将数据标准化	将所有的数据都标准化为一个可以相互比较的正向指标	无法反映数据的分布，参照点容易受到非常规的极值的影响

（续表）

方 法	操作步骤	优 势	劣 势
目标标准化(target normalization)	将事先确定的目标值设定为参照点,根据数据和目标值的关系来将数据标准化	能够反映当前的情况和政策目标的距离,从而反映政策实施的进展,参照点的设计不受极值点的影响	无法反映数据的分布,标准化后的数据结果高度取决于目标值的选取
Z 分数标准化	将数据标准化为样本均值为 0,方差为 1 的数据	考虑了数据分布	会影响后续的指标加总过程,标准化后数据的现实意义较小,对于原始数据也有一定要求
单位等价标准化	将原始数据乘以一个因子,以将所有的数据都调整到统一的计量单位(例如美元或桶油当量)	统一的标准将有利于各个指标的整合和展现指标的现实经济意义	标准化后的数据高度取决于标准化前后选取的指标和语境,每次数据标准化的因子都不同

资料来源:自制。

附录五　缺失值处理

当前各指标下的城市数据缺失以完全随机丢失(Missing Completely at Random，MCAR)为主，也即数据丢失的概率与其他变量值、数据的假设值无关，对样本无偏性影响较低。

1. 数据缺失原因

各城市数据缺失的主要原因包括以下几种：(1)信息暂时无法获取，未能在官方渠道或权威第三方机构发布的信息中找到指标数据或核算相关指标所需的数据，可能由于人为原因在统计过程中遗漏或丢失，也可能由于统计部门并未公开相关指标在城市层面的数据；(2)数据更新速度不及预期，落后于本指数覆盖的最新年份，例如温室气体排放数据需要一定的核算周期，因而难以获得城市尺度最新年份的完整数据。

2. 缺失数据对地区产业发展的影响

我们发现，数据缺失问题是编制城市产业可持续发展指标的主要挑战之一，而在现实层面，这一问题也将对相关地区产业可持续发展带来挑战。具体来说，缺失相关数据会导致评估结果滞后于产业发展现状。

3. 缺失值处理方法

在开展数据分析前，我们先根据数据收集情况，对城市和国家的数据收集完成度进行统计,在此基础上分析计算,建立政府信息化能力指标。

　　为确保后续数据分析质量,我们对数据集的缺失值进行处理,包括删减、补全等步骤。根据数据完成度统计结果,我们对数据缺失过多(50%以上)的国家和城市予以删减。随后,我们对缺失值进行了补全处理(imputation)。

　　考虑到热卡填充法(Hot Deck Inputation)和平均值填充法(Mean Imputation)都容易受到主观选择的影响导致所估的值产生偏差。因此,根据本指数数据集的特点,以及后续指标赋权和核算的需求,我们选取了K-均值聚类法作为缺失值补全方法,尽可能减小数据填充造成的误差。

表 0-5　对缺失值的处理方法

方法名称	操作步骤	特　征	缺　点
热卡填充法(Hot Deck Imputation)(又称:就近补齐法)	对缺失数据,在完整数据中找到一个最相似的对象,以该对象的值对缺失数据进行填充	该方法利用了数据间的关联性进行缺失值处理,且在理论上简单易行	难以明确对象间相似性的标准和定义
平均值填充法(Mean Imputation)	计算指标数据集中所有有值对象的平均值,来填充缺失值。与之相似的方法还有采取样本所有值对象的中位数或众数进行填充	以最大概率可能的取值来补充缺失的属性值	可能使样本产生偏差,低估样本的真实方差
K-均值聚类法(K-Means Clustering)	现根据相关分析确定距离缺失数据最近的K个样本,再取这包含K个值的样本的加权平均值,填充缺失数据	该方法需要根据一定标准选取K值,以及选取距离的度量,以保证准确性	首先需要根据初始聚类中心来确定一个初始划分,然后对初始划分进行优化;这个初始聚类中心的选择对聚类结果有较大的影响,一旦初始值选择得不好,可能无法得到有效的聚类结果

资料来源:自制。

图书在版编目(CIP)数据

测度产业可持续性：亚太城市的证据与趋势/陈玲，
薛澜，蒋利著.—上海：上海人民出版社，2023
（产业发展与环境治理研究论丛）
ISBN 978-7-208-18219-6

Ⅰ.①测… Ⅱ.①陈… ②薛… ③蒋… Ⅲ.①城市经
济-产业发展-研究-亚太地区 Ⅳ.①F299.3

中国国家版本馆 CIP 数据核字(2023)第 055129 号

责任编辑 王笑潇
封面设计 陈 楠

产业发展与环境治理研究论丛
测度产业可持续性：亚太城市的证据与趋势
陈 玲 薛 澜 蒋 利 著

出　　版　上海人民出版社
　　　　　（201101　上海市闵行区号景路 159 弄 C 座）
发　　行　上海人民出版社发行中心
印　　刷　苏州工业园区美柯乐制版印务有限责任公司
开　　本　720×1000　1/16
印　　张　18.75
插　　页　2
字　　数　147,000
版　　次　2023 年 5 月第 1 版
印　　次　2023 年 5 月第 1 次印刷
ISBN 978-7-208-18219-6/F·2802
定　　价　85.00 元